本书系暨南大学研究生教育教学成果培育项目"研究生意识形态课程的 QTT 教学模式探索"研究成果，并受教育部"高校网络教育名师培育支持计划"（教思政司函〔2021〕3 号）、"暨南双百英才计划"（DHT2020026）、教育部高校思想政治工作创新发展中心、暨南大学铸牢中华民族共同体意识研究基地以及广州市重点学科资助。

# 马克思主义与当代中国系列丛书

主　编：程京武　魏传光　陈联俊
编委会：程京武　柏元海　魏传光　陈联俊
　　　　张龙平　田　明　熊　辉　史　军
　　　　江传月　吴　昱　刘文艺

马克思主义与当代中国系列丛书

丛书主编：程京武　魏传光　陈联俊

# 网络思想政治教育前沿问题研究

陈联俊　编著

暨南大学出版社
JINAN UNIVERSITY PRESS

中国·广州

图书在版编目（CIP）数据

网络思想政治教育前沿问题研究/陈联俊编著．—广州：暨南大学出版社，2022.6（2024.9 重印）
（马克思主义与当代中国系列丛书）
ISBN 978 - 7 - 5668 - 3370 - 9

Ⅰ. ①网…　Ⅱ. ①陈…　Ⅲ. ①互联网络—意识形态—思想政治教育—研究—中国　Ⅳ. ①D64

中国版本图书馆 CIP 数据核字（2021）第 277179 号

# 网络思想政治教育前沿问题研究
## WANGLUO SIXIANG ZHENGZHI JIAOYU QIANYAN WENTI YANJIU
编著者：陈联俊

出 版 人：阳　翼
丛书策划：李　战
责任编辑：黄　颖
责任校对：黄文科　刘小雯
责任印制：周一丹　郑玉婷

出版发行：暨南大学出版社（511434）
电　　话：总编室（8620）31105261
　　　　　营销部（8620）37331682　37331689
传　　真：（8620）31105289（办公室）　　37331684（营销部）
网　　址：http：//www. jnupress. com
排　　版：广州市新晨文化发展有限公司
印　　刷：佛山市浩文彩色印刷有限公司
开　　本：787mm×1092mm　1/16
印　　张：15
字　　数：210 千
版　　次：2022 年 6 月第 1 版
印　　次：2024 年 9 月第 4 次
定　　价：49.80 元

# 总　序

　　党的十九届六中全会指出，马克思主义是我们立党立国、兴党强国的根本指导思想。马克思主义理论不是教条而是行动指南，必须随着实践发展而发展，必须中国化才能落地生根、本土化才能深入人心。马克思主义为什么能够在中国取得成功？这个问题的答案既来自于马克思主义本身，也来自于中国的实际，关键在于马克思主义能够与中国的实际相互结合！所以，对马克思主义与中国实际的结合研究关系到能否正确认识中国共产党为什么能、中国特色社会主义为什么好以及马克思主义为什么行。马克思主义为什么行是因为它指出了光明大道，只有沿着这条道路走下去，人类才有未来；是因为马克思主义理想不是空中楼阁，可以通过实实在在的努力去实现；是因为马克思主义理论随着时代的发展不断发展，始终保持着生机和活力。

　　当前世界形势动荡变革，多重因素叠加，给国际局势带来的不确定性大大增加，如何在多变的政治格局中站稳脚跟，坚定方向，是中国必须要面对和解决的问题。西方国家出现的自由之乱、民主之困、人权之苦，反映其价值理念存在缺陷，西方价值观已经失去了历史进步性，成为困扰西方社会发展的思想之源，要对其进行全面的批判性反思，才能找到革除弊病的良方善政。马克思在资本主义产生之始，就深刻地发现了资本主义制度的深层问题，穷其一生进行理论批判和实践革命，为全世界无产者和人类社会找到理想道路。无数的共产主义者选择马克思主义，并对其进行不断的推进和发展，取得了丰硕的成果，让马克思主义在不同时代发出理论光芒，照亮前行之路。中国共产党从一开始就将马克思主义写在旗帜之上，用真理的力量激励着千千万万的革命者抛头颅、洒热血，用生命书写出一篇篇壮丽的史诗，成就中国革命的伟业。无论是革命时期，还是社会主义建设时期，中国共产党都用其透彻的理论指引和实践探索证明其符合最广大人民群众的利益，不代表任何利益集团、权势团体和特权阶层的需要。从改革开放伊始，马克思主义与当代中国的结合更加深入，反映了马克思主义与中国实际的内在关联。改革开放取得举世瞩目的伟大成就，归根到底是坚持马克思主义治国理政的指导思想。中国特色社会主义道路取得巨大成功，就是由于坚持马克思主义的发展规律，脱离马克思主义与当代中国实际的结合，革命和建设事业就可能出现挫折和失误，这是历史经验教训的深刻启示。

作为马克思主义理论研究者，要将政治性与学术性相结合，既要确立正确的学术立场，破除长期以来对西方哲学社会科学理论的崇拜和模仿，坚持"四个自信"，也要善于从中国的实践中提炼中国理论，用中国理论来阐释中国实践，逐步形成中国实践与中国理论的良性互动机制，不断促进中国理论的升华，提升中国实践的影响。中国理论要及时回应中国实践的需要，不能隔靴搔痒、无病呻吟、自说自话、哗众取宠、画饼充饥，而要切中要害、入骨三分、发人深省、高瞻远瞩、凝心聚力，要在中国实践中推动理论自信，体现中国理论的主体价值，将理论价值转化为主体自觉，在无数个体的中国实践中发出中国声音，引领世界的价值走向。理论与实践转化越通畅，越能给社会发展带来正面效应。中国理论与中国实践的相互转化要经过自上而下的动员机制和自下而上的提炼机制。从动员机制来说，要破除西方理论中心论和功利主义的价值追求，将当代中国马克思主义、二十一世纪马克思主义作为中国理论的指导思想，站稳理论立场。从提炼机制来说，要防止经验主义和事务主义倾向，注重把握实践的价值导向。

暨南大学马克思主义学院始终坚持"马院姓马，在马言马"的政治导向和办学原则，为巩固马克思主义在意识形态领域的指导地位，不断推动马克思主义与当代中国的紧密结合，开展了大量研究工作。一方面是回到马克思主义经典著作，从经典作家的思想中寻找理论根基，廓清理论迷雾，拨开理论迷障，展现理论魅力；另一方面是紧密联系当代中国社会发展，从现实社会问题中寻找实践依据，搜集实践资料，提炼实践规律，推动实践发展。经过多年的努力，取得了系列成果，获批多项国家级重大项目，在国内权威期刊连续发表高质量学术论文，思想政治理论课教学取得了良好成绩，马克思主义理论学科排名持续上升，在国内产生了一定的学术影响，体现出暨南大学马克思主义学院教师的学术素养和学术水平。本套丛书展现了学者研究风貌的不同视角，希冀同行专家批评指正。

主　编

2022 年 3 月

# 前　言

本书是作者在《马克思主义研究》《马克思主义与现实》《当代世界与社会主义》《红旗文稿》《马克思主义理论学科研究》《思想理论教育导刊》《中国特色社会主义研究》《社会主义研究》《东南学术》《思想教育研究》《社会主义核心价值观研究》等期刊发表的网络思想政治教育相关问题论文选编，涉及四个方面内容：

一是网络空间的认同与意识形态。认同与意识形态始终是思想政治教育必须要面对的问题。本书通过对网络空间马克思主义认同、主流价值认同、道德认同、社会思潮等方面问题的探索，开拓研究思路。

二是网络空间的舆论与意识形态。网络空间中的意识形态变化规律与网络舆论密不可分，只有善于观察分析网络舆论机理，才能察觉网络意识形态的变化趋势。本书选取了网络空间的微信、微博、资本逻辑、重大突发事件等影响网络舆论、可带来意识形态变化的相关文章。

三是网络空间意识形态形式与话语权。随着互联网技术的发展，意识形态在网络空间的话语形式及其表达方式发生了巨大变化，这些变化必然带来意识形态主导权与话语权的结构性改变。从技术前沿来看，算法技术的底层应用对意识形态安全的影响不可忽视。

四是网络空间党的建设与思想政治教育。随着互联网技术与经济社会发展的深度融合，网络空间的党建与思想政治教育的重要性日益凸显。本书通过选取对网络空间党的政治建设、党外知识分子与算法技术带来思想政治教育环境变化分析的论文，推动相关问题研究。

　　本书按以上四个板块选编论文，目的是提供给相关专业的研究生教学使用，对从事思想政治教育前沿研究或意识形态工作也有较好的参考价值。由于作者水平有限，以及互联网技术的飞速发展，论文观点皆属于学术探讨，如有不足或错漏之处，敬请方家批评指正。

陈联俊

2021 年 12 月

# 目录
## CONTENTS

总　序　　　　　　　　　　　　　　　　　　　　　　　Ⅰ

前　言　　　　　　　　　　　　　　　　　　　　　　　Ⅰ

一、网络空间的认同与意识形态　　　　　　　　　　　001

网络空间中马克思主义认同的挑战与应对　　　　　002

网络空间中主流价值认同的分化与重塑　　　　　　019

网络社会道德认同的变化与引导　　　　　　　　　034

后现代主义思潮视域下主流意识形态面临的挑战与应对　　049

二、网络空间的舆论与意识形态　　　　　　　　　　　065

微信场域中的舆论生态及其治理　　　　　　　　　066

网络社会微博舆论场域的生成与引导　　　　　　　082

警惕资本逻辑影响网络舆论导向　　　　　　　　　097

重大突发事件中网络舆情的变化及治理　　　　　　102

三、网络空间意识形态形式与话语权　　　　　　　　　121

移动网络空间中感性意识形态兴起的价值省思　　　122

移动网络空间主流意识形态话语权状况及因素分析　　138

移动网络空间主流意识形态话语的消解与转换     154

算法技术影响网络空间意识形态安全探析     167


四、网络空间党的建设与思想政治教育     183

网络空间党的政治建设问题探析     184

网络空间中党外知识分子政治认同的生发及提升     202

算法技术的新挑战与网络思想政治教育的新举措     220

# 一 网络空间的认同与意识形态

# 网络空间中马克思主义认同的
## 挑战与应对①

**导　言**　互联网技术的加速发展，既带来生产生活领域的变化，也对主流意识形态建设产生新的冲击。网络空间中马克思主义认同面临诸多挑战，主要表现在马克思主义话语失声的挑战、错误思想渗透的挑战、贫富分化的挑战等方面。其原因在于外资或私人资本控制一些大型网站、对错误思潮传播管理不到位、对国际敌对势力在网上兴风作浪重视不够等，要增强网络空间马克思主义认同需要改善网络空间资本结构比例、强化网络意识形态领导责任、凸显网络意识形态价值导向、推进网络意识形态法治建设等，切实维护意识形态安全，增强网络空间国家凝聚力。

习近平总书记指出："马克思主义是我们立党立国的根本指导思想。"②坚持马克思主义在中国的指导地位关系国家稳定、经济发展、社会繁荣和文化进步等，所以，我们必须高度重视马克思主义认同问题研究。网络空间是建立在互联网技术发展基础之上，逐渐形成的人们交往活动的虚拟空

---

① 作者陈联俊，发表于《马克思主义研究》2017年第6期，人大复印报刊资料全文转载。
② 习近平：《在庆祝中国共产党成立95周年大会上的讲话》，北京：人民出版社，2016年，第9页。

间。认同是"指群体中的成员在认知与评价上产生了一致的看法及其感情"①。目前，网络空间中对马克思主义的认同面临诸多挑战，需要对其进行深入分析应对，增强网络空间的国家凝聚力。

# 一、网络空间中马克思主义认同存在的问题

## （一）马克思主义话语失声

"实际工作中，在有的领域中马克思主义被边缘化、空泛化、标签化，在一些学科中'失语'、教材中'失踪'、论坛上'失声'。这种状况必须引起我们高度重视。"② 随着网络空间中意识形态传播机制改变，传播流程和渠道必须重新建构。当前网络空间中马克思主义话语不足，国家主流意识形态失声，主要表现在：

第一，马克思主义在网络空间正气不足。主流网站应该是发布权威信息、引导舆论方向、扩大舆论影响、改变舆论生态的主要阵地，不同网站对于马克思主义话语的态度有着巨大差别。从目前来看，马克思主义在网络空间中被攻击、嘲笑或边缘化倾向严重，在大量商业和学术网站中马克思主义正气没有占据主流地位，没有成为普遍认同的价值观念，而马克思主义网站的社会影响力有待强化。资本驱动下的物质文化和消费文化成为一些网站流行的价值倾向，消解了马克思主义认同的社会基础。

第二，马克思主义在网络空间传播较弱。网络空间的马克思主义传播活动要符合信息传播规律，及时适应网络空间发展需要。但是，目前网络空间中马克思主义的解释力和说服力有待加强，以充分满足人民的理论需求和价值愿望。我们在网络空间中亟须加强与攻击马克思主义思想的言论

---

① 彭克宏主编：《社会科学大词典》，北京：中国国际广播出版社，1989 年，第 279 页。
② 习近平：《在哲学社会科学工作座谈会上的讲话》，北京：人民出版社，2016 年，第 10 页。

的论战，用扎实的马克思主义理论基础和鲜活的网络话语来传播马克思主义，强化理论自觉和理论供给，提升国家在网络空间的凝聚力。

第三，马克思主义在网络社区失语。社区是网络空间群体聚集的场所，能够在一定程度上进行思想交流和观念互动，改变或影响社会价值认同。尤其是移动互联网时代，以"微信"为代表的场景社区吸引力越来越大①。但是，在网络社区中，当代中国的马克思主义鲜活话语难觅踪迹，充斥的是来自西方的"洋教条"或中国的"土教条""马教条"。在对中国社会发展中出现的问题进行分析时，大多运用似是而非的理论话语来解释中国现象，牵强附会，造成网络空间中人们的价值观混乱，拉大马克思主义与普通民众之间的距离。

第四，马克思主义在网络空间缺乏互动。网络社交是话语传播最高效渠道之一，充分凸显了个体的自主选择性和信息的发散传播性，马克思主义话语还没有被个体充分引进信息分享的网络传播机制。意识形态与个体之间相互需要、相互满足，主流意识形态离不开个体认同，同样在网络空间社交关系中缺乏马克思主义的引领作用，个体就可能陷入思想上的空虚和精神上的迷失，就可能落入错误思潮的逻辑陷阱，被诱导走向错误方向。

## （二）错误思想的渗透

"互联网已经成为舆论斗争的主战场。"② 当今世界国与国之间的竞争不仅表现在经济、军事等硬实力的比拼上，还突出表现在价值观和文化软实力的较量上。在网络空间中，西方资本主义国家对我国的思想渗透始终没有停止，并且不断地改变方式方法和手段，主要有以下几种：

---

① 唐兴通：《引爆社群：移动互联网时代的新 4C 法则》，北京：机械工业出版社，2015 年，第 59 页。

② 中共中央宣传部：《习近平总书记系列重要讲话读本》（2016 年版），北京：学习出版社、人民出版社，2016 年，第 204 页。

第一，媒体宣传。西方一些国家一直标榜新闻自由、媒体独立，但是实质情况是，"美国媒体的话语权在很大程度上堪称利益集团话语权的延伸。媒体、财团以及政府形成的利益共同体不仅强化了美国的核心价值观和社会稳定，也客观上扩大了美国媒体的话语权基础"①。在网络空间中，西方媒体抓住一切机会对中国推销西方价值观或制造偏见，尤其是针对当代中国马克思主义，其有意识地进行议程设置和话语选择，片面突出其价值观念，贬低马克思主义价值追求，其目的就是要解构中国精神、瓦解中国意志、颠覆中国政权。

第二，舆论诱导。网络舆论在网络空间中的导向作用具有隐性、间接、深远等特点，谁掌握了舆论方向，谁就控制了受众心理。西方一些国家高度重视网络舆论斗争，动用一切力量加强网络舆论控制，其主要手段有"网络舆论引导、网络舆情监测与预警、网络舆论压制、网络信息删除、网站封杀、网络舆论煽动、网络技术支持等各种行动，又包括网络舆论管控机制建设、网站建设、网络舆论力量建设等建设内容"②。西方一些国家利用中国社会发展中出现的问题，在网络空间运用大肆炒作、以偏概全、歪曲事实等多样化手段进行舆论诱导，进而混淆视听、扰乱思想、攻击中国共产党和政府机构，甚至在中国境内培养其舆论代理人，用不同方法进行价值渗透，服务其利益需求，威胁我国国家意识形态安全。

第三，错误思潮推送。西方一些国家利用网络大肆传播其新自由主义、历史虚无主义、民主社会主义、极端民族主义等社会思潮，都有一定的政治动机或企图。新自由主义突出全面私有化、市场化和自由化，企图瓦解我国国有经济基础。历史虚无主义丑化革命、蔑视传统、攻击政党，制造思想混乱。民主社会主义扰乱指导思想、宣传普世价值、否定共产主义思想道德。极端民族主义夸大民族利益，分裂国家统一。西方一些国家

---

① 蒋建国、许珍：《美国利益集团对媒体话语权的影响与控制》，《马克思主义研究》2016 年第 5 期。

② 刘强、葛汉文：《西方大国军队网络舆论战略及启示》，《南京政治学院学报》2016 年第 1 期。

试图在网络空间社会思潮传播中逐渐摧毁马克思主义的指导地位①。

## （三）贫富分化的挑战

在网络空间中，贫富分化影响蔓延，价值多元化的表现越来越突出，对马克思主义认同的利益基础产生不良影响。贫富分化对网络空间中马克思主义认同的挑战主要体现在以下几个方面：

第一，个体经济背景差异。网络空间中的个体都有其自身的经济背景，而且彼此之间存在较大差别。当不同个体在网络空间中从事网络互动交往时，彼此之间的贫富差距有跨越地域的横向比较，从而带来社会心态变动或社会情绪波动，逐渐改变个体对马克思主义的整体认同状况。在网络空间中个体利益实现途径越来越广，其对私人、外资等不同性质企业的依赖性越来越强，思想分化越来越明显，经济来源多样化逐渐消解个体对马克思主义的认同情感。

第二，群体利益差异。由于互联网打破时空界限，网络群体利益复杂性大大增加，带来贫富分化的影响随之提升。网络上不同群体的交叉渗透性突出，相同个体可以在不同群体中存在，并影响群体意识变化②。网络空间中具有相同利益的群体能够跨越时空进行交流沟通，加大群体聚集的可能性，也就是说利益群体可以在网络空间中迅速汇集起来，形成群体势力，维护群体利益，从而加大了马克思主义面对多重利益群体挑战的压力。国际敌对势力利用贫富分化传播错误思潮，促使群体利益影响扩大，虚拟群体利益与现实群体利益之间的复杂交集也会增加对马克思主义认同的变数。

第三，国家发展差异。"网络催生的个人自由主义倾向和全球化观念

---

① 王立新：《戈尔巴乔夫时期的社会思潮失控与苏联剧变》，《南京社会科学》2015 年第 2 期。
② 陈联俊：《网络社会中群体意识的发生与引导》，《政治学研究》2010 年第 2 期。

使公民的民族国家意识日渐淡薄。"① 在网络空间中，各个国家需要有效地利用信息权力来谋求国家利益最大化。民族国家要从不同方面来争夺网络控制权，谁掌握了先进的网络技术，就拥有网络规则话语权的先决条件。当今世界不同国家网络技术的发展水平差异很大，直接影响国家在网络空间的话语权。网络技术水平从根本上来说，就是国家经济发展水平的体现。也就是说，国家的贫富分化程度直接影响网络空间意识形态发挥作用的强弱。网络空间中不同意识形态不是孤立存在的，具有相应的利益和社会背景，彼此之间以多样态、多层次、多领域的方式展开分化渗透，存在着矛盾冲突，无形中稀释着马克思主义认同，消解着国家认同的价值共识。

## 二、网络空间中马克思主义认同存在问题的原因

### （一）外资或私人资本控制主要网站

马克思主义的影响能否在网络空间占据主流地位，关键在于网络空间的控制权最终掌握在什么力量手中。从中国互联网社交门户网站的客观情况和发展趋势来看，绝大多数都在西方大国的股票交易所上市，因而被私有资本和外国垄断资本控股和实际掌控，使得私人资本对于网络空间的影响力不断增长。据美国股票市场上市公司资料及年度财报显示，截至 2016 年底，在阿里巴巴股东中，最大股东软银（日本 SoftBank）占比 32%，雅虎（美国 Yahoo）占比 15.4%。② 前程无忧股权中，才库控股（美国 Recruit Holdings Co.，Ltd.）占比 38.9%，甄荣辉（私人 Rick Yan）占比

---

① 黄传新等编：《社会主义意识形态的吸引力和凝聚力研究》，北京：学习出版社，2012 年，第41 页。

② 《阿里巴巴 2016 财年年报》，http：//www.alibabagroup.com/en/ir/pdf/form20F_160525.pdf，第 171 页，2017 年 5 月 13 日

21.4%，哈丁基金（美国 Harding Loevner LP）占比 6.2%。[①] 腾讯最大股东为米拉德国际控股集团公司（南非 MIH TC）占比 33.25%，先进数据服务（私人 Advance Data Services Limited）占比 8.73%，摩根大通（美国 JP-Morgan Chase & Co.）占比 6.68%。[②] 百度股权中，厚酬有限（私人 Hand-some Reward Limited）占比 15.8%，百丽吉福（英国 Baillie Gifford & Co.）占比 7.1%。[③] 新浪股权结构中，新浪潮（私人 New Wave MMXV Limited）占比 15.5%，施罗德投资管理（北美）有限公司（美国 Schroder Invest-ment Management North America Inc.）占比 5.6%，麦格理集团（澳大利亚 Macquarie Group Limited）占比为 5.5%。[④] 京东持股比例中，麦克斯智能（私人 Max Smart Limited）占比 15.7%，黄河投资（私人 Huang River In-vestment Limited）占比 18.1%，沃尔玛（美国 Walmart）占比 10.1%，高瓴资本（美国 Hillhouse Capital Management，Ltd.）占比 6.8%。[⑤] 搜狐持股大股东中，奥比斯投资（日本 Orbis Investment Management Limited）占比 12.98%，特拉华州管理控股公司（美国 Delaware Management Holdings Inc.）占比 9.66%。[⑥] 截至 2016 年 5 月，在人人网股东中，软银是最大机构投资者，占比 39.7%，陈一舟（私人 Joseph Chen）占比 29.5%。[⑦] 中国互联网企业股权被外资或私有资本支配的结果可能是导致舆论话语权的转变，出现操控舆情、挟持民意、压制主流价值、诱导社会心态的情况。

---

① 《前程无忧 2016 财年年报》，http：//ir. 51job. com/ir/doc/2017/2016% 20Form% 2020 – F% 20EDGAR% 20FINAL% 20. pdf，第 64 页，2017 年 5 月 13 日。

② 《腾讯 2016 财年年报》，https：//www. tencent. com/zh – cn/articles/17000341491836558. pdf，第 61 页，2017 年 5 月 13 日。

③ 《百度 2016 财年年报》，http：//media. corporate – ir. net/media_files/IROL/18/188488/Baidu% 202016%2020F. pdf，第 118 页，2017 年 5 月 13 日。

④ 《新浪 2016 财年年报》，http：//corp. sina. com. cn/eng /2016_ Annual_Report. pdf，第 101 页，2017 年 5 月 13 日。

⑤ 《京东 2016 财年年报》，http：//ir. jd. com/phoenix. zhtml? c = 253315&p = irol – sec，第 122 页，2017 年 5 月 13 日。

⑥ 参见搜狐公司持股状况，http：//vip. stock. finance. sina. com. cn/usstock/owership. php? s = SOHU，2017 年 5 月 13 日。

⑦ 《人人网 2015 财年年报》，http：//ir. renren-inc. com/phoenix. zhtml?c = 244796&p = irol-reports-annual，第 105 页，2017 年 5 月 13 日。

在我国网络空间中，私有资本力量普遍，不断谋求扩张势力，保障其达到追逐利益的目的。部分私有资本或外资机构在网络空间中解构马克思主义话语权的主要手段有：

第一，忽视马克思主义。在网络空间中，部分私有资本可以调动一切可以利用的信息资源充斥虚拟空间，却将马克思主义话语排除在视野之外，害怕马克思主义冲淡其商业色彩，影响其利益收入。

第二，淡化马克思主义。在网络空间中，部分私有资本对马克思主义限制传播渠道和路径，控制其传播范围，却为非马克思主义话语传播开辟绿色通道，动用多样化传播工具，诱导网络舆论走向，制造网络民意假象。

第三，曲解马克思主义。马克思主义有自己的价值立场和逻辑体系，脱离一定语境的意识形态话语可能引起误解和非议。在网络空间中，部分私有资本控制的舆论工具可能抓住只言片语，断章取义地进行随意解读，进而误导民众，混淆是非。

第四，抹黑马克思主义。部分网络媒体为了吸引眼球，提高点击率，获取关注度，甚至有极少数境外资本与敌对势力相勾结，故意针对马克思主义的立场、观点、方针、政策、榜样人物等进行抹黑丑化，以达到其不可告人的目的。

## （二） 对错误思潮的传播管理不到位

当前，在网站的管理方面，对网络意识形态重视程度不够，既有思想观念问题，也有能力水平问题。在思想观念上，表现出没有意识到网络技术对于马克思主义传播的重要性，仍然停留在传统的文件、会议、报纸、电视等传播手段上，难以适应信息时代的挑战和要求。在能力水平上，马克思主义理论水平有待提高，不能理直气壮、灵活自如地运用鲜活的马克思主义话语来进行网络对话和交流，企图回避矛盾冲突，在一定程度上助长了错误思潮传播的底气。而对于部分商业门户网站来说，受到利益诱惑和驱使，其管理部门缺乏政治意识和大局意识，对于马克思主义话语传播有应付或抵触心理，内生动力不够，难以从思想和行动上提升重视程度。网络空间对错误思潮传播管理不到位的表现主要有：

第一，人员缺位。当前从事马克思主义网络传播的人数较少，马克思主义理论学科专业人员不足。在网络空间中，必须要有熟悉互联网传播规律以及马克思主义理论的相关人员开展话语传播，只有不断地钻研技术发展以及当代中国马克思主义的理论进展，才能适时进行马克思主义传播教育，增强马克思主义话语的解释力和说服力。

第二，制度缺位。网络空间既为个体的自由全面发展提供了机遇，也为错误思想酝酿发酵提供了条件。当前网络空间错误思潮泛滥的重要原因是制度约束不够，对重点网站以及重点人群的网络言行没有突出明确要求，没有将马克思主义信仰教育与相应的硬性制度规定结合起来。因此必须利用互联网技术将共产主义理想信念在虚拟空间中传播开来，通过真理和价值力量充分体现马克思主义的主导性，在网络空间中不断强化马克思主义认同的感染力。

第三，内容缺位。恩格斯指出："我们的理论是发展着的理论，而不是必须背得烂熟并机械地加以重复的教条。"[1] 在网络空间中开展马克思主义教育传播活动，不是简单、机械地重复马克思主义的经典词句，而是要针对不断出现的社会问题，用马克思主义的立场、观点、方法去进行解读和阐释，并给出令人信服的理论方向和思想引导。尤其要用当代中国马克思主义的新思想、新观点和新论断去引领网络社会思潮，及时填补网络思想真空地带，避免网络错误思潮泛滥成灾。

第四，手段缺位。"信息技术与经济社会的交汇融合引发了数据迅猛增长，数据已成为国家基础性战略资源。"[2] 大数据和云计算时代已经来

---

① 中共中央马克思恩格斯列宁斯大林著作编译局编译：《马克思恩格斯选集》（第四卷），北京：人民出版社，2012年，第588页。

② 《促进大数据发展行动纲要》，北京：人民出版社，2015年，第2页。

临，如何运用大数据挖掘技术洞察网络信息流动，运用云计算技术分析社会思想动态等，存在着诸多亟待开辟的研究领域。错误思潮不断借助新技术进行网络传播，传播机制呈现出病毒式、发散性、立体化、全方位等特性。所以相对地，我们必须运用最新网络技术手段进行马克思主义传播活动，才能把握网络空间意识形态的主动权。

## （三）对国际敌对势力在网上兴风作浪重视不够

国际敌对势力是指仇视中国共产党领导和中国特色社会主义道路、理论、制度、文化等，阻碍和破坏中国稳定和发展的对立势力。"互联网已经融入社会生活方方面面，深刻改变了人们的生产和生活方式。"[①] 网络空间中意识形态传播方式从纵向线性传播转向全方位立体传播，主流意识形态需要适应虚拟环境开展教育活动，不断增进马克思主义的主体认同感。在网络空间中，不同意识形态的传播渠道重叠交叉，无论是网络论坛、贴吧、空间、游戏网站，还是微博、微信、QQ、直播平台等，都有意识形态价值传播效应，并且对网络人群产生潜在影响。随着中国实力的不断增长，国际敌对势力也越来越活跃，试图利用互联网技术瓦解中国的主流意识形态，解除中国在网络意识形态斗争中的思想武器。国际敌对势力利用互联网兴风作浪的主要表现有：

首先，在价值认知上，国际敌对势力通过互联网提供多种价值选择来满足不同人群的价值需要，增强西方意识形态的吸引力，使得中国民众在不知不觉中接受其价值判断，从而在网络空间中瓦解马克思主义认同基础。

其次，在价值情感上，国际敌对势力充分利用不同的网络情境来满足主体的情感需求。"情境依赖性是网络思想政治教育主客体关系最为重要

---

① 习近平：《习近平谈治国理政》，北京：外文出版社，2014 年，第 197 页。

的特征。"① 网络空间中主体的情感基础为虚拟情境，容易脱离现实社会关系束缚，国家难以约束其情感转向。国际敌对势力利用先进的网络技术，不断将其价值倾向融入虚拟情境之中，挖掘网络技术的意识形态特性，创造出让人沉迷的虚幻交互场景，在虚拟体验中渗透价值情感，蛊惑中国民众偏离马克思主义价值观，成为其思想俘虏。

再次，在价值态度上，国际敌对势力选择在不同的网络空间领域中传播价值取向，改变主体的马克思主义价值立场，利用网络空间中的互动交流，发动多方力量来形成对马克思主义信仰的围攻之势，降低马克思主义的网络影响力。

最后，在价值实践上，国际敌对势力利用虚拟活动逐步改变主体的马克思主义认同效果。

国际敌对势力在网络活动中，可以打着自由交往的幌子，引诱民众利用自媒体等方式从事符合其利益需要的活动，特别热衷于发动攻击中国主流意识形态的个体或群体言行活动，危及中国主流意识形态安全。我们只有深刻认识其兴风作浪的真实意图，不断提高识别其变化翻新手段的能力，警惕网络意识形态斗争新动向，才能防患于未然。

# 三、解决网络空间中马克思主义认同存在问题的对策

## （一）改善网络空间资本结构比例

马克思主义认同必须要有一定的利益基础，马克思主义经典作家非常重视利益关系在社会发展中的基础地位。无论是在什么样的空间环境中，只要有人的活动，内在动力都离不开利益需求。无视或忽视利益的价值和作用，只会使思想上层建筑发生危机。在网络空间中要强化马克思主义认

---

① 张再兴等：《网络思想政治教育研究》，北京：经济科学出版社，2009 年，第 198 页。

同，必须要将改善网络空间资本构成作为重要方面加以考量，通过利益机制调整来巩固马克思主义的社会基础，防止马克思主义在网络空间的"空心化"倾向。改善网络空间资本结构的主要手段有：

第一，调控网络空间网站的资本结构。从统计情况来看，在中国影响位居前列的商业门户网站中外资占有相当比例。外资控股直接影响其网站的价值取向，网站的决策活动不可避免地受资本力量左右，难以保证网站的意识形态立场，影响我国网络主权，无形之中会加大意识形态风险，对网络空间的马克思主义认同产生潜在威胁。主管部门要采取相关措施进行资本比例的稀释和约束，保证网络空间的主流价值导向。

第二，增加网络空间国有资本的投资。国有经济是中国经济的主导力量，其投资方向关系到国民经济的正确导向和总体布局。在网络空间中，国有经济要发挥自身作用，不仅要在网络经济发展中体现出积极影响，而且要注重在意识形态领域中促进马克思主义认同最大化，保障网络空间社会主义意识形态的主导性。要有针对性地投资重点网络技术领域或理论传播网站，平衡资本结构，协调多方力量，支撑带动网络空间主流意识形态的建设和发展。

第三，规范网络空间的民间资本投入。"意识形态能否得到人们的认同不在于其理论本身如何完美，逻辑多么严密，而在于其能否准确表达及实现人们的利益诉求。"[1] 马克思主义意识形态要帮助民众实现利益需要，资本结构多元化对于网络空间发展活力有着促进作用。既要不断调动民间资本在网络空间投入的积极性，也要对其投资的方向和过程进行规范治理。只有民间资本合理合法合规地进入互联网前沿技术或网站建设，才能既激发中国民众对于网络经济的热情参与，又防止片面追求利益导致市场失衡，对于最大限度地强化网络空间中马克思主义认同有着重要作用。

---

[1]　孔德永：《当代我国主流意识形态认同建构的有效途径》，《马克思主义研究》2012 年第 6 期。

## （二） 强化网络意识形态领导责任

要增强网络空间马克思主义认同，就要发挥主管领导和党员干部的作用，建立健全领导机制和工作机制，充分调动多方力量，采取经济、行政、法律等多种手段扶持正能量，打击负能量，逐渐形成网络正面环境。具体举措有：

一是强化网络意识形态治理。主管领导要将网络意识形态治理作为自身的主体责任和监督责任。从主体角度上，主管领导要高度重视马克思主义网络传播的政治使命，加强组织实施，重点强化主流意识形态在网络空间的话语权。从监督角度上，主管领导要将推进马克思主义网络传播作为重要任务，加强统筹协调和督促落实，因地制宜、因时制宜地宣传马克思主义，塑造马克思主义崭新的网络形象。

二是加强网络意识形态阵地。"尽管我们确实极有可能拥有一个开放的、人人共享的网络，但仍有必要维护互联网的边界，并在这一新空间内构建防御体系。"① 要特别注重网站主办方的价值取向，定期对网站负责人进行意识形态培训，保证意识形态方向。在学术和思想论坛上，要深入发挥马克思主义的影响力，结合中国的现实丰富和发展马克思主义理论。在微博、微信、QQ、直播等互动交往空间中，既要有硬性的信息屏蔽手段，更要有合适的解释范式，转变意识形态的网络舆论环境。充分发掘网络游戏，网络视频，网络动漫，网络直播，网络 VR、AR 等传播形式的意识形态功能。

三是扩大网络宣传马克思主义的队伍。党员干部要成为马克思主义网络传播的带头人和示范者，以自身言行感召群众，自觉维护网络空间中马克思主义的主导地位。尤其是在以微信、微博等为代表的网络互动空间

---

① ［美］弥尔顿·L. 穆勒著，周程等译：《网络与国家：互联网治理的全球政治学》，上海：上海交通大学出版社，2015 年，第 30 页。

中，要成为马克思主义信仰的坚定支持者，敢于与错误思潮或观点正面交锋，树立党员干部的正面形象。引导广大群众，尤其是知识分子将当代中国马克思主义的价值取向及时有效地传递到网络空间中，并迅速进入网络传播链条，成为网络空间的价值坐标和价值典范。

四是提升网络意识形态话语权。网络话语范式呈现出碎片化、视觉化、标题化、娱乐化、青年化等多重典型网络风格的特点。网络空间中马克思主义教育传播活动要采用网络话语范式，转换话语路向，创造话语优势，实现认同目标。要深入研究网络意识形态核心思想和表现形式的关系，既要承继马克思主义价值目标，也要结合网络空间信息传播逻辑，牢牢把握马克思主义的网络话语主导权。

## （三） 凸显网络意识形态价值导向

"难以控制的信息跨国流动，包含了深刻的意识形态意义和人文特征。"[①] 网络空间意识形态斗争呈现分散化、常态化、隐蔽化等多种特点，我们必须要高度重视意识形态价值导向问题。

第一，提高马克思主义的影响力。马克思主义作为当代中国主流意识形态，在现实社会发挥着指明方向、凝聚共识、团结力量、激励民众等引领作用。西方敌对势力必然把消解马克思主义的网络影响力作为意识形态斗争的重点方向，在网络空间中如何确立马克思主义的指导地位是亟待面对的问题。我们需要把马克思主义与互联网技术发展紧密结合起来，运用互联网思维来开展马克思主义教育、宣传和传播活动，充分理解网络空间的规律特性，强化发散、互动、形象的传播方式，不断巩固马克思主义在网络空间的影响力。

第二，加强网络空间的治理权。不同国家对于自己的国民和组织在网络空间中的行为具有调控和治理的权力。网络主权要求国家在网络空间中

---

① 刘文富：《网络政治——网络社会与国家治理》，北京：商务印书馆，2002 年，第 197 页。

维护国家利益，治理网络秩序，惩治违法行为。西方敌对势力往往打着网络自由等旗号干涉网络主权行为，必须要通过技术实力和意识形态等多种途径，有理有力有节地开展维护网络主权行动。

第三，发挥社会主义的优越性。"社会主义从本质上是与先进技术和先进生产力联系在一起的，它绝不排斥先进技术，而应该是先进技术的实践者和拥有者。"① 在网络空间中要体现社会主义制度和意识形态的优越性，展现社会主义的吸引力和凝聚力。西方敌对势力往往借助资本逐利特质在网络空间中大肆宣扬资本主义制度和意识形态的普世性，我们需要辨识其各种渗透策略，及时批判其错误思潮导向。

第四，增强中国文化的自信心。"中华优秀传统文化是中华民族的突出优势，中华民族伟大复兴需要以中华文化发展繁荣为条件，必须结合新的时代条件传承和弘扬好中华优秀传统文化。"② 西方敌对势力会在网络空间中渲染资本主义文化的多重诱惑，用低俗颓废文化来瓦解中国文化自信，诋毁中国文化自觉。互联网技术与中国文化的不断融合是信息传播的必然要求，我们需要在网络空间中讲好中国故事，传播好中国声音，把中华优秀传统文化作为增强马克思主义认同的社会基础和话语优势。

## （四）推进网络意识形态法治建设

在网络空间意识形态领域中，既要坚持弘扬社会主义主流价值，也要不断批判错误思潮，在斗争中扩大马克思主义的说服力和辐射力。尤其是要将网络意识形态建设纳入法治轨道，利用法治思维维护网络意识形态的安全和稳定。

第一，加强立法建设。随着互联网技术发展，网络立法需要不断推

---

① 肖峰：《信息主义：从社会观到世界观》，北京：中国社会科学出版社，2010 年，第 98 页。
② 中共中央宣传部：《习近平总书记系列重要讲话读本》（2016 年版），北京：学习出版社、人民出版社，2016 年，第 201 页。

进，要将网络技术发展与网络意识形态法治建设紧密结合起来，既要充分保障网络空间中人民群众的自由和权利，也要适时制定相应的法律法规体现网络空间中的言行限度，将个人权利与群体活动的空间尺度用法律形式规定下来，避免网络空间个体自由放任以及群体活动的无序。

第二，重视执法活动。网络空间中主流意识形态要融入执法治理的日常活动中，形成科学有效机制，巩固主流意识形态的地位和作用。对于攻击社会主义制度、污蔑国家领导人、诋毁革命历史、抹黑英雄偶像等违法犯罪的言行活动要坚决进行法律层面的执行处理，运用法律手段维护马克思主义主流意识形态的价值标准，防止敌对势力、别有用心的组织和群体长期肆意妄为，利用网络技术破坏中国特色社会主义发展进程。

第三，坚持守法行为。"加强社会诚信建设，健全公民和组织守法信用记录，完善守法诚信褒奖机制和违法失信行为惩戒机制，使尊法守法成为全体人民共同追求和自觉行动。"① 既要在网络空间开展意识形态法治教育，引导民众自觉维护马克思主义的指导地位，明确马克思主义指引作用对于国家发展的重大意义，也要强调民众的意识形态责任和义务。也就是说，个体在网络空间中要像现实社会一样，坚持道德和法律上的自省自律，才能为自身和社会营造良好的网络空间舆论环境。

第四，强化司法保障。司法是社会矛盾和冲突的最后防线。在网络意识形态斗争中，既要运用马克思主义立场、观点和方法对中国问题进行理论阐释和解决，对抗和消解西方价值学说和错误思潮在网络空间中的渗透和传播，体现马克思主义的人民性和科学性，也要充分发挥司法机构的权力作用，保障不同利益主体的合法诉求，突出责、权、利相互结合，运用法律解决争议问题，体现社会主义法治的优越性。

习近平总书记指出："宣传思想阵地，我们不去占领，人家就会去占

---

① 《中共中央关于全面推进依法治国若干重大问题的决定》，北京：人民出版社，2014 年，第 27 页。

领。"① 互联网技术发展日新月异，马克思主义作为当代中国主流意识形态，国家必须要将巩固其在网络空间的指导地位作为长期任务，并且主动适应和运用网络发展规律，增强马克思主义认同效果，为实现国家、社会和人的发展奠定思想和舆论基础。

① 中共中央宣传部：《习近平总书记系列重要讲话读本》（2016 年版），北京：学习出版社、人民出版社，2016 年，第 196 页。

# 网络空间中主流价值认同的
# 分化与重塑①

**导　言**　主流价值的认同建构对于优化网络空间社会秩序有深刻影响。互联网技术改变主流价值的认同环境，主要表现为价值体验互动化、虚拟身份真实化、主体关系社交化、话语表达图像化等。在网络空间中，主流价值面临着认同分化的困境，体现在信息泛化、情感淡化、立场弱化、取向转化等方面。重塑网络空间中主流价值认同必须具备价值基础、价值动力、价值分享、价值引领等条件，并从数据、场景、社交、粉丝等不同策略开展价值传播，才能在网络空间中逐步巩固社会秩序的价值基石。

党的十九大报告指出，"加强互联网内容建设，建立网络综合治理体系，营造清朗的网络空间"②。截至 2017 年 6 月，中国网民规模达 7.51亿。③ 随着互联网技术的普及，主流价值的认同建构成为优化网络空间社会秩序的新课题。主流价值是指社会主义核心价值体系，反映社会共同的

---

① 作者陈联俊，发表于《中国特色社会主义研究》2017 年第 6 期。
② 习近平：《决胜全面建成小康社会　夺取新时代中国特色社会主义伟大胜利——在中国共产党第十九次全国代表大会上的报告》，北京：人民出版社，2017 年，第 42 页。
③ 《第 40 次中国互联网络发展状况统计报告》，http：//www.cnnic.cn/hlwfzyj/hlwxzbg/hlwtjbg/201708/P020170807351923262153.pdf。

价值追求和行为准则。网络空间是指建立在互联网技术基础之上人们交往实践活动的虚拟共同体。随着网络技术更新迭代，网络空间显现出感性体验化、虚实一体化、关系交融化、活动场景化等特性，价值认同环境发生变化。主流价值认同对于价值主体构建网络社会关系和开展网络社会活动的作用越来越重要，需要进一步深入研究其影响因素和变化逻辑，才能适应技术进步和社会变迁，推动形成良性的网络空间价值秩序，促进社会发展。

# 一、网络空间中主流价值认同环境的变化

价值认同是指"个体或社会共同体（民族、国家等）通过相互交往而在观念上对某一或某类价值的认可和共享，是人们对自身在社会生活中的价值定位和定向，并表现为共同价值观念的形成"[①]。在网络空间中，国家、社会与个体的关系被重塑，影响价值共识的形成。

## （一）价值体验互动化

网络空间中人与机器的交互越来越注重主体的价值体验，"这种极大的便利性在满足人们需求的同时，也进一步推动和促进了人们对自我呈现与社会表达的渴望"[②]。价值体验强弱决定着网络技术的价值大小、主体的创造力能否得到充分的发挥，可以利用互联网技术开展不同的虚拟活动，并推动技术发展。价值体验的丰富程度成为互联网技术的风向标，虚拟场域中智能技术不断改进，以满足主体，契合主体，逐步实现人机合一的互动局面。智能技术满足主体最大化的多方面价值体验，创造出主体沉浸的活动空间，使得网络空间越来越突出感性体验为主导的价值倾向。感性体

---

① 汪信砚：《全球化中的价值认同与价值观冲突》，《哲学研究》2002 年第 11 期。
② 王迪、王汉生：《移动互联网的崛起与社会变迁》，《中国社会科学》2016 年第 7 期。

验对主流价值认同的影响主要在于改变主体接受和处理信息的方式，现实社会中形成的价值共识在感性体验环境中发生改变，受到来自不同价值文化的多元化冲击，逐渐消解了主流价值的思想基础。多元价值以不同方式在虚拟空间中争夺话语权和影响力，网络空间主体在不知不觉中潜移默化地受到感性化诱导，成为不同价值文化的信服者和实践者。价值秩序在网络社会关系中出现不同程度的调整，不同价值要素的重要性也在虚拟空间中发生转换，价值认同的生成逻辑建立在虚实关系之中，从而带来主体价值取向变化。

## （二） 虚拟身份真实化

"在社会化媒体时代，身份的虚拟性开始变得越来越困难，在越来越多的网络空间里，人们需要以真实身份出现并且和熟人互动。"① 随着虚拟现实空间一体化程度提升，网络空间价值主体真实化成为大势所趋，尤其是移动网络终端与真实主体相对应，成为其指代物体。价值主体虚拟身份真实化给主流价值认同带来影响：第一，价值活动公开化。网络空间主体身份被确定以后，任何网络活动都不再无迹可寻，主体网络活动印迹比现实活动更容易追寻和记录。网络空间把主体现实活动的时空放大，从而更为透彻地反映出价值主体的活动特性和价值方向，为践行主流价值提出了更高要求。第二，价值交往分众化。网络空间主体身份真实化使得主体的网络交往理性化程度提升，进一步强化自己网络关系的价值倾向。在网络空间中，价值主体身份意识重新凸显出来，社交关系的选择性不可避免，相对意义上重新划分社会圈层，也就是在更大范围内增加了网络群体聚集的复杂性程度，加大主流价值认同的网络群体阻力。第三，价值表达复杂化。网络空间中价值主体日益感受到身份真实化带来的社会影响，从而不

① 彭兰：《重构的时空：移动互联网新趋向及其影响》，官建文主编：《中国移动互联网发展报告（2016）》，北京：社会科学文献出版社，2016 年，第 27 - 28 页。

自觉地在网络交往活动中进行价值判断和价值选择，进而决定自身网络话语表达。身份真实化带来主体审慎性增强，使得不同网络社会关系中价值表达复杂化程度增加，推动主流价值认同的场域变化。

### （三）主体关系社交化

"移动互联网使人的社交关系更为复杂多样，呈现出'缺席的在场'与'在场的缺席'两种并存状态。"① 网络空间中的价值关系呈现出相互交融特性，虚拟社会关系一方面扩大了主体的社交对象和范围，另一方面日益与主体自身的现实生活空间相互重叠，价值主体全天候被网络社交关系所控制，从身体上和精神上受制于网络交往，逐渐从主流价值的现实影响中分离出来。在价值关系交融状态下，主体交往价值被充分利用，以微信、微博为代表的新媒体技术将社交功能最大化挖掘出来，整合日常生活与社交互动空间，实现海量信息交换，改变信息传播结构，凸显信息选择的个性色彩，加大主流价值的信息压力。价值主体之间通过网络技术增加线上线下互动，技术兼容程度也越来越高，由此带来价值关系的交叉渗透，价值形态呈现多元多样多变的特性。网络空间中价值关系交融化提升了社交影响面，节约了社交资源，降低了社交成本，无形之中增强了个体话语的社会效应。价值主体的网络话语某种意义上不再属于私人交往话语，随时可能通过网络传播转变为公众话语，形成公共舆论的导向意见。不同主体的网络关系交融性提升，改变日常社交关系的价值纽带，既增加了社会活力，又带来网络价值环境的变迁。

### （四）话语表达图像化

"新的权力存在于信息的符号中，存在于再现的图像中。"② 网络空间

① 王力：《移动互联网思维》，北京：清华大学出版社，2015 年，第 2 页。
② ［美］曼纽尔·卡斯特著，曹荣湘译：《认同的力量》（第 2 版），北京：社会科学文献出版社，2006 年，第 416 页。

的话语传播颠覆了现实空间中传播模式，越来越突出图像表达的价值作用。现实空间中的人际传播主要方式是语言交流和文字沟通，网络空间将图像传播作用大大延伸，从由点到面的传播深入到个体之间的信息交流，话语图像化表达逐渐成为常态化现象。主要表现在：第一，价值符号图像化。价值话语总是需要通过一定的符号表达出来，现实空间中的价值文化主要通过文字符号发生作用。在网络空间中，不同的价值符号开始发生转换，即由文字符号转化为图像符号，如图片矩阵、视频集成、动漫素描、HTML5 等，主流价值的传统传播范式受到冲击。第二，价值交流图像化。网络空间中的话语交流渠道和形式大大拓展，个体、群体与国家之间的交流途径全方位贯通，彼此之间的交流活动逐渐增多，而且"眼球效应"越来越明显。也就是说，在网络交流中不同主体都开始接受，并日益频繁地将图像话语作为自己与其他主体互动的重要形式，从而从整体上促成价值话语的图像环境。第三，价值情境图像化。在网络空间中，价值情境的图像化主要是指以移动网络终端为载体，整合不同人群的生活方式，形成不同的话语场景，构成不同的价值环境。这种话语场景将现实空间与虚拟空间有机联系起来，并能够进行实时交流互动，形成全新的虚实价值情境，影响主体对主流价值的归属感和认同感。

## 二、网络空间中主流价值认同分化的困境

主流价值需要对主体的价值信息、价值情感、价值立场和价值取向等不同方面产生深刻影响，进而逐渐形成稳定的价值共识。在网络空间中，主流价值认同从不同方面面临着被分化的困境。

### （一）信息泛化

随着互联网技术的普及性应用，网络空间中信息总量不断增加，信息种类不断丰富，信息更替不断加快，商业、文化和技术从不同层面影响主

流价值的传播影响。第一，商业信息。在移动网络技术助力下，网络信息定点定位传播频率和效率越来越高，商业公司为了扩大宣传，动用各种力量，采取多样化传播手段，对网络空间主体进行信息包围或轰炸，推送基于个体需求的商业信息，及时迎合主体需要，大大增加了信息消费指数。个体在不知不觉中关注、接受、消化商业信息，容易成为商业利益的思想俘虏。第二，文化信息。网络空间中既有社会主义主流价值文化的信息沟通，也有基于不同利益、立场和诉求而产生的价值文化渗透和传播，还有不同年龄、教育、经历、环境、传统等因素造成的价值观念分歧和差异，彼此之间通过网络资讯、网络社交、网络游戏、网络影像、网络交易等产生文化交集和文化碰撞，无形之中分化主流价值的凝聚力。第三，技术信息。网络技术始终在不断更新之中，新技术层出不穷，谋求创新和颠覆，追求对价值主体的冲击效应。先进的技术变换，不断改变主体的信息选择方式，甚至无形中削弱主体的价值判断力和主观能动性。主体在网络空间中反过来可能陷入被动的技术控制状态，成为网络技术的价值传播者，迷失自身的价值方向。

## （二）情感淡化

"新信息技术与当前社会变迁过程之间的互动对城市与空间确实有实质性的冲击。"[①] 互联网技术带来的价值空间改变会对主体情感状态产生渗透性影响。第一，情感依恋。网络环境中主体交往关系是现实和虚拟状态并存的，在虚拟社会关系中人的情感需求进一步延伸，人们可以从不同渠道获得更为广泛的情感满足，对主流价值观念的情感依恋削弱。虚拟社会关系的加速裂变带来的情感分化影响人的价值观念形成，改变主体的价值情感。第二，情感载体。主体总是在一定的交往载体中形成自己的认知基

---

① ［美］曼纽尔·卡斯特著，夏铸九、王志弘等译：《网络社会的崛起》，北京：社会科学文献出版社，2006 年，第 372 页。

础和情感依托。在网络交往空间中，人不仅是物质实体性存在，更体现为符号化表达状态，甚至可以跨越地理局限，同时存在于多个不同虚拟互动场域之中。而且，在网络空间中主体交往方式凸显出技术依存性特点，通过不同的网络技术来表达情感心理。主体的情感载体发生变化，价值传承方式转换，价值认同必然发生改变。第三，情感效应。在网络空间中主体的情感关系不稳定性大大增加，人的情感心理活动和情绪效能水平发生变化，这种变化来自信息加工和社会结构关系的改变。网络空间中主体对信息的接受既是主体自身的选择结果，也受不同网络空间领域营造的情感效应影响，主流价值的情感认同被逐渐消解，从而削弱主体的价值追求。

## （三） 立场弱化

主流价值认同需要主体在理性认知基础上坚守价值立场，主动抵御来自不同方面的弱化要素。在网络空间中主流价值认同面临的挑战主要有：第一，价值冲突。网络空间中既有主流价值的存在，也会存在着各种非主流意识形态以及西方价值观念的传播。不同价值观念在相同的空间中并存，彼此之间产生矛盾和冲突，制造价值混乱和困惑。尤其是移动网络技术的便捷性为价值传播创造了充分的时空条件，不同价值观念竞争局面逐渐形成，为主流价值地位确立带来了诸多不确定因素。第二，价值多元。网络空间中个体自由度大大提升，在某种意义上激发了个人主义价值观的兴起，"使后发展国家苦心培养起来的集体主义信念和爱国主义信仰几近崩溃"①。多元价值观念借助网络平台大行其道，网络空间的社会规范难以在短时间内形成有效制约机制。个体在新型社会活动空间中难以进行准确价值判断，不自觉地接受多元价值观念的思想引导。第三，利益诱惑。价值因素有其内在的价值基础，价值选择建立在利益基础之上。主流价值不

① 袁峰、顾铮铮、孙珏：《网络社会的政府与政治：网络技术在现代社会中的政治效应分析》，北京：北京大学出版社，2006 年，第 283 页。

仅要指出未来社会发展方向，更在于其对不同主体的利益协调和统筹兼顾。网络空间中的利益机制复杂多变，多方利益主体关系交错并存，容易使主体受到利益诱惑，丧失主流价值认同的意志定力。

## （四）取向转化

价值认同需要通过行为规制和仪式进行强化，增强价值观念的可视度和践行性。在网络空间中，难以通过传统的组织生活和规章制度对组织成员进行教育、规训和警戒，个体价值取向不可避免地发生转化，降低主流价值的影响力。尤其在移动网络空间中，"朋友圈是我们生活的方式，也是我们社交的方式"[①]，成为个体身边时刻发生作用的人际网络，可以此为媒介形成自己的"圈子文化"。"圈子作为社会关系和社会资本的重要体现，将会持续地影响着移动空间中的多数人。"[②] 在朋友圈中传播的信息繁杂多样，价值观念对立交锋情况时有出现，个体没有坚定的价值信仰和敏锐的价值鉴别能力，便难以持久地保持清醒的价值认知和价值态度。作为主流价值的实践者，网络空间中主体身份的真实化程度越来越高，承担着传播主流价值观念的使命和责任，但是仍然存在价值主体在现实和虚拟空间言行价值分离现象，在社会群体中形成不良影响，破坏主流价值的凝聚力和吸引力。而且，在网络空间中，互联网技术重新建构了政府、社会与个体之间的互动关系。政府人员的个体价值偏差也会给政府形象带来扩散性的负面伤害，削弱主流价值的号召力。社会力量借助网络不断形成相对独立的价值群体，逐渐出现多种价值诉求和价值尺度，分化主流价值认同。

---

① 徐昊、马斌：《时代的变换：互联网构建新世界》，北京：机械工业出版社，2015 年，第 138 页。
② 彭兰：《重构的时空：移动互联网新趋向及其影响》，官建文主编：《中国移动互联网发展报告（2016）》，北京：社会科学文献出版社，2016 年，第 32 页。

## 三、网络空间中主流价值认同的重塑条件

"认同是人们意义与经验的来源。"① 要从认同条件出发，使主流价值成为建构和优化网络空间社会秩序的价值准则和遵循。

### （一）价值基础

在网络空间中，主流价值需要从群体、场景、共识等方面扩大价值影响。主要体现在：第一，群体规模。要赢得价值认同，需要在用户软件领域占据位置，既要及时了解，更要创造用户需求，在更大范围内夯实价值认同基础。以微信、微博为代表的网络社交软件对社会群体有着极大的影响面，主流价值要充分发掘其功能应用，否则就会在网络社交关系中失语和失声。第二，场景故事。场景是技术将人与物在一定时空中建构出来，满足主体需求的连接空间。不同场景中的主体有不同的需求、情绪和心理，"本质上场景变成了传播的接触点和分享的触发点"②。在场景中进行价值传播的节点是传递故事，运用场景故事进行价值理念的呈现和传递。主流价值在网络空间中要用有温度、有深度、有情怀的故事进行形象表述，激发情绪共振和情感共鸣，才能逐步推进自身的渗透力。第三，价值共识。"价值共识是特定社会共同体在社会生产过程中，为满足共同的需求、实现共同的利益，通过社会交往实践对社会生活中的某一价值观念所达成的相对一致的理解和认可。"③ 网络空间中主流价值认同不仅体现在价值传播的空间范围上，更重要的是在用户的价值共识上。主流价值在网络空间中要激发广泛的群体交流，注重意见沟通和价值追求，构建喜闻乐见

---

① ［美］曼纽尔·卡斯特著，曹荣湘译：《认同的力量》（第 2 版），北京：社会科学文献出版社，2006年，第 5 页。

② 吴声：《场景革命：重构人与商业的连接》，北京：机械工业出版社，2015 年，第 190 页。

③ 宋小红：《价值共识及其形成路径探析》，《中国特色社会主义研究》2016 年第 3 期。

的高频场景，在不同场景中塑造对话机会，创造价值沟通的社会基础。

## （二）价值动力

在不同的网络场景中，网络群体有着共同的价值需求、相似的价值体验、一致的价值延伸，在长期的聚集中不仅具备了彼此影响的连接属性，而且激活了身份认同情感，带来了价值动力。"人类学家拉尔夫·林顿所研究的强有力的部落群体必须具备三个特征：相似的文化、频繁的互动以及共同的利益。"[①] 在网络群体中，群体互动成为维系价值认同的基本要求。第一，群体情感。网络空间是用户体验空间，感性思维成为主导，只有能够激发体验的价值思想和价值观念，才能被关注和感受。要充分营造出群体认同的情感文化，满足个体不同层面的情感诉求，在情感交流中开展主流价值传播，才能形成良性循环的价值氛围。第二，即时沟通。网络时代的交流方式是将世界立体化地展现在个体面前，即时沟通成为网络空间的群体互动方式。要最大化地影响群体价值，就要最大限度地保持与群体即时交流，只有在即时沟通中才能把握群体脉搏，掌握群体动态。第三，娱乐逻辑。"科技的发展提供了娱乐化的媒介基础。"[②] 在网络空间中，群体传播有效形式是娱乐形态，及时发现群体的潜在娱乐倾向，运用表情包、段子、动漫等传递信息，传播的速度和效率大大增加，令人思维活跃，印象深刻。价值传播的娱乐化不是消解主流价值，而是将价值传播与情感激发结合起来，对群体的价值认同影响广泛。

## （三）价值分享

"分享经济的兴起，标志着互联网变革的重心，正从资源配置向利益

---

① 卢彦：《互联网思维2.0：传统企业互联网转型》，北京：机械工业出版社，2015年，第10页。
② 徐昊、马斌：《时代的变换：互联网构建新世界》，北京：机械工业出版社，2015年，第168页。

机制深化。"① 在网络空间中，主流价值认同离不开对主体需求的有效满足，只有将价值分享作为增强价值认同的基本方式，才能提升主流价值的网络影响力。第一，价值延伸。要吸引用户参与互动，不断融入其工作、学习、社会、生活等全方位交往活动，激励其将现实生活中的价值认同延伸到网络空间中。用户在网络空间中有良好的价值体验，价值分享的主动性和能动性被有效激活，形成良性循环的价值环境氛围，主流价值的现实吸引力就会不断增长。第二，信任环境。网络空间中的价值分享要激发用户的利益需求，为广大用户在网络空间中的利益交换提供充分的价值信息和有利的交易环境，运用经济、行政、法制等手段开展网络空间治理，保证公平、公正、公开的竞争机会，不断增强用户的网络交易信任感和信心度，强化主流价值认同的利益基础。第三，共享平台。在网络空间中的个体共享时空从理论上说遍及全球，不同价值资源交换的过程中，承载着价值观念的认同共享。网络空间中的主流价值传播要充分利用用户的社会分享机制，在主体日常生活化维度传播价值，满足个体的多样价值需求，造就主流价值认同的共享平台。

## （四）价值引领

"在移动互联网时代，人与人、人与信息得以快速、深度地连接，信息和知识生产、传播发生了颠覆性的改变，任何个体的价值都可能得以放大、升级、汇集、传播。"② 在网络空间中存在着长尾效应，个体有不同的知识背景、教育经历、文化基础等，需要价值引领，才能塑造主流价值的凝聚力。第一，在网络空间中，主流价值认同目标是逐步扩大社会主义核心价值体系的影响力，凸显符合社会发展需要的价值立场和价值取向，而且在不同网络空间领域中，需要相应具体的价值观念体现出来，突出主流

---

① 姜奇平：《如何推动移动互联网分享经济》，官建文主编：《中国移动互联网发展报告（2016）》，北京：社会科学文献出版社，2016 年，第 108 页。

② 卢彦：《互联网思维 2.0：传统企业互联网转型》，北京：机械工业出版社，2015 年，第 137 页。

价值的层次性要求。第二，在网络空间中，主流价值需要通过形象的表现形式来传递，逐渐实现正面的社会效应。尤其需要运用移动网络技术将主流价值的创造力和生命力充分展现出来，既要传播基本立场、思想和观点，也要结合网络空间特点进行理论创造，特别是运用移动传播载体进行主流价值表达方式转换，增强信息化传播的冲击力和感染力。第三，网络空间中的个体价值需求有着巨大的差异性，要因人、因时、因地、因事提供有效价值供给。根据价值受众的阅读习惯、语言风格、消费喜好、社交关系、表达态度等进行有针对性的价值引导，既需要大数据技术的精确统计，也需要专业人员的深入分析，只有避免简单笼统的价值传播话语，力求价值供给与价值需求匹配，才能在网络空间中不断巩固主流价值优势。

## 四、网络空间中主流价值认同的传播策略

网络空间中的传播法则是"在适合的场景下，针对特定的社群，通过有传播力的内容或话题，通过社群网络中人与人连接的裂变实现快速扩散与传播"[①]。需要适应网络空间传播规律，开展有效价值传播，才能重塑主流价值认同。

### （一）数据传播

"大数据是人们获得新的认知、创造新的价值的源泉；大数据还为改变市场、组织机构，以及政府与公民关系服务。"[②] 在网络空间中，通过对需求数据进行汇总分析，可以发现不同群体的价值倾向。"数据收集、分析和整合的能力已经成为技术和网络竞争的关键所在。"[③] 需要运用先进的

---

① 唐兴通：《引爆社群：移动互联网时代的新4C法则》，北京：机械工业出版社，2015 年，第 3 页。

② ［英］维克托·迈尔－舍恩伯格、肯尼思·库克耶著，盛杨燕、周涛译：《大数据时代》，杭州：浙江人民出版社，2013 年，第 9 页。

③ 涂子沛：《大数据：正在到来的数据革命，以及它如何改变政府、商业与我们的生活（3.0 升级版）》，桂林：广西师范大学出版社，2015 年，第 299 页。

统计技术进行多维度价值调查，包括人群的特点、分布、关系、活动轨迹、偏好规律等，对网络空间中不同价值观念进行分析评估，适时调整价值传播策略，推动形成良性价值生态。针对真实主体的信息推送能够在相当程度上改变信息传播的无效性，不断开发符合互联网空间传播特点的信息服务形式，以故事、游戏、视频或大众喜闻乐见的艺术表现形式等开展信息匹配推送，尤其是针对网络空间中的党员干部、意见领袖等重点人群，要微定向、差异化、扩散性地传播教育，在潜移默化中渗透主流价值观念。在网络空间中，运用 App、HTML5、直播、VR、AR 等技术创造精神体验逐渐成为可能，改进学习新方式，发挥传播聚合效应，提高年轻人群对政务信息关注度，而且由于网络技术传播的迭代性和无边界性，可以在短时间取得爆炸性的传播效果，主流价值话语形式的简约化、形象化、数据化表达决定其传播的社会影响。

## （二）场景传播

"移动互联网充分利用用户所在地理位置、上下文情景、用户数据和行为方式，将服务功能与人们的生活场景密切关联。"[①] 主流价值要保持自身在网络空间的渗透性和影响力，必须要利用移动网络技术进行场景传播。"场景传播的本质就是在特定情境下个性化、精准信息和服务的适配。"[②] 主流媒体要从单向传播转向立体化全媒体传播，及时回应网络空间的场景变换，既要利用互联网进行事前审核的专业传播，更要重视事后过滤的大众传播，抓住应用 App 热点话题及适时语境，进行场景塑造或设置，运用场景来营造主流价值传播的新型虚拟空间。场景传播形式的转变是从文字为主的宣传模式转换为图像集成传播模式。在网络空间中要充分

---

① 官建文、唐胜宏、王培志：《迈入转折期的移动互联网》，官建文主编：《中国移动互联网发展报告（2016）》，北京：社会科学文献出版社，2016 年，第 19 页。

② 蒋晓丽、梁旭艳：《场景：移动互联时代的新生力量——场景传播的符号学解读》，《现代传播（中国传媒大学学报）》2016 年第 3 期。

利用不同的形象组合来表达思想，迭代更新，充分考虑受众感性体验，对目标人群的体验焦点进行集中挖掘，创造出独具特色的场景生态。价值传播场景的营造要对特定场景中人群属性和心理需求进行分析，从价值信仰、社会动态、榜样人物、生活体验等多方面进行立体设计。只有将主流价值的理论优势和现实成就通过互联网展现出来，实现纵深化、本地化、定向化、主题化、一体化传播，运用生活化的场景境遇体现价值理念，才能逐渐增强渗透性和穿透力，提升主流价值的认同度。

## （三）社交传播

"随着社交媒体与移动设备、大数据、传感器以及定位系统等技术的结合，社交媒体将成为极富个性化内容的源泉，成为兴趣点的集中体现。"[1] 网络社交传播具有全时空、信息多、速度快、范围广、影响大等优点，在网络空间塑造主流价值认同必须深入发掘社交传播的优势。在网络空间中对社交主体身份进行比较准确的认知，是价值传播的前提条件。网络空间主体身份呈现符号化形式，要注重传播对象的符号特征，通过数据技术识别主体，针对年龄、性别、地域、组织、文化等维度采取不同的传播策略。"社群正在由情感导向和价值导向转向关系导向。"[2] 网络空间中的传播效果取决于主体对传播信息的认同程度，而价值认同强化的关键是社交互动的频率和效率。注重人情化、接地气、交互式的内容表达，不断运用新技术、新话语、新手段等加强社交关系中的信息传播，抓住传播节点和口碑载体，缩短主流价值与群众生活的心理距离，建立信任关系。积极主动开展社交体验活动，通过网络技术把主流价值通俗化、实践化，实现线上线下联动，组织群体交互，运用名人效应和典型事例进行价值引导，区分人群类型，提供有意义、有趣味的传播内容，正视网络意见反

---

① 吴声：《场景革命：重构人与商业的连接》，北京：机械工业出版社，2015 年，第 182、190 页。
② 华红兵编著：《移动互联网全景思想》，广州：华南理工大学出版社，2016 年，第 189 页。

馈，多用普通人的真实情况进行价值传播，及时满足大众价值诉求。

## （四） 粉丝传播

"在未来互联网的发展中谁拥有粉丝群，谁将拥有话语权！"[①] 所谓粉丝是指某种思想观念、人物榜样、作品活动等不同形式的拥护者和支持者。网络空间中的长尾效应决定要重视粉丝群体的传播力量，"草根网民创造的表达方式自下而上逐渐被社会主流人群接受，在舆论场中发挥了更多定义者角色"[②]。粉丝传播具有投入少、规模大、效果好等突出优势，主流价值要善于发现并运用高效价值传播手段，实现传播目标。在网络空间中，要用发展成就展示主流价值的理论魅力和实践导向，激发群体意识，聚焦分众传播，传递主流声音和身边故事，加强群体互动，激发价值情感。在网络空间中发掘价值动力既要用中国理论和中国价值引导思想进程，用数据和事实坚定自豪感和自信心，也要在粉丝群体中不断发掘民众的利益需求和价值需要，发动意见领袖，调动粉丝合力，构建群体价值交流纽带，在粉丝传播中扩大主流价值的吸引力。在网络空间中对中华优秀传统文化和革命文化进行现代性转换，利用民间文化沉淀，让文物、遗产、古籍、文字、史实等文化资源在虚拟场域中鲜活地流动起来。在网络空间中为个体提供全方位、贴身化的文化服务，注重心灵沟通、情怀培养和价值体验，使其不断吸取文化养料，成为主流先进文化的传播者和践行者，夯实主流价值认同的文化基础。

---

① 唐兴通：《引爆社群：移动互联网时代的新 4C 法则》，北京：机械工业出版社，2016 年，第182 页。

② 单学刚、卢永春、朱燕：《2015 年中国移动舆论场研究报告》，官建文主编：《中国移动互联网发展报告（2016）》，北京：社会科学文献出版社，2016 年，第 55 页。

# 网络社会道德认同的变化与引导[①]

**导　言**　网络社会中道德环境的改变影响道德认同的形成，表现在道德身份、道德认知、道德情感、道德文化等多方面的变化。网络社会道德认同变化有其内在的变化逻辑，起因在于网络社会中的信息逻辑取代了现实逻辑，道德主体自身在表现形式、思想意识、交往关系、行为方式等诸多方面发生了变化，网络技术改变了现实道德关系，影响了道德认同的环境和条件。要提升网络社会道德认同状况，需要重构价值信仰、鼓励公民参与网络道德建设、改善社会信任及增强政府公信力等。

随着互联网技术的发展，"网络建构了我们社会的新社会形态，而网络化逻辑的扩散实质性地改变了生产、经验、权力与文化过程中的操作和结果"[②]。网络社会是指建立在互联网技术平台上人们交往实践活动的社会共同体。网络社会中道德环境的改变，影响了道德认同的形成。那么，网

---

　　①　作者陈联俊，发表于《首都师范大学学报》（社会科学版）2016 年第 3 期，中国社会科学网全文转载。

　　②　［美］曼纽尔·卡斯特著，夏铸九、王志弘等译：《网络社会的崛起》，北京：社会科学文献出版社，2006 年，第 434 页。

络社会中的道德认同有哪些变化？其变化的逻辑是怎样的？应该如何加以引导呢？

## 一、网络社会道德认同的变化表现

"道德认同即人从内心接受和认可道德的过程或状态。"[①] 道德认同状况能够在一定程度上反映社会的道德影响力。网络社会中道德认同的变化主要表现在道德身份、道德认知、道德情感、道德文化等多方面的变化。

### （一）道德身份的变化

"显而易见，身份建构在超媒体的影响下正在经历着变化。"[②] 身份是人在社会中开展社会活动的标识，身份的获得往往需要一定的前提条件。身份代表着个体在社会交往中的地位和作用，为个体带来尊严、利益和荣誉等。现实社会中人的身份被现实条件所制约，难以在短时间内实现转换，同时身份具有相对的稳定性，为个体开展持续的社会交往创造条件。中国互联网络信息中心（CNNIC）第37次《中国互联网络发展状况统计报告》指出，截至2015年12月，中国网民规模达6.88亿，互联网普及率为50.3%。网络社会的出现，为开展社会交往提供了便利的超时空环境，身份的整合与转换也成为常态，这种常态既为主体的网络社会交往创造便捷的条件，也会带来主体道德关系的不稳定性。在网络社会中，人的身份多样化既影响主体自身的发展，也给社会和国家带来巨大的影响。例如：第一，身份不稳定，难以确定主体基本的权利与义务。主体既不能明确自身在网络社会中的发展方向与路径，也无法规范其应该承担的义务，影响其道德责任感的培养与塑造。第二，身份多变性，为社会秩序的稳定与规

---

[①] 刘仁贵：《道德认同概念辨析》，《伦理学研究》2014年第6期，第19页。

[②] ［荷］约斯·德·穆尔著，麦永雄译：《赛博空间的奥德赛：走向虚拟本体论与人类学》，桂林：广西师范大学出版社，2007年，第184页。

范带来了挑战和难题。在网络社会中，主体借助网络技术可以隐瞒甚至伪造自己的现实社会身份，同时在不同的网络组织中，可以以不同的角色身份开展网络社会活动，社会信任度降低，道德复杂性大大提高。第三，身份不明确，无法从根本上开展国家层面的网络治理。随着互联网技术飞速发展，国家治理必须包括网络治理的基本内容。但是，任何网络治理都需要有治理主体与治理对象，没有明确的网络道德身份，网络道德治理难以持续。

## （二）道德认知的变化

每个社会个体都会在自己生活的道德空间中通过不同途径形成社会认知，确定自己的道德行为逻辑。"网络道德呈现出一种更少依赖性、更多自主性的特点与趋势，并为人们道德主体意识的觉醒、道德主体地位的确立创立了条件。"① 在网络社会中，个体认知按照互联网思维呈现，个体对现实社会的理解与思考融入网络社会道德交往之中。网络社会中主体的道德认知发生变化，主要表现在：第一，社会认知变化。个体在网络社会中的虚拟发展主要表现形式是精神发展，虚拟社会关系的特性影响个体的社会认知与精神动力，改变个体的网络行为模式与内在逻辑。网络信息的海量及多元化，将会给个体带来自我认同的新挑战，个体的认知、情感、行为等方面出现典型变化。第二，社会学习变化。虚拟社会关系的不确定性给个体的认同重塑带来了全新的问题。现实社会关系中的认同结构将会随着关系的解体而发生改变，个体在社会关系中形成的社会知觉也将会在个体记忆中重新建构。认同关系的解体将会迫使个体对虚拟社会环境进行不同的社会学习，在虚拟社会中学习利用社会经验努力构建网络自我认同。在虚拟空间中，社会的异质性、断裂性以及个体社会经历的瞬时性等，都会给网络自我认同形成带来较大的影响。第三，认同心理变化。在虚拟环

---

① 张震：《网络时代伦理》，成都：四川人民出版社，2002 年，第 199 页。

境中，个体对自身的评价无法通过观察他人的直接反应来加以判断，也就是说个体社会活动由于技术中介的存在被普遍割裂，使得个体的认同心理出现延迟效应。在社会交往中，认同心理变化表现为个体认同学习的变化，网络社会中原有的社会认同经过虚拟环境的消解，对个体产生潜在的心理改变，影响其构建网络社会认同。

## （三）道德情感的变化

"道德情感是人类维系道德生活秩序的重要手段，也是激发人类道德行为的最基本因素，是无声的交流方式和无形的联结纽带。"[1] 在网络社会道德关系变化中，情感表达方式有根本性改变，情感凝聚有不同的逻辑路径。在网络技术工具的支持下，主体通过虚拟公共领域来实现沟通愿望，个体在群体的情感漩涡中既要保持主体的独立性，又要顺应群体的交往需求。网络社会群体成员的情感关系变化主要表现在：一是情感记忆消融。网络社会群体成员的情感积淀已经无法建立在封闭的人际系统之中，其必须将个体的情感表达与虚拟人际环境结合起来，通过形式各样的网络交流工具贯通情感渠道，形成情感场域，影响个体的情感记忆。现实社会中的情感记忆在虚拟空间中将在不同程度上被消融，使得个体重新建构自己的情感互动，维护自己的社会关系。网络社会中的情绪管理需要从虚拟空间的情感互动特性出发，寻找情绪影响因素，才有可能为个体的发展创造良好的情绪基础。二是情感系统分化。在网络社会中，个体的传统情感系统已经不复存在，转化为统一的虚拟情感环境。虚拟环境中的情感系统在社会基础、人缘结构、文化心理等方面，都会给个体带来不同的情感体验，进而改变个体的情感能力。从情感系统的转变视角来看，就能够解释长期沉浸于虚拟交往与虚拟实践的主体，经常在现实社会中表现出情绪失调的状态。三是情感整饰延迟。情感整饰是指在社会交往中人们由于不同原

---

① 《伦理学》编写组编：《伦理学》，北京：高等教育出版社、人民出版社，2012 年，第 232 页。

因，有意识控制或改变自己情感的现象。在网络社会中，由于社会交往的技术中介性作用，个体对情感的整饰有比较充分的时间和空间余地，能够有意识隐藏自己的真实情感，并塑造自己的情感假象。情感整饰的延迟虽会给个体缓解社会冲突创造条件，但是也会给网络道德失信留下余地。

## （四）道德文化的变化

"实践方式和道德关系的这种变革，正在促发一场新的道德嬗变。"[①] 网络社会虚拟实践活动加深了网络道德文化的变化与发展。第一，道德载体转换。道德载体直接关系到道德文化的传播效果。网络社会中的道德载体伴随着虚拟实践活动的开展而改变。"虚拟实践是主体按照一定的目的在虚拟空间使用数字化手段进行的双向对象化的感性活动。"[②] 在虚拟实践建构的道德载体中信息要素已经上升到与物质要素同等重要的地位。第二，道德价值分化。"网络文化的开放性、共享性、多样性和信息的海量性，使得道德规范、价值观念的可选择性、可比性大大增强。"[③] 在网络社会中，国家的道德价值观和意识形态受到多元价值文化的冲击和影响，其对社会民众道德导向作用力下降，从而进一步影响网络道德文化变迁。第三，道德传统消解。道德文化建立在长期的道德传统基础之上，通过文化传承来加以巩固和强化。在虚拟实践活动中，道德传统功能的路径转换，道德文化被逐渐解构。在网络社会中，强调等级秩序的儒家伦理文化面临着信息化挑战，必须要通过虚拟实践活动加以有效转化，形成具有网络适应力的文化价值观，才有可能形成新型道德文化关系。第四，道德凝聚力变化。道德凝聚力是指社会在自身系统中形成的道德吸引力和向心力。在虚拟实践活动中，现实社会体制、社会结构、社会系统等被重新组合，产生不同的社会力量。尤其是在现实社会中，依赖于血缘、地缘等道德关系

① 张明仓：《虚拟实践论》，昆明：云南人民出版社，2005 年，第 197 页。
② 张明仓：《虚拟实践论》，昆明：云南人民出版社，2005 年，第 40 页。
③ 宋元林：《网络文化与人的发展》，北京：人民出版社，2009 年，第 252 页。

形成的社会共同体，或者阶层共同体，将会面临被解体的命运，其内在的道德凝聚力也会逐渐降低。

## 二、网络社会道德认同的变化逻辑

网络社会道德认同的变化不是偶然的，有其内在的变化逻辑，起因在于网络社会中的信息逻辑取代了现实逻辑，道德主体自身发生了诸多方面的变化，网络技术改变了现实道德关系，影响了道德认同的环境和条件。

### （一） 网络社会道德认同变化的逻辑起点

网络社会的道德关系依存于信息逻辑。信息逻辑的逻辑空间建立在信息生产方式之上，"在信息范式下，不同技术领域之间的持续聚合，起源自它们共有的信息产生逻辑"[1]。信息逻辑的内在运作有其独特的存在方式。

第一，信息逻辑的产生。"没有信息就没有认识。"[2] 信息需求刺激了信息产生。人对信息的需要是信息动力所在，信息需要随着社会发展不断扩展。信息一旦被人所创造，在长期的流转和传播过程中，逐渐形成了信息逻辑。

第二，信息逻辑的空间。信息逻辑空间是指信息逻辑发生作用的范围。在互联网技术出现以后，信息逻辑的主要空间就是网络社会。网络社会为信息逻辑提供了施展影响的范围，信息逻辑促进了网络社会的发展。

第三，信息逻辑的特点。信息逻辑产生以后，反过来对人与社会有牵引作用，呈现出渗透性、集聚性、扩散性等特点。渗透性是指信息与物质之间相互渗透，信息离不开物质，物质从某种意义上也会以信息的形式表

---

[1] ［美］曼纽尔·卡斯特著，夏铸九、王志弘等译：《网络社会的崛起》，北京：社会科学文献出版社，2006 年，第 67 页。

[2] 肖峰：《信息主义：从社会观到世界观》，北京：中国社会科学出版社，2010 年，第 355 页。

现出来。集聚性是指信息之间的作用效应,信息越多,集聚效应越明显。扩散性是指信息传播方式与物质的流通方式相比,效率大大提高。

第四,信息逻辑的载体。"信息是丰富的,却没有任何将信息组织起来的固定中心。"① 信息逻辑在网络社会发生作用依赖于人际传播。没有人的存在,信息就失去了存在的意义。在人际传播中,信息逻辑得以不断延续和强化。信息在传播中会发生增值性变化,不断被诠释加工,产生叠加效应。

信息逻辑可以从不同层次、不同角度、不同方面对道德认同产生巨大影响。

第一,信息逻辑对公民道德观念的影响。网络社会中蕴含着巨大的信息容量,信息逻辑冲击的是公民的知识结构和思维方式,帮助公民摆脱狭隘的认知空间,用全球化的信息思维来观察世界,思考社会,反观自身。也就是说,公民的道德观念得以从现实社会道德关系的束缚下解放出来。

第二,信息逻辑对社会交往结构的影响。网络信息遵循的是无中心、病毒式的传播路线,彻底消解了现实社会高度集中的社会分层结构。网络社会中所有个体面对的是平等的信息逻辑,接受相同的信息影响。社会交往呈现出虚实信息交融的交往模式,社会身份的差别化被信息逻辑重新解构和组合。信息逻辑在网络社会交往结构中起到颠覆性功能,将为道德关系的重构奠定信息基础。

第三,信息逻辑对国家治理体系的影响。"互联网侵蚀了这种地理上的限制,使民族国家和其他参与者试图以一种新的、非地域的方式来证明其合法性。"② 在传统国家要素之外,信息成为当代国家发展不可或缺的基本要素。信息逻辑成为信息时代国家治理的内在逻辑,只有遵循信息逻辑来开展网络社会道德治理,才能适应时代发展趋势。

---

① [美] 迈克尔·海姆著,金吾伦、刘钢译:《从界面到网络空间:虚拟实在的形而上学》,上海:上海科技教育出版社,2000 年,第 38 页。
② [英] 安德鲁·查德威克著,任孟山译:《互联网政治学:国家、公民与新传播技术》,北京:华夏出版社,2010 年,第 308 页。

## （二） 网络社会道德认同变化的主体因素

"网际关系本质上是一种虚拟关系或纯信息关系。"① 信息逻辑打破了建立在物质生产方式基础上的人际网络，重新在网络社会中建构起以信息传播为载体的道德关系，即网络道德关系。网络道德关系中人的变化是全方位的，表现在：

第一，人的表现形式变化。"任何技术都逐渐创造出一种全新的人的环境。"② 网络社会中的人是符号化的人，人与人的沟通交流以符号表达为传播方式。符号与人之间建立了直接关联，人可以不再以自身的社会"在场"作为交往前提，符号成为人的实在代表。符号多样化为人在网络社会中身份多样化以及人的个性化交往准备了条件，人可以摆脱自身的物质实体局限，跨时空地成就自身与社会的交融。

第二，人的思想意识变化。信息逻辑中人用符号作为外在表现，人的意识环境和意识条件发生了转移。现实中的意识环境来自人的现实状态，什么样的生存环境造就什么样的思想意识。网络社会中人的意识环境虚拟化，意识的信息来源多元化，对人的大脑的作用机制发生改变，人的思想意识是现实与虚拟环境共同作用的产物。虚拟空间中人的意识条件大大丰富，个体意识与社会意识之间的融合度增加，所有个体都能将自身的知识、阅历、观念等与广泛的社会群体进行交换，从而影响道德意识的形成与发展。

第三，人的交往关系变化。"对人们交往的性质起决定作用的并不是物质场地本身，而是信息流动的模式。"③ 现实中人的交往形式更多的是直接的身体交往，可以通过语言、表情、神态、肢体等进行信息传递和交

---

① 肖峰：《信息主义：从社会观到世界观》，北京：中国社会科学出版社，2010 年，第 320 页。
② ［加］马歇尔·麦克卢汉著，何道宽译：《理解媒介：论人的延伸》，北京：商务印书馆，2000 年，第 25 页。
③ ［美］约书亚·梅罗维茨著，肖志军译：《消失的地域：电子媒介对社会行为的影响》，北京：清华大学出版社，2002 年，第 30 页。

流，但是网络社会中的人际交往形式则转变为间接的媒介交往，所有的交往信息都必须通过技术媒介进行转化，从而使得社会交往环节进一步复杂化。在以互联网为主要手段的交往关系中，交往空间的拟态环境特征越来越明显。

第四，人的行为方式变化。"网络技术分离了行为主体，主体意识又整合着两者的分离。"[1] 人的网络行为超越了人的单子式存在，而将自身与整个社会的变迁联系在一起。也就是说，网络行为的影响大大超越了现实行为，其行为的共振性特质表现突出。人的符号化存在为网络行为的多变性提供了条件，技术化的行为模式为网络行为的不稳定性埋下伏笔，工具化的价值取向为网络行为的短效性奠定了价值基础，无序化的规范体制为网络行为的失范性准备了前提。

## （三）网络社会道德认同变化的内在机理

虚拟关系就是技术关系，是人通过互联网技术建构的社会关系。这种社会关系不仅依赖于人的变化，也依赖于技术的发展。互联网技术从不同层面改变网络道德关系，也改变着网络道德认同。主要有：

第一，道德领域扩大。"我们要真正理解人的超越性，就必须重视技术，必须全面把握技术与人的关系，深刻地理解技术中的人性意蕴。"[2] 互联网技术的每一次革新既是工具的改进，也是人的道德关系的解放。信息时代网络技术解放了个体力量，为个体充分释放自身的想象、情感和欲望提供了虚拟空间，使得人与人之间的"多向度"交往成为可能。网络技术既从交往关系上解放了人本身，也为扩大人的道德领域提供了多重可能性。

第二，道德空间变化。技术来源于人的实践，进而在实践活动中改造

---

① 钟瑛：《网络传播伦理》，北京：清华大学出版社，2005 年，第 194 页。
② 张明仓：《虚拟实践论》，昆明：云南人民出版社，2005 年，第 7 页。

道德关系。网络技术在人的实践活动中的功能可以分为两个方面：一方面是网络技术为人开展各种社会化活动提供实践手段，另一方面是网络技术营造的虚拟实践空间。空间性和工具性的技术应用之间相互渗透，影响了网络道德认同的不断变化。

第三，道德经验拓展。网络技术的系统性对道德关系而言，是强化了主体的社会经验共享性。也就是说，网络技术使得个体脱离了个体环境和经历的局限，成为社会经验系统的创造者，同时在参与过程中提升自身。网络道德关系的形成价值与意义在更大程度上是利用技术将个体整合进道德社会，在社会道德变化中发挥更大的作用。

第四，道德内容深化。互联网技术带来的是全局性、根本性的社会变化，虚实道德关系重新建构了人的存在与发展的道德空间，将人对外部世界的探索、人类社会的深化以及人自身的反思有机结合起来，创造出新型的道德文化内容。

"任何一种新技术革命和社会革命都会给传统伦理道德带来冲击和挑战。"[1] 技术与社会的结合对道德认同的影响表现在：

第一，道德认同的社会基础。道德认同必须建立在一定社会交往基础之上，有什么样的社会交往关系，就会有什么样的社会基础。虚拟社会关系对建立在现实社会交往基础上的道德关系起到冲击性解构作用，打破了现实社会的道德价值系统。

第二，道德认同的社会文化。道德关系需要在社会文化中得以持续，其变化过程是动态长久的。网络道德文化与网络技术的更新换代并行不悖，其变化速度与效率远超现实社会文化。道德认同在网络社会中的可变因素增多，不稳定性大大增加。

第三，道德认同的社会心理。道德认同的重要指标是社会心理。社会

---

[1]　常晋芳：《网络哲学引论：网络时代人类存在方式的变革》，广州：广东人民出版社，2005年，第351页。

心理状态稳定，对国家的向心力强烈，道德认同指数就高。虚拟社会中交往心理与群体心理状态发生变化，社会知觉、社会吸引、社会服从、社会价值等内在社会心理机制逐步转换，人们在现实社会建构的心理场域被重建。

# 三、网络社会道德认同的引导路向

在对网络社会道德认同的变化及逻辑考察以后，需要进一步对其进行针对性的对策探讨，以便在一定程度上改善问题，取得较好的社会效果。

## （一）重构价值信仰

价值信仰是个体在精神领域的支柱性力量。价值信仰的来源主要有两个方面：一是内部的自给。个体在自身的教育、经验、环境等综合作用下，逐渐形成的价值信仰，影响着自己的追求目标和生活轨迹。二是外部的供给。不同的国家与社会根据需要，向个体提供一定的价值信仰，从而影响国家与公民之间的关系构成。网络社会逐渐形成以后，生产技术与生产关系的变化带来了价值领域的改变，其最直接的影响就是信息传播解构了个体原有的道德认知，用多元化、复杂化、碎片化的价值信息替代了一体化、简单化、系统化的价值体系，个体逐渐丧失了运用原有道德立场来进行价值判断的能力和水平，陷入了价值困境的场域之中，难以自拔。互联网对于公民价值信仰的改变"不但干扰了主流思想的传播，也分裂了社会认同，进而威胁社会秩序和稳定"[1]。要想重构价值信仰，首先，需要在网络社会中给个体提供意识形态的价值标准。注重虚拟情境中人对环境的感受，通过信息技术来进行价值引导，重塑价值认同，尤其是需要从中国

① 林晖：《断裂与共识：网络时代的中国主流媒体与主流价值观构建》，上海：复旦大学出版社，2013年，第122页。

优秀传统文化之中挖掘资源，汲取力量。其次，要充分尊重网络社会多元主体的利益诉求。在多重利益交错中寻求利益最大化的交汇点，引导个体对于价值信仰的理性判断。最后，要善于协调好网络社会不同主体的行为逻辑。"网络虚拟空间的出现使传统的国家政治价值生态被大大改变。"[①] 网络社会中的个体、社会与国家，由于社会基础与社会形态的转变，不同主体的行为逻辑都会发生转向，彼此之间需要有较长时间的磨合和适应，要找到各自的价值取向，进而稳定有序地开展协调转化活动。

## （二） 鼓励公民参与网络道德建设

"每个公民都负有道德建设的责任，都是道德建设的主体。"[②] 公民参与对于道德认同的推进作用在于其最大程度地激发公民的主人翁意识。网络社会中个体力量通过互联网技术的放大效应，可以集中体现出公民参与的巨大影响力。在网络公民参与不断发展的过程中，政府应该发挥其主导性作用，既要重视网络公民参与的呼声和诉求，也要利用国家力量来加以规范和引导，避免在无序的公民参与中导致治理失控。

网络公民参与变化因素众多，网络技术、公民意识、参与水平、矛盾冲突等都会有不同程度的体现。从网络技术方面来看，技术更新越迅速，为公民参与提供的技术手段越先进，客观上就越能促进参与活动的增加。从公民意识视角来看，公民意识是公民参与的实质所在，公民参与是公民意识的外在表现。网络公民意识觉醒意味着公民道德自律能力增强，对于网络道德认同有着内在的推动作用。从参与水平来看，公民理性参与的素质和能力越高，网络参与的效果越好。网络社会公民参与的水平直接影响认同效果。从矛盾冲突来看，社会问题越集中，公民参与越活跃，给国家

---

① 杨立英、曾盛聪：《全球化、网络化境遇与社会主义意识形态建设研究》，北京：人民出版社，2006 年，第 119 页。

② 杨义芹：《略论道德治理能力现代化的主要特征》，《理论与现代化》2014 年第 5 期，第 11 - 12 页。

和社会带来的影响越广泛。

在网络公民参与的发展中，既有公民个体的参与力量，也有公民群体参与的动力性因素，而且由于网络空间的匿名性和互动性，群体参与的表现越来越明显，形式越来越多样，给国家和政府带来的社会压力也会越来越大。如果网络公民的个体或群体参与活动没有得到相应的回应和引导，将可能直接导致问题的现实转化，进一步分化道德凝聚力。

## （三）改善社会信任

社会信任是指在一定社会关系之中，社会成员之间的信任状态和信任水平。社会信任随着社会关系的变化而不断变化，信任水平一定程度地体现道德认同效果的高低。网络社会中的社会系统构成发生变化，交往状态从现实走向虚拟，社会信任关系也会不断改变，需要重新确立角色信任、关系信任、组织信任等。首先，从角色信任来看，在现实社会中，人与人之间的信任是建立在彼此之间身份的确认与人格的真实性基础之上。但是，在网络社会中，主体身份开始模糊起来，充满了不确定性，为主体之间的角色信任增加了难度。要确立主体角色信任，必须要让网络社会的主体身份角色相对稳定，从而使得"信任逐渐地融合到对连续性的期望之中，成为我们经营日常生活的坚定的指导方针"[①]。可以说，对公民角色的定位关系到社会信任建构的根本。其次，从关系信任来看，现实社会关系信任建立在双方长期的互动交往和交换之中，维持关系信任的前提是一定的社会媒介。媒介存在对于关系信任不可或缺，媒介的变化带来信任变化。网络社会中的媒介技术越来越多样化，对于主体之间的关系构建起到决定性作用。要维持网络社会的关系信任，必须对网络媒介进行规范管理，在一定程度上起到稳定保障作用。最后，从组织信任来看，现实社会

① ［德］尼克拉斯·卢曼著，瞿铁鹏、李强译：《信任：一个社会复杂性的简化机制》，上海：上海人民出版社，2005年，第32页。

组织信任的建立基于规范的市场环境和明晰的交易规则，给予组织主体以可靠的信任基础。但是，网络社会中的经济环境尚待优化，国家权力与市场权利之间的边界有待确定，尤其是需要完善网络社会中的法治基础，重新构建网络社会组织之间的信任关系。

### （四） 增强政府公信力

政府公信力是公民对政府能力水平的综合判断，信心指数高，代表政府对公民的影响力较大，凝聚力较强。"站在国家形象塑造和政治的高度来看，网络已经成为政治传播的一个重要渠道。"[①] 网络社会中政府公信力的变化主要源于认同环境的变化。在虚拟环境中，政府公信力的变化主要表现在：第一，社会条件变化。在网络社会中，主体在网络社会中的情感关系更加复杂多样，自主性不断增强，难以对政府产生更多的关注和依赖。客观上网络社会的无边界性增加了虚拟环境的不确定特质，政府难以掌控的影响因素越来越多。第二，信心动力变化。网络社会中利益多元化表现明显，人们对市场的依赖程度越来越高，相对来说对政府的信心动力有所下降。价值异质性得到充分展现，主流意识形态的渗透力也会遇到较大的阻力和挑战。"政府在现代传播领域并不是无所作为的，政府只有有所作为，有利于民主的传播机制，才可能被理性地保护。"[②] 要在网络社会提升政府公信力，改善道德认同状况，应该切实发挥政府在网络道德秩序之中的功能价值，主要是三个方面：一是规范功能。社会道德总是与国家性质密不可分，一定的社会道德规范需要有政府层面的指向与倡导，网络社会也不例外。二是教育功能。网络社会中多元价值并存，尤其需要政府采用灵活多样符合网络社会运行规律的方式方法来进行宣传教育，使得主

---

① 龙小农：《从形象到认同：社会传播与国家认同结构》，北京：中国传媒大学出版社，2012年，第102页。

② 袁峰、顾铮铮、孙珏：《网络社会的政府与政治：网络技术在现代社会中的政治效应分析》，北京：北京大学出版社，2006年，第157页。

流道德价值深入人心。三是疏导功能。网络社会中的道德冲突在所难免，如果不能进行及时的化解疏导，可能激化矛盾，影响稳定。政府需要适时地对社会道德冲突进行调节，抑恶扬善，造就良好的网络道德环境。

总之，网络社会是技术文化的集中体现，道德作为人的社会属性要求，两者之间的密切结合才会整体推动网络文明发展。我们既要关注网络社会中出现的道德认同问题，也要对网络社会中的道德选择、道德教育、道德评价等问题开展相应研究，以开辟人的自由全面发展的新空间。

# 后现代主义思潮视域下
# 主流意识形态面临的挑战与应对①

**导　言**　后现代主义思潮主要以解构主义、虚无主义影响着我国社会大众的思想观念，冲击着主流意识形态的主导地位。从后现代主义思潮的三大误区——意识形态的"终结"，历史的"虚化""断裂"和殖民主义的"变身"切入，分析其对我国主流意识形态建设带来的挑战，进一步从保持先进性、巩固主导权、掌握主动权、提升话语权建设出发，探讨如何增强主流意识形态认同，为建设社会主义现代化强国夯实思想基础。

意识形态工作"事关党的前途命运，事关国家长治久安，事关民族凝聚力和向心力"②，是政党、国家、民族生存与发展不可或缺的力量。在复杂多变的现代世界中，作为晚期资本主义社会产物的后现代主义思潮以反本质、无中心、无标准的解构性思维出现，强调非理性、多元性、偶然性，其所包含的解构主义、虚无主义威胁着中国特色社会主义理论体系的

---

① 作者陈联俊、宁晓茵，发表于《社会主义核心价值观研究》2019 年第 6 期，人大复印报刊资料全文转载。

② 中共中央宣传部：《习近平总书记系列重要讲话读本》（2016 年版），北京：学习出版社、人民出版社，2016 年，第 193 页。

建设和践履，试图改变我国的意识形态环境，需要我们高度重视与积极应对。

# 一、后现代主义思潮的三大误区

后现代主义揭露了当代西方资本主义社会内部的矛盾和问题，但仍然存在误区，应研究后现代主义思潮的特征来明晰其对我国意识形态建设提出的挑战。

## （一）意识形态的"终结"

后现代主义主张意识形态的"终结"，这种"终结"并非意味着完全抛弃意识形态，而往往表现为意识形态弱化、意识形态多元化、非意识形态化。这种"终结"主要表现在：

其一，意识形态理论在后现代主义挑战、颠覆、消解传统的思想指挥下，要求告别传统意识形态观所倡导的政治斗争思想，主张"消除"意识形态斗争。需要指出的是，西方"意识形态终结论"产生于后工业时代，在这一时代，科学技术正以一种强大的理性力量将社会结构拆分成形形色色的零件的组合，以维持阶级社会机器的运转，技术理性在变成意识形态的同时产生社会主体非批判的顺从意识。霍克海默曾批判指出："在机器发展已经转变为机器控制的地方，技术和社会的发展趋向总是相互交织在一起，最后导致的是对人的总体把握，这种落后的状态也并非是不真实的。"① 反观自身，中国社会的精神文化发展尚未与物质发展相匹配，文明的天平同样存在失衡现象，但我们切不可掉入只求经济发展而丢弃思想超越和理想诉求的圈套之中，必须认识到马克思主义意识形态是推进中国精

---

① ［德］马克斯·霍克海默、西奥多·阿道尔诺著，渠敬东、曹卫东译：《启蒙辩证法：哲学断片》，上海：上海人民出版社，2003 年，第 32 页。

神文明建设的根本动力。

其二，后现代主义倡导在价值多元、道德相对的社会背景下"一切皆准"，让一切思想观念、价值理念都拥有"出场"机会并占领一席之地，否则就称之为意识形态"专制"。事实上，"后现代主义意识形态一方面宣传所谓'政治非意识形态化'，把自己的立场说成是非意识形态的，把对于国家的统治说成是单纯的技术问题（这正是新自由主义的精英政治、专家治国论的典型观点），另一方面后现代主义意识形态又把新自由主义全面渗透到执政党的各项具体政策之中，渗透到整个西方世界的政治文化之中"①。可见，资产阶级不过是以"意识形态终结"的口吻，继续说服本国公民以获取普遍支持，再转身向广大第三世界国家推销其意识形态及价值观念。

其三，在后现代主义者眼中，"真理不过是某些人出于某种动机，利用某种权力话语'人为地编造出来的一系列游戏规则和符号系统'"②。他们强调，社会成员作为单一体应当抵制权威、拒绝标准，在游戏生活中充分享受"生命价值"。在社会主义和资本主义两大阵营对立的格局中，后现代主义思潮所隐含的政治意图是非常明显的：使人民的共同利益、共同理想失去存在的价值，使马克思主义主导地位和中国共产党执政的合法性来源消失殆尽。

## （二） 历史的 "虚化" "断裂"

伴随着现代性所形成的传统历史观认为，拥有理性标准的人类社会是一个因果的、线性的、全面的发展过程，所以人类的历史就是人类理性进化的历史。后现代主义思潮却背道而驰，拒斥理性动力原则，反对历史是一个连续、进步的过程。

---

① 侯惠勤等：《马克思主义意识形态论》，南京：南京大学出版社，2011 年，第 223 页。
② 张之沧：《后现代理念与社会》，南京：南京师范大学出版社，2005 年，第 4 页。

一方面，为了否定历史真相存在的可能性，彻底表明求差异、反唯一、反确定性的立场，后现代主义者提出"文本主义"。在德里达看来，语言、文本是世界唯一的本质存在，世界是由一堆不确定的文本组成的。维特根斯坦提出了著名的"语言游戏论"，他认为语言就是游戏，语言没有本质，没有终极意义。① 在相同的文字符号下，书写的文本和概念总是为语境所限定，其意义无法最终确定，所以文本体系的不确定性导致在人类发掘这个由文本组成的世界及其中的事物的意义时，出现意义的"延异""模糊化"，因此人类把握的历史只能是无真理、非真实的历史。"文本主义"模式下的历史解读，将"历史变文本"，视"史学若文学"，在自设的框架内强调以主观性为支撑，进行历史"想象"和历史"发明"，如此"虚叙"客观事实的行为无疑吞噬着当今社会历史研究求真求实的科学导向，冲击着国人的历史观念。

另一方面，后现代主义常常夸大历史的"断裂"，抵抗那些宣扬历史连续性的传统理论权威，抹杀历史发展的必然性。福柯提出："不连续性曾是历史学家负责从历史中删掉的零落时间的印迹。而今不连续性却成了历史分析的基本成分之一。"② 在后现代主义者看来，历史记录者具有不同程度的意识选择倾向，这一现实制约可能遮蔽史料的真实度，因此连续、完整地研究历史是不可行的。后现代主义还以"叛逆精神"对抗历史规律。鲍德里亚反对将生产力定义为一个被历史赋予特权的具有决定性、统领性作用的领域，认为马克思的总体性是其理论的致命要害，"马克思主义的分析把人看成被剥夺的、异化的人，并将之与总体的人联系起来"③，而这种脱离现实的虚假总体存活在社会主义的"乌托邦"之中。其实，后现代主义者醉心于在历史长河中"游荡"，正是向现代性危机

---

① ［英］维特根斯坦著，［加］孔欣伟编译：《维特根斯坦说逻辑与语言》，武汉：华中科技大学出版社，2017 年。
② ［法］福柯著，谢强、马月译：《知识考古学》，北京：生活·读书·新知三联书店，1998 年，第 9 页。
③ 余乃忠：《后现代主义批判》，北京：社会科学文献出版社，2012 年，第 239 页。

"俯首"、始终甘愿依傍于资本主义社会状态的表现。假若我们在现代化进程中迷失方向，乱了阵脚，恰恰是掉进后现代主义的"陷阱"之中，由此必然会消除现代化的坚定意志，失去追求发展的动力。

## （三）殖民主义的"变身"

后殖民主义不仅与殖民主义的时间先后区别，更强调在侵略方式上与殖民主义的区别，主要体现在文化精神领域。叶险明指出："学界持续多年的对'西方中心主义'的批判，不仅没有对当代中国哲学社会科学的创新性发展和话语体系的构建产生多大的积极作用，而且'西方中心主义'还以各种形式在中国思想文化界呈继续蔓延之势。"① 而今，西方的文化渗透和文化殖民正举着"多元文化互通"的旗号袭来，"不妨说，后殖民主义的实质是欧美列强在第二次世界大战的刀光剑影之后由非武力对峙到友好外交的文化侵略政策。因此，我们可以姑且将后殖民主义看作是一种不平等的跨文化交流现象"②。作为后现代主义延伸的后殖民主义理论，是以前殖民地国家与前宗主国之间文化关系为研究对象的理论。作为后殖民主义理论领域的奠基人，萨义德通过分析殖民宗主国想象、虚构"东方"进而贬低、弱化东方的做法，揭露西方国家利用权力话语体系，试图在将东方形象固化和他者化的过程中满足自身的殖民统治需要。后殖民主义理论实质上力图使东方的民族和国家的文化能从世界文化边缘回到应有的位置，所以不能否认，后殖民主义理论具有为非西方文化正名的意义，但是后殖民主义理论对西方文化霸权的批判渗透着狭隘民族主义和国家主义思想，容易使前殖民地国家在批判西方现代性的过程中增加本民族的危机感，一味保护本民族文化、抵制一切外来文化，而陷入文化保守状态。另

---

① 叶险明：《对"后殖民主义"语境中"西方中心主义"批判的批判》，《中共中央党校学报》2018 年第 4 期，第 31 页。

② 丛郁：《后殖民主义·东方主义·文学批评：关于若干后殖民批评语汇的思考》，《当代外国文学》1995 年第 1 期，第 147 页。

外，后殖民主义理论基于反本质、反标准的立场，拒绝把东西方截然相对，反对过分强调东西方民族和文明的独特性，由此不少落入后现代主义"圈套"的学者认为，只要忽视东西方国家意识形态的对立冲突和文化差异，不同国家和民族就能走向和谐繁荣。

## 二、后现代主义思潮对主流意识形态的挑战

后现代主义思潮传入中国后，对诸多领域产生了影响，其在各个领域的渗透正在逐步消解马克思主义意识形态的主导地位。

### （一）批判现代性，否定马克思主义

在对两次世界大战进行深刻反思后，西方理论界认为近代启蒙理性出现了严重问题，他们通过批判现代性启蒙话语，主张抛弃传统价值观，消解一切准则和权威的合法性。纵观后现代主义产生的社会背景，我们不难发现，资本主义发展和传统社会主义运动并足同行，后现代主义不仅对西方文化进行批判，也在无形之中对社会主义思想和制度产生了冲击。丹尼尔·贝尔歪解道："社会主义者从第二次世界大战期间及其后才知道，民主和法权是正常社会不可侵犯的条件。"[①] 面对东欧剧变、苏联解体，弗朗西斯·福山也在《历史的终结及最后之人》中提出，资本主义社会的自由民主制度应当是"人类意识形态发展的终点"和"人类最后一种统治形式"，[②] 以论证西方资本主义制度的普遍必然性。后现代主义思潮认为马克思主义作为一种意识形态已经终结，这一结论是轻率、错误的。传统社会主义存在着亟须解决的问题，既包括体制的变革，也涵盖思想的发展，但

---

① ［美］丹尼尔·贝尔著，张国清译：《意识形态的终结：50 年代政治观念衰微之考察》，北京：中国社会科学出版社，2013 年，第 429－430 页。

② ［美］弗朗西斯·福山著，黄胜强、许铭原译：《历史的终结及最后之人》，北京：中国社会科学出版社，2003 年，代序第 1 页。

这并非真正社会主义和马克思主义的过错。而且后现代主义对于马克思主义的理解局限于苏联模式，将集权主义视为马克思主义的必然结果，这是教条、僵化、荒诞的。从国内背景来看，我国从计划经济走向市场经济的重大社会转型需要国人解放思想，后现代主义思想样态迎来了传播契机，"意识形态终结论"也乘虚而入。以美国为代表的西方国家凭借其经济优势高喊"自由""民主""平等"等看似中立的价值口号，宣扬政治自由，消解社会主义意识形态。面对西方的政治"说教"和经济"拉拢"，鉴于对过去浓重的意识形态话语与政治运动的回忆，社会大众中弥散着一种抵消僵化意识形态影响的"非意识形态化"心态，"默认"意识形态的"终结"。虽然当前美国发动"贸易战"，其"去意识形态斗争"的谎言不攻自破，但是我们也应当警觉：如果社会主义意识形态的合理性被否定，那么支撑其合理性的民族、国家、文化亦将变得毫无意义，谋求人民幸福和国家富强的发展道路也将变成无根据的任意选择。对于后现代主义销蚀马克思主义科学性的企图，我们必须高度警觉。

## （二）裹挟虚无主义，消解马克思主义

马克思主义理论体系以传统的理性历史观为基础，主张人类历史在纵深发展中达成主体与客体、普遍与特殊、现实与理想的辩证统一。后现代主义历史观则认为，万事万物以零散化的状态存在且无法逻辑地实现应然目标，人们应当挣脱理性的束缚，学会体验当下、实现自我，用欲望、冲动等非理性因素推动人类历史前行。可见，后现代主义历史观在根本上颠覆了马克思主义唯物史观，打破了历史与逻辑相统一的理论模式，由此，关于历史进步的真理演变成偶然性的虚假理论。历史虚无主义与后现代主义具有共同的语言：否认客观存在的历史真理，否认历史矛盾的客观规律性，否定人类从蒙昧、野蛮不断走向进步的历史进程。在我国，历史虚无主义者公然打起"反思历史""还原真相"的旗号，对公认的事实进行随意的剪裁组合，否定客观定论，颠倒是非黑白，"化身"成为资本主义制

度辩护的利器，其首要目的是掩盖中国共产党在领导中国革命、建设、改革中的贡献和作用，编造出否定中国特色社会主义共同理想和共产主义远大理想的谎言。历史虚无主义从根本上否定马克思主义在我国意识形态领域的指导地位，实质是为其鼓吹的资本主义道路找寻历史依据。除此之外，后现代主义还消解中国历史的道德意义，刻意抹黑中国历史上的英雄人物，"美化"被历史定性的反面人物，以此误导广大群众的价值取向，传递完全不同于主流意识形态的思想观点，瓦解中华民族生存与发展的精神根基。历史是各民族共同的创造和记忆，在整体的意义上构成了中华民族绵延发展的根基，奠定了民族和国家发展进步、走向未来的基础。历史虚无主义混淆历史的现象与本质、支流与主流，消解人民的理想信念和价值标准，动摇马克思主义在我国意识形态领域的主导地位。

## （三）分化人才队伍，危及马克思主义

"坚持以马克思主义为指导，是当代中国哲学社会科学区别于其他哲学社会科学的根本标志，必须旗帜鲜明加以坚持。"[①] 随着经济社会转型，后现代主义思潮广泛渗入我国社会各个领域，并且与不同利益群体需求相结合，吸引民众运用其思维方式思考分析问题，导致社会上不同程度地出现了对社会主义和共产主义理论与实践的自信空场问题。此外，由于后现代主义思潮在一定意义上批判西方资本主义制度，迷惑了部分人群，使他们相信后现代主义思潮在价值立场上是正确的。当前，马克思主义意识形态遭遇信仰危机的表现之一就是主流意识形态建设队伍中的部分人在一定程度上存在崇洋媚外心理，认为马克思主义意识形态束缚了中国与世界的沟通交流以及中国哲学社会科学的研究视野。这些人往往"坚守"拿来主义，"愉悦"地搬用西方制度模式或者研究范式，结果在不知不觉中陷入西方思维陷阱。后现代主义的"多元价值"取向，主张社会无法达成基本

---

① 习近平：《在哲学社会科学工作座谈会上的讲话》，《人民日报》，2016 年 5 月 17 日第 2 版。

的价值共识和正确的判断，价值是相对的，因此社会科学应该保持"价值
无涉"的状态。施特劳斯指出："不做价值判断就不可能研究一切重要的
社会现象。"① 价值区分的无能意味着政治哲学和政治科学的合理性将被取
消，哲学和社会科学将丧失基本的自我知识。如果中国特色社会主义建设
和中国哲学社会科学研究不遵从马克思主义这一根本性指导原则，无视既
定规范和价值底线，一味借鉴后现代主义思潮的解构范式，必然会危及自
身的健康发展，甚至危及民族和国家的前途命运。人才队伍是一切事业发
展的基础，任何社会形态要保证和谐稳定有序发展，就必须有自己的坚强
的思想理论队伍。坚持马克思主义在意识形态领域的指导地位，关键在
党、关键在人，对后现代主义思潮分化主流意识形态建设队伍的图谋，必
须切实加以扼制。

### （四）借助网络渗透，冲击马克思主义

在某种意义上，后现代主义社会是媒体社会，因此电子媒介研究应当
被纳入后现代主义研究的范畴框架。虽然中国尚未进入后现代社会，但是
在全球文化交融的过程中，西方后现代主义可以"跨越性"地生存，以致
中国社会出现现代性与后现代性杂糅"症候"。后现代主义的繁衍与传播
得力于网络媒介，一方面，网络媒介逐渐蜕化为技术化的文化产品制作手
段。文化依附于无中心的网络空间从特权化走向平民化，从理性化走向感
性化，借助图像符号转变为可供娱乐、消遣的消费产品，形成后现代主义
的大众文化工业表征——复制性、平面性、离心性。通过网络媒介流行的
亚文化、出售的文化商品等传达的是一种"浮泛在物质层面的真实"，却
让受众迷失方向。大量夹杂着拜金主义、利己主义、享乐主义等色彩的，
刺激感官和充满魔力的影视作品、网络游戏等大众文化商品在中国社会被
广泛消费，无形中造成社会大众思想混乱，冲击以道德理性和政治诉求为

---

① ［美］施特劳斯著，李世祥译：《什么是政治哲学》，北京：华夏出版社，2011 年，第 12 页。

核心的审美价值建构，消解以集体主义为支撑的意识形态。另一方面，在后现代主义多元共处范式的推动下，西方开始新式殖民——文化殖民主义，即依托社会传媒和数字化技术，实现其意识形态的全域泛化和隐性渗透。新兴科技和大众媒介，特别是迅速兴起的大数据，这些充满差异化、去中心化、碎片化的技术样态无疑促进了后现代主义思潮的全方位渗透。以美国为代表的西方国家凭借其在网络技术、信息等方面的优势、强势，在我国实施"颜色革命"，把我国当作其颠覆活动的重要目标。随着我国人民群众受教育水平的提高以及社会信息透明度的强化，西方意识形态渗透手段更具隐匿性，他们往往从大众熟知和关切的社会事件入手，对事件进行"理论包装"和"学术包装"，然后通过网络迅速推给社会大众。近年来，深藏政治意图的"普世价值""新自由主义""宪政民主"等社会思潮借助网络媒介兴风作浪，试图改变我国社会大众的主流意识形态认同。

## 三、以"变"与"不变"防范后现代主义思潮侵蚀

当前，我们必须树立高度的意识形态自信，坚持以马克思主义为指导，在"变"与"不变"中防范后现代主义思潮的侵蚀。

### （一）保持马克思主义意识形态的先进性

任何一种意识形态从来都不是统治阶级意识形态和社会存在的简单反映。意识形态作为思想价值体系本身就是一个不断变化的复杂动态结构，其内在结构要素遵从辩证逻辑发展的结果，必须按照整体性和同一性原则进行意识形态结构体系建设，这是马克思主义意识形态的科学性所在。因此，应坚持马克思主义整体性原则，以整体力量全面推动马克思主义理论创新，保持中国特色社会主义意识形态的先进性。

以马克思主义为根本指导的中国特色社会主义意识形态具有人民主体

性。首先，中国共产党与人民群众作为中国特色社会主义意识形态的主体，是社会主义意识形态政治性和人民性的体现。刘康指出："看一个意识形态是否成功，有没有效率，主要看一个社会的成员对于社会的价值观认同的程度，而不是看有多少空洞抽象的宣传口号。"① 在和谐稳定的社会状态下，马克思主义意识形态建设应当在坚守政治品质的同时抓住"人"这一根本，凸显人民主体价值，整合意识形态建设力量，实现对马克思主义的真正信奉。其次，马克思主义意识形态的先进性不仅体现为政治性与人民性的统一，还体现为理论与实践的互动互构。意识形态不是空中楼阁，马克思主义意识形态的先进性还强调理论与实践的互动互构。意识形态建设不能给人民群众开"空头支票"，必须在解释"是什么"和"为什么"之后，回答好"怎么办"的问题。"意识形态的现实效用最终并不是通过掌握理论学说的职业思想家或政治家直接实现的"，而是"通过广大群众的意识形态实践来实现的"。② 苏联解体后，中国特色社会主义和马克思主义在中国共产党带领人民群众的建设实践中不断丰富发展，通过理论与实践的互动互构，使社会主义意识形态直面社会现实、与时俱进，根据人民群众的社会实践需求及时补充新鲜血液。基于中国特色社会主义伟大实践，批判建构源于现实又高于现实的先进性意识形态理论，不断克服在理想建构过程中价值评价与实践认同的偏差问题，在情感上与马克思主义相连通，在实践上学懂弄通马克思主义，真正树立社会主义理想信念。除此之外，还需要在继承与创新、一元与多元、排他与包容的辩证统一中科学创新中国化马克思主义理论，使中国特色社会主义意识形态的先进性不断彰显。

## （二）巩固马克思主义意识形态主导权

马克思主义是中国特色社会主义的旗帜，应始终坚持其在意识形态领

---

① 李兆中：《中国社会主义意识形态建设纵论》，上海：上海人民出版社，2003 年，第 347 页。
② 刘友女：《结构视域下中国主导意识形态研究》，上海：复旦大学出版社，2015 年，第 198 页。

域的指导地位，坚决反对改旗易帜，抵制解构主义，在精神防线和物质基础的统一中，旗帜鲜明地宣扬马克思主义。"马克思列宁主义、毛泽东思想一定不能丢，丢了就丧失根本。"① 历史经验证明，我国社会主义意识形态建设必须坚持和巩固马克思主义指导地位。首先，中国共产党必须占领意识形态主阵地，"对马克思主义的信仰，对社会主义和共产主义的信念，是共产党人的政治灵魂，是共产党人经受住任何考验的精神支柱"②。广大党员干部必须"真懂""真信"马克思主义，坚定马克思主义信仰、共产主义远大理想和中国特色社会主义共同理想，加强理论武装，补足精神之"钙"，宣传好党的理论和路线方针政策，弘扬社会主义核心价值观，营造向上向善的精神氛围。其次，党员干部必须"真用"马克思主义，坚持马克思主义理论性与实践性相统一，在深入学习和贯彻落实习近平新时代中国特色社会主义思想过程中，把科学理论转化为新时代建设社会主义现代化强国的强大动力，真正维护好最广大人民群众的根本利益，并进一步纠正形式主义、官僚主义、享乐主义、奢靡之风，加强党的执政能力建设和先进性建设，以党的执政威信巩固马克思主义意识形态主导地位。巩固马克思主义意识形态主导权，不仅要守住精神防线，还要稳固意识形态的物质基础。我国意识形态的说服力和主导权是通过社会主义制度运行的有效性来证明的。党的十九届四中全会指出："我国国家治理一切工作和活动都依照中国特色社会主义制度展开，我国国家治理体系和治理能力是中国特色社会主义制度及其执行力的集中体现。"③ 我国国家治理现代化是在马克思主义指导下进行的，良好的治理效能是中国特色社会主义制度优越性的体现，是人民群众对社会主义制度、对马克思主义意识形态坚定信仰的基础。因此，我们要通过系统治理、依法治理、综合治理、源头治理，使

---

① 中共中央宣传部：《习近平新时代中国特色社会主义思想学习纲要》，北京：学习出版社、人民出版社，2019 年，第 32 页。

② 习近平：《习近平谈治国理政》（第 1 卷），北京：外文出版社，2018 年，第 15 页。

③ 《中共中央关于坚持和完善中国特色社会主义制度　推进国家治理体系和治理能力现代化若干重大问题的决定》，《人民日报》，2019 年 11 月 6 日第 1 版。

制度效能根植人民、服务人民，充分尊重人民价值和体现人民意志，巩固马克思主义意识形态主导权的物质基础。

### （三）掌握多元意识形态斗争的主动权

多元社会思潮"同台竞技"是后现代性的表征。面对复杂多变的意识形态斗争形势，我们应主动回应，认真对待后现代主义思潮提出的挑战，牢牢把握意识形态斗争的主动权。最重要的是自主建设具有张力的文化发展体制和有力有效的意识形态治理机制。

第一，建设张弛有度的社会主义文化发展体制，认真评估当代中国社会思潮的基本走势，正确评判社会思潮，探索当代中国社会思潮的本质规律；在尊重差异的建设原则基础上，批判借鉴国外社会思潮，包容引导非主流社会意识，抵制反主流社会思潮。"正确的东西总是在同错误的东西作斗争的过程中发展起来的。真的、善的、美的东西总是在同假的、恶的、丑的东西相比较而存在，相斗争而发展的。"[1] 哲学社会科学学者要在理论和学术问题的对话和交锋中，在解答回应、批判反驳中，合理解决中国社会乃至世界的现代性问题，破除马克思主义"无用论"。

第二，我国哲学社会科学研究应当敢于正视各种社会思潮所反映的社会问题，回答好新时代的重大理论和现实问题，将理论建设、文化发展与经济体制、政治体制、社会制度相联结，从现实中寻找突破口，解答理论问题，体现理论的原创性、民族性、系统性、专业性，提升马克思主义理论的现实性、亲和力、影响力，以高度的理论自信引领多元社会思潮，强化主流意识形态认同。

第三，要做好网络意识形态引领工作。截至 2019 年 6 月，我国网民规模达 8.54 亿，互联网普及率为 61.2%。[2] 网络虚拟实践已经成为当代中国

---

[1] 中共中央文献研究室编：《毛泽东文集》（第7卷），北京：人民出版社，1999年，第230页。
[2] 《第44次中国互联网络发展状况统计报告》，http://www.cnnic.net.cn/hlwfzyj/hlwxzbg/hlwtjbg/201908/t20190830_70800.htm，2019年8月30日。

一种新的实践方式，互联网也成为意识形态角逐的新战场，占据网络意识形态主阵地是做好意识形态工作的必然要求。如何做好网络意识形态的引领工作呢？一是积极引导各大主流媒体平台和自媒体平台加强内容建设，理直气壮地宣传马克思主义立场观点方法，弘扬社会主义核心价值观，发展积极向上的网络文化，以强势的正面舆论与错误思想观点作斗争，唱响网络主旋律。二是改进传播方式，转变单向度的传统思想教育范式，探索多样化的、深层次的理论传播模式。在"破""立"结合中提升宣传教育效果，"破"是指在深刻认识互联网思想舆论传播特点和规律的基础上，找准网民的接受点，揭穿国际敌对势力的政治心机，破除西方意识形态的思想渗透；"立"是指及时关注和了解国内外环境的新变化，抓好方式方法创新，将传统媒体和网络媒体深度融合，全方位回应社会热点、焦点问题，陈情说理，增强思想理论的解释力和公信力。三是制定多元主体参与、多种手段相结合的网络综合治理机制，及时过滤、打击网络空间"分化""西化"以及颠覆社会主义制度的言论和行为，不给错误思想言论提供传播渠道，使人们免受纷繁杂芜的错误思潮的影响，逐步强化社会主义意识形态认同。

## （四）提升马克思主义意识形态的话语权

话语具有系统性、传承性和开放性的特征，需要根据现实的变化不断加以调整，增强对现实生活的解释力。同样，马克思主义意识形态话语建构不是教条式地重申马克思主义的话语，而是从现实条件出发，用中国的语言文字来反映时代的呼声，适时适量地进行话语体系转换，真正掌握马克思主义话语领导权。首先，从本质上看，后现代主义思潮与马克思主义意识形态不相容，但是不能因此完全否定其存在的合理性。后现代主义思潮要求人们解放思想观念，关心现实问题；反对教条主义对人们精神的束缚，主张采取不同角度、方法洞察现代性危机。这些观点主张对我国意识形态建设有着积极意义。习近平总书记指出："对一切有益的知识体系和研究方法，我们都要研究借鉴，不能采取不加分析、一概排斥的态度。"①
思维方式转换是意识形态话语转型创新的前提，思想解放要与现实发展同
步伐，与同质思想相交融，与有益文化相借鉴，既立足本民族的文化底蕴
和价值立场，又吸取发达国家意识形态建设的经验与教训，如美国智库
"客观上作为国家意识形态治理多端主体中的重要角色，深度嵌入国家治
理体系，在美国社会主流意识形态的生产与传播，乃至国家意识形态安全
防范与建设中发挥着举足轻重的作用，尽管制度属性有根本差异，但其具
体做法对中国特色新型智库建设有着重要的启示"②。

　　随着中国特色社会主义进入新的历史方位和社会主要矛盾发生变化，
补足社会主义意识形态建设的短板和弱项，整合并丰富中国化马克思主义
话语体系，这是新时代强化意识形态认同的关键。但是，后现代主义思潮
同样具有意识形态取向，它抹掉了传统的高等文化和大众文化或者平民文
化之间的界限，进而开启大众文化的"主宰"，以深度模式消解主流意识
形态。面对"意识形态漂浮"的社会环境，我们应当注重大众文化领域的
意识形态话语建构。大众文化以轻松、愉快的方式进行特有的情感传达而
引起广泛的共鸣，具有价值引领和社会整合的积极作用，我们应借助这一
优势，通过加强主流意识形态与大众文化的互动结合，将立党立国、改革
开放、社会发展、生活幸福等社会主义因素融入大众文化建设，使旅游
业、影视业等大众文化产业成为马克思主义意识形态话语传播的重要渠
道。马克思主义意识形态建立在中华民族优秀传统文化的根基之上，我们
还应充分发掘和推广中华优秀传统文化元素，发扬优秀传统文化的审美价
值、人文教育价值、文化认同价值，夯实马克思主义意识形态的话语传播
基础，发出中国声音，讲好中国故事。

---

① 习近平：《在哲学社会科学工作座谈会上的讲话》，《人民日报》，2016 年 5 月 17 日第 2 版。
② 吴艳东、吴兴德：《美国智库参与国家意识形态治理的路径及其对中国特色新型智库建设的启示》，《重庆大学学报》（社会科学版）2020 年第 2 期。于 2019 年 10 月 10 日网络首发。

# 二 网络空间的舆论与意识形态

# 微信场域中的舆论生态及其治理①

**导　言**　在移动互联网时代，微信创造了新型的人际互动模式与交往空间。微信场域以其独特的存在方式建构了舆论生态系统，表现出个性化与强关联、异质性与仪式感、共振性与双面化等特征；从微信舆论的发生、发展、演变与分化，可以看出微信场域的舆论生态呈现出复杂的网络社交关系构成；微信场域舆论生态的主要影响因素有互动场域、群体性质、人员结构和群体状况等；要治理微信场域舆论生态，需要重视媒介价值、群体规范、粉丝效应和激励机制等。

微信作为移动互联时代流行的网络交流方式，正以其巨大的影响力改变着社会意识生成模式，尤其是微信场域中舆论多元化表现越来越明显，对网络社会治理产生了极大的冲击。"舆论"是指"社会公众共同持有的对某一社会事件或社会问题的意见和看法"②。"从分析的角度来看，一个

① 作者陈联俊，发表于《首都师范大学学报》（社会科学版）2017 年第 5 期，《新华文摘》（网络版）2018 年第 9 期全文转载。

② 中国大百科全书总编辑委员会《心理学》编辑委员会、中国大百科全书出版社编辑部编：《中国大百科全书·心理学》，北京：中国大百科全书出版社，1991 年，第 524 页。

场域可以被定义为在各种位置之间存在的客观关系的一个网络（network），或一个构型（configuration）。"① 考察微信场域的舆论生态对构建虚拟社会秩序有着重要意义。

# 一、微信场域舆论生态的表征

在网络虚拟空间中，微博舆论的公共性、发散性与裂变性表现明显，② 传播影响大，传播速度快，但是伴随移动互联技术的兴起，微信舆论生态呈现出不同的特征。

## （一）个性化与强关联

"随着私人生活走向公共化，公共领域自身则染上了内心领域的色彩。"③ 微信作为建立在虚拟空间的新型公共领域，与私人领域的融合趋势越来越凸显，公共群体中的个体有着强烈的自我意识，以高度独立的身份参与舆论建构。而且，在微信场域中，个体的身份来源各不相同，基本在各自的生长环境中形成了性格气质、思维模式、处世观念与语言风格等，在网络虚拟环境中难以改变，必须要在群体交往的磨合中形成互动环境。在不同的微信群聊中，群体关系契合度区别较大，如果微信群体与现实群体高度重合，群体关系密切，群体交往深入，线上线下互动，则增强群体关系的同时也能发挥出个体的价值特色。微信场域中的个性化色彩既赋予群体舆论的多样内涵，但是也埋下了价值分化的隐患。在微信场域中，个体交往延续着现实社会规约，尤其是中国社会的人情礼仪、宗族传统、风

---

① ［法］皮埃尔·布迪厄、［美］华康德著，李猛、李康译：《实践与反思：反思社会学导引》，北京：中央编译出版社，1998 年，第 133 – 134 页。

② 陈联俊：《网络社会"微博"舆论场域的生成与引导》，《社会主义研究》2012 年第 6 期，第 62 页。

③ ［德］哈贝马斯著，曹卫东、王晓珏、刘北城、宋伟杰译：《公共领域的结构转型》，上海：学林出版社，1999 年，第 185 页。

俗习性等约束纽带，这些要素在微信场域中的潜在作用仍然存在，必然影响其群体归属感。而且，微信与微博、QQ、论坛、贴吧等网络传播形式相比，从一开始就以移动互联网络为载体，进一步强化了全时空的多维互动集成性，与用户生活高度相关，群体成员类型化明显，个体的节点作用无限放大，呈现出的强关联性突出，因为其以彼此"同意"交往为前提，通过微信平台实现现实与虚拟的"共在感"。在微信场域中，不同微信群聊之间也会发生人员迁移，即随着用户习性的改变，原有群体成员会向新型据点转移，从而发生人员、结构和组织权力改变，逐步改变微信舆论生态。

## （二）异质性与仪式感

微信场域舆论的异质性是指成员、结构、诉求等不同方面存在着巨大差异，进而影响价值观念在空间分布和力量大小上的不均匀性和复杂性。首先，微信成员存在状态不同、群体成员数量多少在虚拟环境中会产生不同的影响力。微信群体成员之间共识关系与交往频率也会有不同的群体表现，微信群体成员分别以不同身份参与不同的微信活动，在移动互联网环境下个体的现实状态也在同时影响微信舆论生态。其次，微信群体价值取向各不相同，商业群、兴趣群、情感群、学术群、政治群、文化群等不同类型微信群的创立动机决定其成员关系不同，而且微信群体除了现实关系，还有消费关系、分享关系、位置关系、生活关系等，不同的群体价值对群体意识和群体心态的内在作用不同，从而进一步影响微信群体的舆论走向。最后，微信群体诉求不同也会影响舆论生态。情感诉求的微信群体有较强的凝聚力，彼此之间信任度和归属感相对较高。利益诉求的微信群体功利性色彩较强，利益目标在群体舆论上的体现较为明显。政治诉求的微信群体舆论理想化程度较高。

微信场域舆论的仪式感是指微信主体彼此之间存在着复杂的组合关系，从而通过关系共同建构起价值共享的仪式。"为了建立信任，一个人必须既信任他人，也值得他人信任，至少必须在关系的范围内如此。"① 微信群体的结合大多基于自愿原则而形成，彼此之间从心理上存在相关性，这种相关性就是价值共享的发端。在微信群体交往和群体活动中，如群聊、红包、游戏等，心理体验相关性不断增长，粉丝效应明显。每个个体都可以建立自己的粉丝群体，微信个体的粉丝越多，微信群体影响力就会增加，群体价值也会不断提升，无形中强化了具有共同价值的个体互动，增强了个体之间的交互关系。

## （三） 共振性与双面化

微信舆论与交往特质密不可分，群聊、朋友圈、摇一摇、附近的人等形式，把虚拟互动形式囊括其中，满足不同的交往需求。共振性是指微信场域能够承载文字、视频、图片、动漫、数据、位置等网络符号，可以充分发掘个体的碎片化时间，形成随时随地的圈子文化，通过虚拟社交互动关系形成舆论共振生态圈。微信群聊对于微信舆论生成起到重要作用，其即时互动、便捷共享、符号载体等都会形成共振效应，不断催生价值蕴含，产生舆论热点。在微信场域舆论生态中，由于微信群体的多样复杂性，必须要依赖价值共识对个体的引领作用。在微信价值共识的构建过程中，应进行社会秩序的协调和平衡，帮助个体适应虚拟空间，找到自己与他者在虚拟公共领域中的相处之道。

微信场域舆论生态既关系群体在网络空间的生存和发展，也关系国家和个体在网络空间中的地位和影响。"移动传播技术使传播行为复杂化和结构化，以不同技术形态伴生于用户工作、生活的各种社会实践活动，最终渗入社会日常活动的诸多领域。"② 微信作为不同时空个体产生共鸣的载

---

① ［英］安东尼·吉登斯著，赵旭东、方文译：《现代性与自我认同：现代晚期的自我与社会》，北京：生活·读书·新知三联书店，1998 年，第 109 页。

② 喻国明、吴文汐、何其聪、李慧娟、杨雅：《移动互联网时代我国城市居民媒介接触与使用：基于"时间—空间—行为—关系—心理"五维研究框架的考察》，北京：人民日报出版社，2016 年，第 5 页。

体，其深度介入个体的日常生活，有效整合个体的社会关系，创造虚拟的社交场景，承载的价值影响力不可估量。但是，微信舆论生态对于国家的积极意义有其前提条件，即微信舆论的价值取向与主流意识形态有着内在的契合度，两者有着共同的价值追求。"核心政治价值是一个国家和民族政治认同的基础，也是民主治理的根本价值所在。"① 如果微信群体的价值观念与国家主流价值相背离，则两者之间的对抗性会不断增加，甚至出现网络群体性事件，危及国家主流意识形态安全。微信群体凝聚力越强，双面效应的影响越大。而且，微信群体价值一旦形成社会效应以后，还可能与现实社会群体形成互动，从线上发展到线下，带动现实社会群体情绪和舆论风向，改变国家政治生态。

## 二、微信场域舆论生态的变化

微信场域舆论生态的形成遵循由外及内、由内及外的循环过程，可以说，微信场域的舆论生态变化过程就是多元价值传播的过程。

### （一）微信舆论的发生

微信舆论形成原因复杂，动机多变，以非线性方式传播价值取向。微信舆论的发生是以熟人关系为基础的公众意见的集聚。微信舆论是怎样发生的呢？首先是舆论出现。"微信的在场意味着身体以多重方式出现，可能是声音、文字、肉身的影像甚至一个表情符号，实体空间的肉身在场与虚拟的在场方式相互混杂、交织以至于融合。"② 舆论发起人对于微信舆论而言，就是舆论出现的象征，无形之中代表着个体的愿望和期待。也就是说，只要有舆论发起人，就在一定程度上反映出社会中存在的公众意见，

---

① 俞可平：《论国家治理现代化》，北京：社会科学文献出版社，2014 年，第 117 页。
② 孙玮：《微信：中国人的"在世存有"》，《学术月刊》2015 年第 12 期，第 11 页。

也在一定意义上反映出意见传播的内在需求。其次是舆论发酵。微信舆论发酵是舆论形成的关键性步骤，是指群体成员之间相互交流意见的程度和效果。"微信为用户提供了'身体共在'的互动仪式场域，用户普遍能从中获得情感能量的交换、补给。"① 在微信舆论出现以后，成员交流不断加深，沟通频繁，理解深入，不同群体成员之间的意见影响力逐渐增加，微信舆论对于个体的价值影响越来越大，个体对舆论的沉浸感也就相应提升。最后是舆论角色。不同个体在微信舆论中也会有不同的角色分配。舆论角色意味着个体在舆论场域中的地位和价值，一旦个体认识到自身在舆论中的角色位置，并能够接受其自我定位，则意味着从个体角度来说，已经在心理上认同微信舆论与自己的关系建构。也就是说，在微信舆论场域中，不同个体承认自身在舆论生态中的存在，并参与微信舆论中的意见交换。

## （二） 微信舆论的发展

"随着大众传媒技术的发展，人人都有可能感到自己是传媒的主人，掌握着文化传播的工具。"② 微信舆论始终处于动态建构之中，群体舆论发展会体现一定的规律：第一，微信成员之间相互激发。"个人在这种网络中既是被权力控制的对象又是发出权力的角色。"③ 微信舆论深化建立在群体成员关系发展基础之上，群体关系发展在于群体成员彼此的吸引和交流。在群体内部沟通过程中，成员来源广泛，个体能够从他人身上获得信息和资源，就会从情感和心理上不断巩固认同感和归属感，从而对舆论起到推波助澜的作用。第二，不同微信个体成员的同化过程。微信群体成员之间关系强化以后，个体将会对群体产生依赖和信任感，能够不断从群体中获得支持，逐渐遵循微信群体的要求和规则。在这个过程中，个体的个

---

① 柳竹：《浅析微信互动传播的情感动因》，《新闻知识》2016 年第 2 期，第 35 页。
② 石义彬：《批判视野下的西方传播思想》，北京：商务印书馆，2014 年，第 21 页。
③ 石义彬：《批判视野下的西方传播思想》，北京：商务印书馆，2014 年，第 285 页。

性化意识和批判性思维也会在一定程度上降低，加剧了微信舆论"沉默的螺旋"现象的出现，甚至会出现群体极化现象。这些现象对于个体来说，不是主动选择，而是微信群体同化的结果。第三，微信舆论群体思维形成。微信群体同化个体的过程越长，对个体的影响越大，个体会在长期的微信舆论意见中逐渐陷入群体思维模式，用群体的立场、观点、方法等来对信息进行加工、判断和表达，不知不觉中使自己的思维方式与群体舆论相互一致。从微信群体的角度来看，群体思维的出现显示出群体凝聚力达到了相当高的程度，群体舆论已经形成了强大的向心力和吸引力，进而对虚拟社会产生越来越大的影响。

## （三）微信舆论的演变

微信舆论的形成与发展有特定的过程，鉴于微信场域的虚拟存在特性，舆论环境会受微信信息的多变性、群体成员的匿名性、群体关系的脆弱性等不确定因素影响。网络媒介是电子媒介的发展，但是其呈现出来的信息共享程度远远超越广播、电视等电子媒介，从而对建立在信息多元基础上的公共意识也会产生更大的影响。移动互联网络技术更是集成了不同形态的信息资源，微信技术可以充分利用这些信息资源，不断更新数据，改变传输范围，与微信群体相关的信息都会及时进入群体内部交流，形成群体互动，塑造群体意识，改变群体舆论。现实社会群体有其特定的社会身份和角色，群体通过成员识别可以实现对个体的身份定位，进而用其社会关系来约束其行为。微信群体构成相对而言匿名性增加，个体自我的道德约束感和责任心将会无形地降低，非理性的意见表达容易出现，从而加大群体舆论风险。而且微信成员来源广泛，内部关系构成相对脆弱。个体可以失去虚拟的社会关系，但不可能失去现实的社会关系。即使微信群体对个体的精神感召力再强大，也难以赋予个体现实社会生活的所有需求，个体必须要在现实关系中生存和发展，其随时可能摆脱对微信群体的精神依赖和寄托，造成微信群体的崩溃，改变舆论生态。

## （四） 微信舆论的分化

"技术使得人类社会实时产生的数据成为了影响社会治理的重要因素。"① 网络媒介能够为人们提供不同于现实的身份建构，这种网络身份既可以与现实社会关系产生关联，也可能不会发生交集。而且，移动互联网络中的身份建构具有一定的随机性和偶然性。微信舆论建立在网络群体身份的建构基础之上，群体身份更多的是微信群体的心理相关性。如果群体身份消失，舆论也会逐步走向分化，乃至消失。第一，群体目标的消失。群体的形成有其特定的目标任务，可以说群体目标是群体存在的依据。微信群体目标可以是信仰、利益、情感、兴趣等物质或精神追求，也可以是显性或隐性目标、现存或预设目标。微信群体目标虽提供了期待或愿景，但是群体目标一旦消失，就会给微信群体带来离散情绪和心理，进而逐步解构微信舆论。第二，群体关系的恶化。尽管微信群体关系相对自由，但是群体成员仍然存在角色区分。在群体交往互动之中，不同身份角色的个体之间也会出现矛盾和冲突，如果矛盾双方能够理性对待和处理此类事件，就不会扩大影响面。反之，如果在价值观念、利益分配、认知态度等问题上出现分歧，难以达成共识，微信群体关系就可能破裂，造成舆论分化。第三，群体信息的失真。微信群体信息来源广泛，由于信息路径繁杂，如果群体内部没有相应的信息过滤机制，就有可能使得部分失真信息流传，造成群体内部不信任情绪蔓延以及公信力下降，形成不良的微信舆论生态。

# 三、微信场域舆论生态的影响因素

微信场域舆论生态是移动互联网络技术与社会发展共同作用的产物，

---

① 陈潭等：《大数据时代的国家治理》，北京：中国社会科学出版社，2015 年，第 148 页。

其既为社会交往创造新型虚拟空间，同时对个体行为、社会价值、国家治理的冲击性也不断扩大，需要对其内在影响因素进行探讨分析。

## （一）互动场域

微信互动场域为群体创造出新型的情感空间和社会情境，激发群体意识，影响群体价值。第一，虚拟空间秩序。"人们的行为结构在心灵与身体交织的过程中被重构了。"[①] 在虚拟空间中，现实社会秩序被颠覆，性别、年龄、种族、外貌、家庭、身份、地位、财富、声望、区域等在社会交往中的价值因素发生变化，人们在虚拟空间中重新组合，形成了不同虚拟群体。以现实社会关系为基础的虚拟群体，群体舆论事实上主要是以现实社会关系的强弱为前提，也就是说此类虚拟群体舆论与现实群体舆论有高度重合性。以虚拟社会交往为基础的虚拟群体，其交往目的和交往场域都在虚拟环境中生成，其群体舆论是在主体身体"缺场"下形成，由主体虚拟生活体验和精神感受的比重所决定。第二，虚拟技术价值。微信技术使得虚拟空间表现出高度共享状态，个体的信息和资源可以在微信平台上进行交换和互动，微信群体的内外部环境之间共通共存。微信技术不是孤立存在于移动互联网络之中，其与诸多传播技术同时并存，相互交换信息资源，微信、微博、QQ、论坛等社交媒体之间的资源共享明显，并不断创造人际交往需求，共同推动人机互动技术的进步和发展。微信群体关系随着技术变化不断地分化组合，群体舆论处于动态变化之中，尤其是在虚拟现实技术的发展过程中，虚拟与现实之间的界限更加模糊，每个运用虚拟现实技术的个体都会同时受到来自不同虚拟与现实环境的直接影响，必然会对虚拟空间舆论生态带来诸多影响。

---

① 唐魁玉：《虚拟空间中的心身问题——对心灵哲学观点的辨识与吸纳》，《哲学动态》2007 年第 4 期，第 30 页。

## （二）群体性质

"自觉的个性的消失，以及感情和思想转向一个不同的方向，是就要变成组织化群体的人所表现出的首要特征，但这不一定总是需要一些个人同时出现在一个地点。"[①] 微信群体构成超越地理空间，但是其组织化程度却并不逊色于现实群体。第一，利益群体。网络经济改变了现实经济规律，重新构建了利益分配机制。在微信利益群体中，群体舆论动力是经济利益，只有能够为群体成员源源不断地提供利益来源，才能始终保持群体内部的吸引力和向心力。在微信利益群体中，利益来源越广，利润率越高，群体舆论影响力越大，内部成员的凝聚力越强。第二，政治群体。政治群体的舆论导向是政治理想和政治诉求，集中体现群体成员之间的政治价值共识。在微信政治群体中，既有符合主流政治价值的群体组合，也有非主流政治价值的群体构成，甚至有反主流价值的群体存在。多重政治价值的复杂并存，给微信舆论生态带来的挑战与冲击异常激烈。第三，趣向群体。微信为兴趣爱好相同的人群提供了广阔的交流平台，而且微信红包、游戏、摇一摇、附近的人等娱乐内容也为诸多群体开辟了全新的趣向爱好，吸引了社会注意力，创造了新型网络舆论公共空间。趣向群体凝聚力来自群体兴趣、爱好、娱乐的交流互动，激发群体的趣味程度是保持微信群体吸引力的关键所在。第四，情感群体。微信空间中的情感群体既有现实亲情、友情、爱情的延续和发展，也有在微信虚拟空间中逐渐培养起来的情感关系和活动。在微信情感群体中，人的情感需求占据首位，成为凝聚关系、激发舆论的关键性因素。只有在微信空间中不断培育情感载体和情感纽带，才能营造良好的舆论生态。

---

① ［法］古斯塔夫·勒庞著，冯克利译：《乌合之众——大众心理研究》，北京：中央编译出版社，2000 年，第 16 页。

## （三）人员结构

虚拟空间中"信息可以脱离载体而传播，身体在空间上的移动和重新定位对于意义和关系的调整不再像以往那么必要了"①。微信群体人员为半开放结构，即其成员必须得到彼此之间的同意认可，这种结构对微信舆论形成有内在驱动作用。微信群体人员结构类型主要有：第一，现实熟人结构。熟人群体是指在现实社会中彼此之间产生社会互动的微信群体。这种群体成员之间有一定的社会基础，信任度较高，价值共识较强。微信熟人群体关系也有区分，在中国文化群体中，家族亲属微信群体关系最为紧密，其次是现实朋友关系的微信熟人群体，最低层次的是现实认识关系的微信熟人群体，可以说延续了中国社会的差序格局。第二，虚拟交往结构。虚拟群体是指在虚拟空间通过微信方式结合而成、有共同需要或共识、彼此互动交往的微信群体。微信虚拟群体交往价值主要是满足需求，交往领域主要是虚拟空间，彼此之间存在着生活空间隔阂，相对信任度较低，群体差异性较大。如果微信虚拟群体成员有较强的交往动机，群体舆论就会不断扩大影响。如果群体交往不畅，产生价值冲突和交往障碍，则可能带来舆论恶化或群体解体。第三，混合结构。混合结构是指在微信群体中既有彼此在现实社会交往的熟人成员，也有在虚拟空间交往的群体人员。在此类群体中，微信群体舆论影响力的高低关键在于现实熟人群体与虚拟交往群体能否形成良性互动，尤其是熟人群体要充分重视其他群体成员价值，不断发掘和创造彼此之间的共识和需要，提供良好的互动场域环境，协调彼此之间的互动关系，共同成就微信场域的良性舆论生态。

## （四）群体状况

"移动互联网使人的社交关系更为复杂多样，呈现出'缺席的在场'

---

① ［英］齐格蒙特·鲍曼著，郭国良、徐建华译：《全球化——人类的后果》，北京：商务印书馆，2001年，第19页。

与'在场的缺席'两种并存状态。"① 在微信群体中，群体自身状况会在不同时期改变舆论生态。主要有：第一，群体价值感。在微信群体中，群体成员能够找到自己位置，并且能够在群体中实现自身价值，群体成员之间相互"点赞"的行为能够在一定程度上创造出情感认同，微信群体对成员的价值吸引力增加，舆论生态就会改善。而且微信群体成员能够不断获取信息或资源，满足自身需要，丰富自身体验，支持自身发展，彼此之间互动交往频繁，无形之中不断促进舆论生态的优化。第二，群体公平感。微信群体中公平感对于舆论生态有着不可忽视的作用。也就是说，微信群体成员之间对于自身和他人在群体中的地位和价值应该有比较准确的认知，并且对现在的群体舆论角色分配比较满意，则群体成员之间就会形成良性互动。第三，群体影响力。网络群体存在于虚拟空间，可以借助于网络技术扩大自身影响力，但是微信舆论影响力的扩大需要有其独特的优势和特色，否则难以在信息海洋中获得持续关注。微信舆论影响力越大，则群体价值感越强。第四，群体趋势性。微信群体建构的基础是移动互联网技术的社交平台，微信群体的价值取向会对群体舆论产生驱动作用，符合社会价值需要的微信舆论会逐渐扩大自己的影响。微信技术发展趋势不是其自身的持久存在，而是在于必将会被新型社交媒体所取代，群体舆论也会在新型社交媒体中建构自身的舆论生态。

## 四、微信场域舆论生态的治理路向

微信舆论治理要从多主体、多层次、多视角进行，既要充分调动个体、社会和国家的主动作用，也要从网络公共领域的属性出发，注重"行为体之间（战略或利益）的协调，还有规则与行动价值之间的协调"②。

---

① 王力：《移动互联网思维》，北京：清华大学出版社，2015 年，第 2 页。
② ［法］让－皮埃尔·戈丹著，钟震宇译：《何谓治理》，北京：社会科学文献出版社，2010 年，第 23 页。

## （一）媒介价值

网络治理离不开个体和群体的价值共识，价值共识可以改进网络行为规范，有利于网络空间的内生秩序逐渐形成。微信作为新型社交媒介，文化多元性突出。"文化始终在媒介中重新确定各种意义"[①]，要优化舆论生态需要为群体存在与发展提供价值导向。第一，信息价值。微信群体成员要有网络空间命运共同体的信息互助精神，不断地为其他成员提供信息，供应资源，提供支持。不同微信成员对信息需求量和需求方向各不相同，群体成员要共同维护微信舆论的信息功能，并且与现实社会保持密切互动，洞察社会动态，切合群体需求，促进形成信息资源库。第二，情感价值。微信技术本身就是满足用户情感需求的产物，微信舆论治理要对群体成员的心理变化有体察感受，并作出回应引导。移动互联网时代，微信成为情感互动载体，从某种意义上成为人们的生活方式，要在微信中为人们找到情感释放的出口，既为成员提供个体价值追求，也要平衡微信群体价值与社会价值，在微信关系中建立社会信任机制，从而改变群体舆论环境。第三，发展价值。微信传播技术也会带来个人权利、信息安全、技术伦理等不同方面的不利影响，尤其是微信舆论中的即时化、盲从化思维带来的短视效应比较明显。在海量信息刷新中，微信舆论往往只能关注当前热点问题，难以深入探讨长期和全局问题，因此需要在更高层面考虑技术导向。而且，在微信舆论生态中，重新探讨虚拟实践伦理和公民道德有着迫切需要，只有从个体和社会层面上建立了价值信仰，才能保持舆论的健康发展。

## （二）群体规范

"群体规范在群体成员的共同活动中一经形成，便具有一种公认的社

---

① ［美］劳伦斯·格罗斯伯格等著，祁林译：《媒介建构：流行文化中的大众媒介》，南京：南京大学出版社，2014 年，第 26 页。

会力量，它通过不断内化为人们的心理尺度，而在个体社会化的过程中发挥出积极作用。"① 微信群体构成需要遵循一定的运行规则来调节个体行为，保持群体关系的和谐以及群体目标的实现。微信群体规范通过教育和规制两方面来实现。一方面，是要通过群体成员之间的相互约定，逐渐形成群体活动观念，加入微信群体的个体在自觉或不自觉中适应群体观念要求，进而形成特有的微信舆论文化。群体观念对个体的压力虽然不是强制性，但是其会在人际互动和心理情感上产生威胁，使得违反群体要求的个体可能被其他成员孤立、排斥或歧视，从而迫使成员就范。另一方面，是通过网络技术手段来对群体成员的言行进行约束，保障微信场域的舆论环境。网络技术平台可以创造不同的微信群体，但是无论微信群体形式如何变化，其对技术的依赖性始终存在，微信群体可以运用网络技术来规制群体成员交往模式，引导群体舆论方向。微信朋友圈与群聊的分享功能保持信息在不同社会群体之间的自由流动，对社会情感有无形的导向作用，对大众舆论走向的影响巨大。虽然从一定程度上来说，信息分享机制有利于保障个体信息自由的权利，但是对虚拟空间的舆论生态有潜在的分化作用，需要完善微信群聊与朋友圈的信息净化机制，推动改善微信场域舆论生态。

## （三） 粉丝效应

微信舆论往往通过群体成员之间交往互动，体现出多元价值取向，其中粉丝效应对于微信舆论形成有着内在推动力。"粉丝是互联网时代的驱动力。"② 在微信舆论治理中，要注重发挥粉丝效应作用，通过不同方式引导微信舆论，主要关注点有：第一，微信舆论的主题。主题在群体文化的形成上占据不可忽视的地位，对于群体舆论有着内在促进作用。要引导微

---

①　时蓉华：《现代社会心理学》（修订版），上海：华东师范大学出版社，2007 年，第363 页。

②　金圣荣：《颠覆世界的互联网思维》，北京：中国经济出版社，2015 年，第183 页。

信群体舆论方向，可以通过培养群体创始人，开创主题微信群聊、公众号、朋友圈等，扩大良性粉丝群体，促进微信舆论文化整体改良。第二，微信舆论的活跃者。微信舆论总是在交流互动中酝酿和发生，其中群体的活跃分子对于群体舆论走向有着显著的影响。微信群体活跃分子能够为粉丝成员提供最新信息、沟通个体有无、协调群体关系，从而为维系群体运行起到推动作用。发掘和利用微信群体活跃分子来传递信息、畅通渠道、活跃氛围，是进行微信舆论治理的必要手段。第三，微信舆论的引领者。在不同微信群体中，社会效应各不相同。一般来说，微信群体参与者如果有着较多的现实社会资源或社会影响，微信舆论变化就可能对现实舆论产生连锁反应。"当报刊是匿名的时候，它是广泛的无名的社会舆论的工具；它是国家中的第三种权力。"① 微信舆论中的专家、学者、媒体、CEO 等具备知识基础或管理经验，他们在微信粉丝群体中能够引发舆论转向。国家领导人、影视娱乐明星、网络大 V 等都在微信空间有特定的粉丝群体。要改善微信群体舆论，发挥这些微信群体引领者的号召力必不可少。

## （四）激励机制

"传播是一个国家锻造公共认同、目标和意志的手段。"② 微信舆论需要具备合适的激励机制，将群体内生动力和外部压力有机结合起来，形成良性舆论氛围，创造群体伦理文化。微信群体激励主要包括：第一，目标信念。"象征是一种工具，能够使民众借以在短时间内摆脱自身的惰性，摆脱犹豫或盲动，在复杂局势的曲折道路上被引导着前行。"③ 微信群体成员来源广泛，背景不一，需要为群体成员创造群体目标，提出具体的群体象征方向。在微信场域中要进行目标整合，找到契合点，使之起到凝聚人

---

① 《马克思恩格斯全集》（第 7 卷），北京：人民出版社，1959 年，第 117 页。
② ［美］劳伦斯·格罗斯伯格等著，祁林译：《媒介建构：流行文化中的大众媒介》，南京：南京大学出版社，2014 年，第 30 页。
③ ［美］沃尔特·李普曼著，阎克文、江红译：《公众舆论》，上海：上海人民出版社，2006 年，第 176 页。

心的作用。在目标实现过程中，需要不断强化正面激励，巩固群体意识，推进目标进程。第二，志趣激发。微信群体舆论多元化色彩浓厚，诸多微信群体成员之间存在着志向、兴趣、爱好、特长等方面的差异性，要维持微信群体凝聚力，深入挖掘群体成员内在动力，激发团队意识，调动个体积极性，促使微信群体成员之间协调互助，在不同的群体角色中发挥出自身优势和特点，增强群体信心和力量。第三，系统信任。"系统信任的合理基础在于，信任他人的信任。"① 微信群体成员之间存在差异、矛盾和冲突，为群体发展带来生机和活力。但是要增强微信舆论的正面价值，必须要对群体冲突进行有效治理，避免极端化事件发生，逐步建立微信群体的系统信任。第四，压力激励。微信良性舆论的形成需要创造条件引进不同形式的压力因素，激活个体成就动机，增进群体绩效。微信群体要不断保持与其他群体之间的交流沟通，在群体内部开展良性竞争，形成动态调整机制，成就舆论活力。

"微信不仅仅是个体之间的联结（现代性范畴的功能主义传播观），也不仅仅是为了达致共识而进行的交流（基于交往理性的主体间性互动），而是群体的共同在场，它创造了人类社会的一种崭新的'共在'感。"② 随着网络技术的发展，微信场域不断变化，并逐渐会被其他网络传播技术所替代，但要改善网络舆论生态，增强虚拟空间价值共识，必须要重视网络舆论变化机理，将改进网络舆论治理作为国家治理现代化的重要部分。

---

① ［德］尼克拉斯·卢曼著，瞿铁鹏、李强译：《信任：一个社会复杂性的简化机制》，上海：上海人民出版社，2005 年，第 92 页。

② 孙玮：《微信：中国人的"在世存有"》，《学术月刊》2015 年第 12 期，第 18 页。

# 网络社会微博舆论场域的生成与引导①

**导　言**　网络社会微博舆论场域的生成对中国特色社会主义社会建设和社会管理产生了重要影响。网络社会微博舆论场域的生成基础是网络技术、社会关系和传播方式的改变，其生成机制主要通过人际网络、群体心理、信息分享、话题领域等来逐步演化，其生成特征表现为微观性、公共性、异质性、裂变性等，可以通过技术引导、话题引导、人物引导、应用引导等路径来把握微博舆论场域方向。

网络社会是指建立在当代信息网络技术平台上人类交往实践活动的共同体。② 随着信息技术的发展，网络社会中以微博为代表的新型网络交往方式，对社会舆论产生了巨大影响，并且其涉及领域和波及范围仍在不断扩大，形成了独有的舆论场域。那么，微博舆论场域究竟如何生成？其呈现出哪些特征？应该如何加以引导呢？

---

① 作者陈联俊，发表于《社会主义研究》2012 年第 6 期。
② ［美］曼纽尔·卡斯特著，夏铸九、王志弘等译：《网络社会的崛起》，北京：社会科学文献出版社，2006 年。

# 一、微博舆论场域的生成基础

微博是微型博客的简称，指通过互联网络技术实现一对一、一对多式快速互动分享简短信息的开放交流平台。"舆论"是指公众意见，即"社会公众共同持有的对某一社会事件或社会问题的意见和看法"①。"从分析的角度来看，一个场域可以被定义为在各种位置之间存在的客观关系的一个网络（network），或一个构型（configuration）。"② 微博舆论场域随着微博技术的发展而出现，存在着网络技术、社会关系和传播方式等方面的变化基础。

## （一）网络技术

"有组织力量的成功在一定程度上要依赖技术进步。"③ 网络社会形成的基础是网络技术，微博舆论场域的生成与网络技术的变革密不可分。技术变革伴随社会发展而出现，微博舆论场域的出现是互联网络技术不断向纵深发展的结果。其发展主要表现在：一是技术的整合。微博出现以前，网络社会中存在博客、即时通信、社交网站等多种不同的沟通方式，分别有着不同的特点。博客主要体现出个体日记体的表达形式，即时通信体现出互动交流的迅捷性，社交网站体现出多种沟通需求。微博实现了这些沟通方式的技术整合。二是技术的完善。微博技术既吸收了即时通信工具的便捷互动性，又吸收了社交网站的开放平台特点，同时也发挥了博客的个性化色彩，全方位的包容使其成为技术亮点的凸显。三是技术的延伸。微

---

① 中国大百科全书总编辑委员会《心理学》编辑委员会、中国大百科全书出版社编辑部编：《中国大百科全书·心理学》，北京：中国大百科全书出版社，1991年，第524页。

② ［法］皮埃尔·布迪厄、［美］华康德著，李猛、李康译：《实践与反思：反思社会学导引》，北京：中央编译出版社，1998年，第133–134页。

③ ［加］哈罗德·伊尼斯著，何道宽译：《传播的偏向》，北京：中国人民大学出版社，2003年，第114页。

博在手机等通信工具上拓展了自身应用，使其成为人们如影随形的伴随者，人们的生活随时随地可以成为微博技术的展示舞台。①

## （二）社会关系

微博改变了社会关系构成，也改变了传统现实舆论形成的社会基础。"社会生活的空间维度都是受'在场'（presence）的支配"②，现实舆论的产生与传播遵循现实社会关系的内在逻辑并形成社会影响，从而在人们大脑中形成"固定的成见"。③但是，网络社会微博舆论场域的生成打破了这种逻辑结构，其存在的社会基础是虚拟社会关系，改变了舆论的形成与传播规律。微博通过虚拟社会关系重构了舆论生态环境，其主要体现在：一是交往主体表现形式的改变。虚拟社会关系的交往主体虽然仍然是人本身，但是在网络社会中则是以符号的形式表现出来。二是交往环境的改变。虚拟社会关系建立在虚拟空间，其社会环境逐渐形成了自身的运行规则和秩序，并且随着网络技术的发展而不断发展。三是交往中介的改变。虚拟社会关系中人与人的交往中介通过网络技术来实现，网络技术改变了社会交往形式和效果。四是交往结构不同。虚拟社会关系中的交往结构彻底颠覆了现实交往场所环境，"建构场所的不单是在场发生的东西，场所的'可见形式'掩藏着那些远距关系，而正是这些关系决定着场所的性质"④，交往频率和效率大大提高，交往范围向全球化方向发展。

## （三）传播方式

微博舆论场域建立在网络传播基础之上，"网络传播是以往一切传播

---

① 谢耕耘、荣婷：《微博舆论生成演变机制和舆论引导策略》，《现代传播（中国传媒大学学报）》2011年第5期。

② ［英］安东尼·吉登斯著，田禾译：《现代性的后果》，南京：译林出版社，2000年，第16页。

③ ［美］沃尔特·李普曼著，林珊译：《舆论学》，北京：华夏出版社，1989年，第50页。

④ ［英］安东尼·吉登斯著，田禾译：《现代性的后果》，南京：译林出版社，2000年，第16页。

形态的集大成者"①。其主要表现在：一是网络传播的全球性。网络传播克服了传统传播方式的地域局限性，在虚拟世界中塑造了"地球村"。二是网络传播的直接性。网络技术全球互联的特点使得诸多信息能够直接传递给受众，从而大大增强网络传播的效果和影响力。三是网络传播的交互性。网络传播可以实现交互式发展，传播过程中信息发布者和接受者之间的互动，将会促进舆论的形成，并使得信息不断嬗变，从而产生不同的传播效应。四是网络传播的实时性。移动时代的网络传播实质上已经将无数的个体转变为传播主体，可以全天候、全方位地发布和接受信息。"微博的出现，凸现了技术媒体中介作用下人类交往互动主体间性的进一步敞开。"②

## 二、微博舆论场域的生成机制

微博舆论场域的生成有其内在机制，"是有史以来人际传播和大众传播最好的结合"③，可以从人际网络、群体心理、信息分享、话题领域等方面来探讨其形成脉络。

### （一）人际网络

舆论的形成需要通过人际网络来实现，其作用主要体现在：人是舆论的主体，人际网络是舆论的群体性基础。舆论在传播中产生并扩大影响，人际网络起到推动或制约作用。人际网络中的意见各不相同，形成的舆论呈现多元化特征。舆论需要在人际网络传播中酝酿、发酵和扩散，从而达到相应的社会效果。微博舆论场域中人际网络的作用体现得更加明显，这

---

① 孟建、祁林：《网络文化论纲》，北京：新华出版社，2002 年，第 27 页。

② 夏雨禾：《微博互动的结构与机制：基于对新浪微博的实证研究》，《新闻与传播研究》2010 年第 4 期。

③ ［美］保罗·莱文森著，何道宽译：《新新媒介》，上海：复旦大学出版社，2011 年，第 136 页。

是由人际网络特征所决定的。微博舆论场域的人际网络集中体现了虚拟社会交往的特征，其主要表现在：一是微博人际网络的无差别化。微博人际交往中抹平了现实社会差距，所有人拥有的交流平台和发言机会均等，身份、财富、地位、背景等被符号所代替，其原有的象征意义大大减弱。二是微博人际网络的发散性。现实社会人际网络受时间、地域、职业、资源等限制，其扩展速度缓慢。微博人际网络可以在极短时间内实现与不同人士的对话和交流，其扩展速度迅捷。三是微博人际网络的不稳定性。现实社会人际网络具有一定的稳定性。微博人际网络构成极其松散，随时可能解体或改变，微博舆论场域逐渐形成了与现实舆论不同的影响力量。

## （二）群体心理

微博舆论场域的生成存在着多种群体心理因素，主要包括：一是群体认同。"认同（identity）是人们意义与经验的来源。"① 无论在现实社会或网络社会中，人始终存在追求群体归属感的心理。现实社会交往时空制约性强，人的群体性认同实现程度不高。网络社会中虚拟社会群体大大增加，人们可以从中找到不同的群体皈依，以提高自己的社会价值感或满足情感寄托。微博舆论场域无形之中会吸引现实社会群体认同不足的人不断加入，推动舆论发展。二是心理宣泄。微博舆论中能够得到更高关注度的话题必然在某种程度上契合了大众心理，人们在这种话题中寻求自身利益的关照、诉求的表达、情绪的转移以及未来的期待等。在舆论漩涡中，人们发泄现实的不满和怨恨，获得心理的满足和平衡。现实社会积累的矛盾和问题越突出，微博舆论就会越集中，其形成的社会影响也会越大。② 三是集体无意识。微博舆论场域中个体理性往往被强大的力量所支配，这种

---

① ［美］曼纽尔·卡斯特著，夏铸九、黄丽玲等译：《认同的力量》，北京：社会科学文献出版社，2003 年，第 2 页。

② 徐家林：《网络政治舆论的极端情绪化与民众的政治认同》，《马克思主义与现实》2011 年第 3 期。

力量就是集体无意识。① 分析心理学认为，集体无意识是遗传保留的人类心理积淀。英国学者鲍特金将其看作文化信息的载体，也就是说是社会性遗传，不是生物性遗传，重构了人类共同的情感经验。这种经验在微博舆论中被不断激活，构成了强大的舆论气场，从而影响着个体和群体的理性思维能力。四是传播依赖。"第三次浪潮不是创造某个理想的超人，不是什么新的英雄人物，而是使分布于社会的普遍性格发生显著变化。不是产生一个新人，而是产生一种新的社会性格。"② 网络社会中社会性格的塑造打破了现实社会模式，集中表现在传播主导型构建的社会系统之中。微博舆论场域中传播型社会性格体现得更加明显，对传播的依赖已经成为微博一族的心理鸦片，甚至成为其典型的群体生活方式。

## （三）信息分享

信息时代中"越来越多的观察家把如此深刻的变化看成革命，把信息看成后工业时代的主要力量源泉"③。微博舆论场域的生成离不开信息流通与分享，所有的舆论都是在信息分享中产生、发展和消亡。首先，信息的发端。微博舆论的信息来源繁杂，其既可能来自现实，也可能来自虚拟空间之中。微博舆论在现实和虚拟的信息创造中得以产生。其次，信息的流动。"媒介即讯息。"④ 微博舆论场域的生成在于其对信息流动起到了积极促进作用，其平台的开放性使得信息成为网络社会的公共资源，其技术的即时互动性促进了信息的深化和再创造，无形中丰富了信息的内容和形式。再次，信息的嬗变。微博舆论在信息传播过程中，被不断加工和挖掘，增加了诸多社会力量无形或有形影响以后，逐渐成为大众传媒的风向

---

① ［瑞士］荣格著，冯川译：《荣格文集》，北京：改革出版社，1997 年，第 40、85 页。

② ［美］阿尔温·托夫勒著，朱志焱、潘琪、张焱译：《第三次浪潮》，北京：生活·读书·新知三联书店，1984 年，第 39 页。

③ ［美］威尔伯·施拉姆、威廉·波特著，何道宽译：《传播学概论》（第二版），北京：中国人民大学出版社，2010 年，第 278 页。

④ ［加］马歇尔·麦克卢汉著，何道宽译：《理解媒介：论人的延伸》，北京：商务印书馆，2000 年，第 33 页。

标。最后，信息的渗透。信息不仅在网络社会中影响着微博舆论场域的形成和变化，还会交互式反过来渗透到现实社会中，改变现实社会的舆论形势。

### （四）话题领域

微博舆论场域的生成受价值观、利益、体制、名人等多方面的话题领域的影响。不同的舆论话题会形成不同的社会效果，不同的社会效果又会强化社会舆论。其主要体现在以下方面：首先，价值观话题。"群体通常总是处在一种期待注意的状态中，因此很容易受人暗示。"[①] 微博舆论中很多话题的大量转发、阅读和评论，都是因为这些话题关系到社会基本价值观，社会敏感度较高，容易在传播中扩散影响。其次，利益话题。微博舆论中利益群体越多，其影响越大，甚至可能引发现实社会人们思想和行为的改变，重构现实社会关系和行为模式。微博舆论的走向能够在一定程度上反映社会利益分化问题。再次，体制话题。微博舆论话题中，无论是现实社会，还是关乎网络社会的制度变革，都会拨动舆论神经，形成舆论热潮。最后，名人话题。"名人"都有较大的社会影响力，在微博舆论中容易成为目标人群，对于舆论的转向有着较大的指引作用。

## 三、微博舆论场域的生成特征

微博舆论场域的社会影响力凸显，其不同于传统的舆论场域，显示独有的特征所在。

---

① ［法］古斯塔夫·勒庞著，冯克利译：《乌合之众——大众心理研究》，北京：中央编译出版社，2000 年，第 28 页。

## （一） 微观性

"社会结构和国家总是从一定的个人的生活过程中产生的。"[①] 微博舆论的首要特征是微观性，其主要体现在：一是主体的微观性。微博技术是自媒体时代的突出代表，它将每个人变为信息的发布者，媒介已经成为个体生活的组成部分。传统意义上的舆论传播主体已经全面微观化，每个人既是舆论的传播主体，又是受众。也就是说，个体既是信息的提供者，又是信息的接受者，同时也是信息的传播者。二是内容的微观性。微博舆论包罗万象，草根性内容尤其突出。三是形式的微观性。微博舆论对话中的词句短小，其一方面通过概括、简练的形式将思想或事实描述出来，以达到快速交流沟通的目的，另一方面浓缩了多媒体技术的精华，人们可以通过音乐、视频、图片、链接、符号等鲜活地传递信息，拉近心理距离，缩小不同教育文化水平大众之间的交流空间。

## （二） 公共性

微博舆论是社会力量的集聚地，体现出话语权的转变。"只有公共领域中出现的一切，才能让所有人看得真真切切。"[②] 微博舆论的公共性体现在四个方面：第一，领域公共性。所谓公共领域是指介于国家与私人之间的领域，也即是社会领域。一般来说，国家领域以国家利益为重，并通过国家力量来维护其存在和发展。私人领域着眼于个体权益，其私密性特点较为明显。微博技术本身是开放的交流平台，其形成的舆论场域公共性特征较为突出。第二，交往公共性。电子传媒重塑了舆论空间。微博舆论场域的生成离不开社会交往，而且这种交往体现的公共性比较明显。主体之

① 中共中央马克思恩格斯列宁斯大林著作编译局编译：《马克思恩格斯选集（第一卷）》（第 2版），北京：人民出版社，1995 年，第 71 页。

② ［德］哈贝马斯著，曹卫东等译：《公共领域的结构转型》，上海：学林出版社，1999 年，第3 - 4 页。

间保持着平等和独立的关系，在开放互动中交流思想，达成共识。其中蕴含的公共精神，也就是公众的理性精神，内在的批判性特征突出。第三，诉求公共性。微博舆论中的公众诉求体现出的公共性特征突出，尤其是涉及公共生活、公共道德、公共人物、公共利益等方面的话题或事件，其吸引大众注意力指数大大上升，这种现象背后反映的是民众的潜在期待。第四，表达公共性。微博舆论相对于传统社会秩序而言，事实上是"广场文化"，其提倡的是大众之间的协商民主交流。人们将自己的意见置于大众评论之中，同时评论别人的意见，并且可以公开地赞成或反对某种思想或观点，通过相互之间对事实或道理的争辩，达到认识世界和社会的目的。

## （三）异质性

微博舆论的异质性既有个体的凸显，也有群体的集聚，主要体现在：一是舆论话题。微博舆论场域中的话题呈现出多元化发展，这种多元化的异质性表现明显，横跨经济、政治、社会、文化、军事等不同领域，涉及人文、社会、自然、思维等不同科学，涵盖民生、职业、道德、情感等不同取向等。二是舆论主体。微博舆论主体的异质性突出，成分复杂。虽然个体的年龄、经历、地域、背景、阶层、文化、财富等悬殊较大，但是都可以发出自己的声音，克服了传统舆论的同质化倾向，而且微博舆论中不仅有公民个体的声音，政府组织和社会力量也可以同时出现在同一平台上进行交流沟通，改变舆论格局。三是舆论立场。由于微博舆论中主体成分复杂，其中的立场观点必然有很大不同。信息来源渠道多变，视角方法灵活，既存在有利于意识形态教育的因素，也存在会引发极端情绪的线索，而且这些立场观点交锋的集聚性和现场感很强，能够在较短时间内汇集大批的跟随者，从而带动社会舆论导向变化。四是舆论影响。微博舆论中的主体和立场多元化，带来的社会影响必然具有正反两面性。这种两面性影响会同时在网络社会和现实社会中延伸扩散，产生共时性效果。

## （四）裂变性

微博舆论的形成与发展过程就是不断裂变扩张的过程。[①] 在这个过程中，每个个体都充当了舆论裂变的因子，而且所起的裂变效用各不相同。其中影响微博舆论裂变效果的主要因素有：一是话题的社会敏感度。微博话题虽然无所不包，但是能够引起社会普遍关注的话题必然是敏感性话题。每个社会由于经济发展基础、政治文化体制、传统风俗习惯、伦理价值取向等各不相同，其对于不同话题的敏感性也会各不相同。如果微博舆论话题的社会敏感度较高，其传播裂变的速度就快，影响力就强；反之，则可能无法引起裂变效应。二是参与主体的社会影响力。社会公众人物的社会影响力广泛，微博舆论中参与主体的身份因素对于舆论的传播会起到推波助澜的作用。不同主体的社会背景、思想文化、生活经历、性格特点、语言风格等在传播中的效应是无形的，通过群体互动的形式反映出来，并不断得到强化，其不仅影响网络舆论的走向，而且也将对现实社会风气起到不可忽视的作用。三是舆论传播的社会反响度。微博舆论一方面通过网络技术传播信息，另一方面通过人际传播扩大反响，实现对社会心理的导向作用。微博舆论在很大程度上代表着民间舆论的声音，社会反响度越高，裂变性越强。四是现实社会的后续作用力。微博舆论实现现实与网络社会互动以后，现实社会中政府、社会组织、公民的回应将会在不同程度上对舆论裂变传播起到加速或阻碍作用，尤其是政府的立场、观点和方法对于微博舆论方向会起到重要影响。

---

① 张跣：《微博与公共领域》，《文艺研究》2010 年第 12 期。

## 四、微博舆论场域的引导路径

"公众舆论虽然不起控制作用，但它可以对政府的所作所为施加限制。"① 那么，如何引导微博舆论场域方向，以进一步发挥积极作用，降低消极影响呢？

### （一）技术引导

微博舆论的生成基础是网络技术，技术的点滴变化都会反映到舆论传播的效果和效率上。"发展最终所要求的是人在素质方面的改变，这种改变是获得更大发展的先决条件和方式，同时也是发展过程自身的伟大目标之一。"② 网络技术应该坚持以人为本的价值理性追求，回归到技术为人服务的基本要求。微博技术符合当代社会人对信息沟通的迫切需要，其发展方向应该是不断满足人和社会的需求。当代网络技术的发展逐步与现实社会相互交融，微博技术要进一步促进信息的开放和自由流动，在社会不同领域中发挥自身作用，促进人在信息时代的自由全面发展。另外，"每一个时代的理论思维，从而我们时代的理论思维，都是一种历史的产物，它在不同的时代具有完全不同的形式，同时具有完全不同的内容"③。网络技术已经不仅是工具性存在，其在现实社会之外重新建构了新的社会形态。这种社会形态的主体虽然仍然是人，但是人的存在方式已经改变。在现实社会中人是现实的人本身，但是在网络社会中人是以符号的形式存在其中。所以，要引导微博舆论方向，应该从人的存在方式——符号入手。主

---

① ［英］戴维·米勒、韦农·波格丹诺编，中国问题研究所、南亚发展研究中心、中国农村发展信托投资公司组织翻译：《布莱克维尔政治学百科全书》，北京：中国政法大学出版社，1992 年，第617 页。

② 殷陆君编译：《人的现代化——心理·思想·态度·行为》，成都：四川人民出版社，1985年，第6-7 页。

③ 中共中央马克思恩格斯列宁斯大林著作编译局编译：《马克思恩格斯选集（第四卷）》（第2版），北京：人民出版社，1995 年，第284 页。

流意识形态的教育方式要从现实的灌输思想中解放出来，塑造全新的话语系统，创造出更多贴近网络社会特质的符号体系，将价值观思想融入符号表达之中，才能取得应有的教育效果。只有生动活泼、形式多样的符号才能最大限度地传播思想观念，发挥微博舆论的正面社会效应。

## （二）话题引导

"群众需要导向。"① 微博舆论的话题性色彩特别突出，重视话题引导对于把握舆论走向至关重要，在话题引导中要遵循三个原则：一是积极参与。舆论的力量就在于参与的力量，任何舆论失声都会造成行为被动。无论是政府、组织，还是个人，要想在微博舆论中占有一席之地，就不能采取逃避、观望、漠视等消极态度，尤其是关系重大的社会问题出现在微博舆论中时，相关利害人必须及时发声，主动站在舆论的风口浪尖，把握立场，灵活应对形势变化，掌握舆论走向。二是信息公开。在微博舆论场域中，不仅要求引导者及时参与，而且要求其透明地公开信息。真实的信息公开最具说服力，也最经得起时间的检验。在信息全方位流动的社会中，通过遮蔽、篡改等不诚信手段来误导舆论，已经基本不可能实现。即使暂时达到目的，随着时间推移，真相出现时社会后果也将不可控制。所以，政府在重大社会事件发生后，需要及时公开信息，以免谣言误导舆论，给社会带来不稳定因素。三是理性讨论。微博舆论场域中所有参与者都是平等的，能够赢得信任的是理性的声音，而不是强权和利益。这种观念的暗含逻辑是承认舆论参与者绝大多数人理性和善意，只要也只有用理性讨论方法才能获得公信力，从而得到支持和帮助。任何欺压、恐吓、利诱、威逼等专制型手段和方法，在微博舆论场域中都会遭到轻视和抵制，甚至波及现实社会个体和组织的生存和发展。

---

① ［德］埃利亚斯·卡内提著，冯文光、刘敏、张毅译：《群众与权力》，北京：中央编译出版社，2003 年，第 13 页。

## （三）人物引导

微博舆论场域中存在着名人效应，把握舆论方向需要发挥关键人物的作用。"网络权力是在虚拟空间中对文化和政治权力的重构。"[①] 在现实科层制管理系统中，掌握政治权力的人物话语权较大，但是网络社会中则是那些与大众有良好互动的意见领袖能够引导舆论发展。[②] 微博舆论引导需要注意以下几个方面：一是弱势群体的代表者。在不同的社会发展阶段，总是存在一定的弱势群体，其社会资源和话语权处于相对弱势地位。如果其诉求长期得不到重视和满足，可能逐渐累积社会怨恨情绪，在一定条件下爆发出来就会给社会稳定和发展造成极大危害。所以，微博舆论中一方面要及时回应其合理诉求和愿望，另一方面可以主动邀请弱势群体中有影响力的代表人物建言献策，以尽早发现社会潜在问题，做到防患于未然，促进社会公平正义。二是中间阶层的代表者。中间阶层是社会中坚力量。随着社会发展，中间阶层力量将会越来越大，成为社会的"稳定阀"和"推进器"。对于微博舆论场域中间阶层代表者的呼声要以务实的姿态和行动解决问题，才能获得其理解和拥护。三是精英阶层的代表者。社会发展过程中总有部分人占据社会优势位置，获得更多的利益和话语权，成为社会各个领域的精英阶层。微博舆论中精英阶层的代表者要以"仁爱"之心关注舆论动态，谨言慎行，尽量多从社会发展的长期性和公平性引导舆论方向，尤其避免刺激社会情绪，激发社会公愤，影响社会和谐。四是政府组织的代表者。微博舆论虽然总体上属于民间舆论，但是政府组织不能在微博舆论中处于失语状态，要摆正自身位置，到位不缺位，定位不越位。政府组织的代表者要适时关注微博舆论的发展动向，并及时进行介入引导。

---

① TIM JORDAN. Cyberpower: the culture and politics of cyberspace and the internet. London, New York: Taylor & Francis Group, 2003: p. 208.

② 陈联俊：《网络社会中群体意识的发生与引导》，《政治学研究》2010 年第 2 期。

## （四）　应用引导

微博舆论引导中不仅要着眼于舆论本身的引导方向，而且要在微博技术的应用中引导舆论发展，主要包括政务、商业、文化、社会、娱乐等方面：第一，政务微博是网络时代发展的必然要求。[①] 政务微博是"微观民主"的重要形式，其能够有效地将政府权力与公民参与权利结合起来，起到发布政令、公开政策、征询民意、规范监督的作用，保持政府权力部门与公民个体之间的直接互动，从而不断提高政府的公信力。第二，商业微博是促进市场经济繁荣的必要手段。微博技术的简洁、快速、公开、互动、形象等特点整合了商业信息传递所需要的多种优势，既能够全方位传递信息、交换资源、互通有无，还能够均衡市场、防范垄断、促进机制完善，尤其是商业微博舆论作用的发挥能够激发市场活力，有利于构建良性市场运转体系。第三，文化微博是加强文化建设的有效途径。建设文化强国需要通过多种途径和多元手段来实现，既需要宏观上的顶层设计，也需要微观上的机制创新。微博技术如果能够在文化建设中大力应用，其对于普及文化知识、提升文化修养、弘扬文化传统、加强文化交流、增进文化认同等都会起到积极作用。第四，社会微博是促进社会和谐的有力举措。网络社会中的社会体系已经发生了巨大改变，必须相应地改变社会管理体制，积极发动社会组织力量，通过微博发现社会问题、吸取社会能量、激发社会活力、规范社会管理、完善社会服务等。第五，娱乐微博是丰富人民精神生活的可行措施。微博舆论场域中的娱乐话题总是能够增强关注度，虽然其在某种程度上有待规范，但是娱乐微博对于放松心情、舒缓情绪、释放压力、和谐氛围等起到不可替代的作用。

总之，网络社会中微博舆论场域逐渐生成，并且成为影响社会的重要

---

① 桂万保：《政府机构官方微博的传播特征分析——基于新浪微博的个案调查》，《现代传播（中国传媒大学学报）》2011 年第 3 期。

力量。在加强中国特色社会主义社会建设和社会管理的时代要求下，进一步深入研究网络社会以微博为代表的舆论场域的发生和演变机制，是适应社会发展形势、把握网络社会舆论动态、促进信息公开和公共参与、疏导社会情绪、凝聚社会共识、实现社会和谐稳定的必然要求。

# 警惕资本逻辑影响网络舆论导向[①]

**导　言**　资本逻辑渗透于互联网技术的开发与应用领域，无形之中操纵网络舆论导向，表现在：制造话题，挑动网络舆论发生；采取非正常手段，推动网络舆论扩散；借助营销工具，驱动网络舆论演化。境外力量通过资本逻辑从不同层面改变舆论形成机制，深刻影响网络社会心理。资本逻辑影响网络舆论导向的方式：整合信息秩序；诱导意见气候；利用心理需求等。需要强化资本的社会责任和道德责任约束、营造抵制利益导向的舆论氛围、画出网络空间价值观最大同心圆。

近年来，随着互联网技术的飞速发展，资本渗透越来越深，在网络舆论导向中，资本逻辑越来越多地影响和控制舆论话语权和社会心理动向，需要引起高度重视。

① 作者陈联俊，发表于《红旗文稿》2018 年第 9 期，求是网、中国社会科学网、共青团中央网站（微信、微博）等转载，阅读量超 63 万。

## 一、资本逻辑影响网络舆论导向的表现

资本逻辑是指资本以其特有方式不断谋求价值增值的逻辑特性。在资本逻辑驱使下形成的网络舆论议题，大多是资本选择性设置或推动，有利于资本增殖。

制造话题，挑动网络舆论发生。在网络舆论发生过程中，资本运用不同手段如标题效应、视觉冲击、名人鼓吹、过度解读等进行舆论动员。具体来说，就是改变信息资讯的表达方式，用疑问、设问、反问、惊叹等符号文化以及多模态话语显示焦点问题，引发大众好奇和兴趣；利用多媒体技术，融合音频、视频、动漫、图片、表情包等立体的感性体验，渗透民众日常生活；利用网络名人、艺人等的大众知名度来提升舆论话题的吸引力，加深民众的社会印象；在纷繁复杂的信息传播中寻找舆论资源，将不同的社会现象或问题进行延伸解读，激发矛盾冲突，获得情感共鸣等。资本投入经济刺激，调动网民参与网络话题讨论，部分网民被利益所驱使，放弃政治立场和道德判断，站在资本集团一边，为资本利益代言，形成"网络民意"假象，引发社会关注，实现资本价值追求。

采取非正常手段，推动网络舆论扩散。资本利用大数据、云计算等前沿网络技术，感知舆论扩散人群和区域，利用微信、微博、论坛等，延伸舆论影响。为了保证扩散效果，甚至运用炒作、偏见、歧视等非常手段，以激发集体情绪，利用民众参与情感掀起口碑效应，推动舆论高潮。利用网民普遍存在的文化心理以及自身资源来营造网络情境、释放刺激信息、挑起冲突话题、挖掘幕后新闻等多重方式来激化矛盾，保持舆论话题新鲜度和传播力。资本还通过投资和商业合作等对主流媒介进行渗透，通过诸如广告、宣传、赞助、论坛等模式与主流媒介进行商业合作，渗透其自身的价值取向，影响媒体的舆论话题。同时，还在自媒体中寻找利益代言人，表达资本需求，实现资本目标。

借助营销工具，驱动网络舆论演化。资本在逐利过程中，必然受到不同方面不同程度的阻力或困难，需要想方设法地冲破阻碍，谋求发展空间。网络舆论可以为资本提供压力载体，向政权或社会寻求自身增殖的合法性依据，为此甚至不惜利用网络谣言、网络推手、"网红"等营销手段。

需要指出的是，在研究资本逻辑影响和控制网络舆论的形成机理时，不能忽视境外力量对资本施加的影响。境外力量通过资本逻辑影响和控制网络舆论更加隐蔽化、常规化、复杂化，能够从不同层面改变舆论形成机制，深刻影响网络社会心理。西方意识形态在网络舆论传播中，也会促进资本力量的施展，诱导公众服从资本逻辑驱动，成为其思想俘虏。一些反华势力更是想方设法地通过资本作用来寻找符合其利益需要的代理人。其在网络舆论空间的政治目的是通过各种手段挑拨社会矛盾、夸大社会问题、抹黑社会偶像、攻击政党政府等，瓦解中国主流意识形态。反华势力始终没有放弃通过资本支持制造舆论机会，谋求网络意识形态斗争的优势地位，对此须高度重视。

## 二、 资本逻辑影响网络舆论导向的方式

整合信息秩序。资本干预信息的手法可以是对舆论信息的选择性筛选、裁剪、阻断、屏蔽等，也可以有目的地对舆论信息进行干扰、组合、突出、削弱等，关键看信息对资本的价值。这种价值可以是直接经济效益、间接政策支持以及社会的舆论风向等。只有符合资本利益的信息才能顺畅地在不同舆论场域中传播，这就使得网络舆论成为资本利益的集中表达场所，甚至不惜炮制假信息来人为地塑造出所谓"公共舆论"。

诱导意见气候。资本在网络舆论中能够诱惑调动大批"水军"参与意见制造之中，"水军"听命于资本安排，促成意见气候，形成舆论压力，造成社会影响。在资本干预下，意见气候诱导民众倾向，甚至歪曲事实真相，混淆是非曲直。在网络舆论中，"意见领袖"可以不断在网络舆论发

展进程中释放出诸多观点信号，带动舆论发展走向。资本往往对重点人物进行诱惑、拉拢等，掌控其思想言行，控制不同观点的出场频率，逐渐形成所谓的"价值共识"。当网络舆论中存在意见冲突时，资本趁势介入，推波助澜，诱导舆论走向，形成舆论风暴，最终影响政府决策、社会环境和个体认知。

利用心理需求。资本在网络空间中不断揣测受众的心理需求，择机进行舆论诱导，实现其价值导向；或为满足受众猎奇心理，收集不同的奇闻怪事或出格言行，加以润色包装，推向网络空间；或组织力量制造垃圾信息或网络谣言，以"眼球效应"为导向，争夺利益空间，误导价值观念。资本抓住近年来贫富分化导致的仇富心理、弱势心理蔓延的态势，在网络舆论中通过煽风点火、旁敲侧击、落井下石等方式刺激民众情绪，使得"群体极化"现象发展，甚至波及现实社会，激化社会矛盾，扰乱社会秩序。在网络舆论空间，不同的价值冲突，尤其是与中国传统道德伦理文化和当代社会公正理念相背离的言行，愈发容易引起舆情风波。资本察觉其中蕴藏的商机，通过寻找背离伦理纲常或离经叛道的奇谈怪论，甚至将不相干的言行数据进行曲解对比，从而获得自身期待的社会反响，激起社会道德批判，引发群体对立情绪，甚至群体性事件。

## 三、对资本逻辑影响网络舆论导向问题的治理

资本逻辑作为网络技术发展的重要推动力量，在网络舆论导向中的作用始终存在，必须深入研究资本逻辑影响和控制网络舆论的作用机理，并加以有效治理，通过不同手段，限制约束其影响力。

强化资本的社会责任和道德责任约束。对网络舆论中的资本力量进行制约，首要的是对资本来源进行甄别，加强对网络舆论中资本力量介入的监测和分析。资本投入来源决定其价值取向和行为动机，不同的资本结构带来不同的舆论效果。外资比例占据优势的网站空间，从价值立场上倾向

于外资利益；私人资本掌控的网络空间则为私人谋利服务。资本的内在扩张本性决定其不可能完全通过自律来体现社会效益，需要通过合适的制度规范对资本投资方向、运作过程、风险治理等进行控制，从而实现资本良性循环。要通过不同渠道，对资本在网络舆论的生成、演化、发展过程中的负面效应加以约束和限制，防止资本对舆论主体的掠夺性征用、对舆论演化的操纵性改变以及对舆论价值的偏向性诱导。

营造抵制利益导向的舆论氛围。要遏制资本影响，必须从网络信息传播主客体双方加以约束，强调信息发布者和接受者在传播链条之中的双向责任。要将提高网络主体的责任意识作为治理网络舆论的主要环节，逐渐形成抵制利益导向的舆论氛围。要避免社交媒体主要渠道被资本力量所占据，丧失社交媒体空间的话语权。舆论风向中要特别注重多数人意见倾向，通过对舆论群体的网络身份分析，预测群体的价值偏好，有针对性地发掘、培养舆论领袖，调节网络舆论走向，避免舆论极化。在社交媒体中，要将道德文化传播作为维持主流价值、防止资本文化盛行的重要环节，为大众提供价值指引和文化滋养，为青少年在网络社交文化中培育归属感、认同感和成就感，竭力避免资本逻辑主导价值取向。

画出网络空间价值观最大同心圆。要充分发掘民众的共同需要，尤其是舆论群体的价值共识和文化心理，将网络技术的经济价值与社会价值结合起来，利用网络技术推广社会主义核心价值观念，将网络行为的自律和他律结合起来，开展有效的组织动员，塑造网络空间最大化的价值认同。要提倡和谐的情绪交流和共通的心理状态，促进网络舆论的有序循环。政府要发挥网络舆论的价值示范和权威引领作用，树立主流价值标杆，避免资本逻辑带来的思想混乱和行为失范。

# 重大突发事件中网络舆情的变化及治理[①]

　　**导　言**　随着风险社会的来临，重大突发事件发生的频率不断增加，随之带来的是网络舆情引发社会心理波动，影响社会稳定。重大突发事件中网络舆情的变化呈现持续性冲击、多向性演化、累积性扩散、波动性变异等特点，变化因素是网络空间舆情传播方式改变，多重力量参与舆论场域的构建，不同的利益立场、政治考量、价值取向等催生网络舆情发酵，在信息传播的演进动力、公众需求的内在驱动、政治信任的助推影响、多方博弈的交替刺激中体现变化机理，需要着重从信息公开、事件干预、政府行动、媒介协同等开展综合治理，稳定社会情绪，引导舆情发展。

　　重大突发事件是指以影响大和突发性作为典型特征的公共性事件。互联网与经济社会生活密切相关，重大突发事件与网络舆情交织，加剧了风险治理的难度，需要"改进和创新正面宣传，完善舆论监督制度，健全重大舆情和突发事件舆论引导机制"[②]。那么，重大突发事件中网络舆情的变

————————————

　　①　作者陈联俊、宁晓茵，发表于《理论与评论》2021 年第 4 期。
　　②　《中共中央关于坚持和完善中国特色社会主义制度　推进国家治理体系和治理能力现代化若干重大问题的决定》，北京：人民出版社，2019 年，第 24 页。

化特点如何？变化因素有哪些？变化机理怎样？如何应对？对这些问题的研究，是推进网络舆情治理嵌入国家治理的重要议题。

# 一、重大突发事件中网络舆情的变化特点

重大突发事件不可预测，涉及面广泛，只要发生以后，必然在网络空间的个体、群体和社会传播中产生巨大的反响，带来系列舆情变化。

## （一）持续性冲击

"网络空间已经成为公民参与的重要场域，也是社会风险治理的主战场。"① 突发事件具有天然新闻性，只要传播就能瞬时点燃社会情绪，社会成员在"刺激—反应"的行为路径下引发舆情"井喷"，网络舆情表现出持续的冲击性。社会情绪是社会成员在公共信息的作用下感染、共振而形成的心理状态。网络虚拟空间充分扩展了公众个体人员的话语权力，凭借网络对话的快捷性和交互性，共同关注的社会问题形成意见碰撞，社会情绪加速在泛化时空中膨胀扩散，网络舆情发展与一定时期的社会情绪变化高度相关。重大突发事件尤其是传染病疫情，涉及和影响主体的广泛性以及时间和地域的非限制性，导致相关地域均可能成为疾病感染区，危害每个主体的健康及公共安全，因此会对几乎所有相关社会成员造成巨大的心理冲击，生发焦虑、愤怒、悲观等负面情绪。面对重大突发事件，舆情主体需要通过信息沟通了解事件的真实状况、危机处理办法以及自身安全的受威胁程度，进而缓解信息需求产生的心理压力。点赞转发、评论加工、借机炒作等行为使得各类事件信息与意见观点密集传播，在"涟漪效应"作用下迅速扩散聚集，突破舆情空间的边际界限，产生强大的舆情声势。

---

① 文宏：《网络群体性事件中舆情导向与政府回应的逻辑互动——基于"雪乡"事件大数据的情感分析》，《政治学研究》2019年第1期，第77页。

自政府通报重大突发事件的消息起，社会情绪危机就会开始在网络空间"暗涌"，直至官方发布社会管治消息，可能彻底触发社会情绪，政务媒体、商业媒体、权威专家、普通网民的同时发声引爆网络舆情。重大突发事件引发的网络舆情冲击性考验着政府责任部门的应急处置能力，僵化的行政体制难以有效解决面对的复杂性问题，也就会在一定程度上影响政府公信力，甚至带来政府治理的系统性变革需求。

## （二）多向性演化

传统社会不对称、单向性、局域性的传播生态格局被"由大流量开放平台和个人、商业和非商业利益组织、专业新闻机构等信息节点组成并按照全新的联结方式运行的传媒生态"[①] 所替代，生成多主体、多信息、多载体、多场域的网络舆情格局。首先，任何主体都可以借助文字、图片、音频、视频等信息载体通过网络渠道扩散态度与意见，形成对新闻事件、公共议题的聚焦性关注和广泛参与的自媒式多向性互动。其次，重大突发事件波及范围广泛，与公众切身利益相关问题都是网络舆情易燃点，导致舆情形态多元、声音庞杂。在舆情内容上包含信息型和情绪型两大类，据统计，仅 2020 年 1 月 21 日至 31 日，人民网"地方领导留言"板中与新冠肺炎疫情防控工作相关的留言近 5 000 条，既有反映困难诉求和意见建议，也有表达情绪恐慌与心理压力。[②] 在舆情态度上呈现出中立和极化状态，在舆情行为上表现为爆发式参与，在极短时间内聚集民众的焦虑情绪。另外，在微博"大众化传播"和微信"人际化传播"的差异化模式下，存在显性舆情与隐性舆情之分，隐性舆情具有更广泛的利益相关性，对隐性潜在舆情的收集、研判、引导是重大突发事件网络舆情治理的重要工作。

---

① 喻国明、张超、李珊、包路冶、张诗诺：《"个人被激活"的时代：互联网逻辑下传播生态的重构——关于"互联网是一种高维媒介"观点①的延伸探讨》，《现代传播（中国传媒大学学报）》2015 年第 5 期，第 1 页。

② 礼平：《疫情防控期间的舆论情绪引导》，http://yuqing.people.com.cn/n1/2020/0320/c209043-31641677.html，2020 年 3 月 20 日。

最后，与一般舆情事件相比，重大突发事件因其特殊性，牵涉的社会内容链条更长。新冠肺炎疫情事件中网络舆情涉及疫情防控、捐款援助、物资保障、问责追究、经济损失、复工复产、数据共享等诸多领域，且随着新冠肺炎病毒的全球性蔓延，出现了地方舆情与全国舆情、国内舆情与国际舆情等多场域交叉渗透的局面，在多向演化中达至前所未有的舆情强度与烈度。

## （三）累积性扩散

全媒体导向的社会化传播模式，使网络舆情在传统与新兴、中央与地方、新闻与社交等多类型媒体呼应与融合的发展趋势之下，得以全景式呈现，不断积聚关注量和讨论度，推动舆情发酵和扩散。舆情的累积性首先表现为信息累积。重大突发事件具有足够的爆炸性，中央与地方政府回应、主流媒体与专业机构发布、个人意见与群体讨论使信息内容的持续更新，能够保持舆情热度。但是，由于传播路径的激增，包括在电视新闻、报纸杂志、微信微博、论坛博客、即时通信软件及各类 App 客户端等平台的信息流转，网络舆情出现"信息急求—信息爆炸—信息超载"的演变过程，导致网民面对海量舆情信息丧失理性判断能力，容易被情绪化意见观点牵制或支配。其次是观点聚合。"我们对事实的认识取决于我们所处的地位和我们的观察习惯。"[①] 信息簇拥所留下的舆情印象形成思维惯性后，舆情群体会对应该纳入考虑范围的舆情内容视而不见，按照既定模式审视新闻报道和舆情行为。在网络空间所谓"意见人士"引导下加速同类情绪堆积，生成"意见共振"和"群体极化"。人们在危机情境下会无意识地采用快速的、感性的直觉决策策略，在舆情氛围渲染下会出现相当数量的非理性声音，挑拨社会情绪，分裂社会共识。最后是风险叠加。多意见圈

---

① ［美］沃尔特·李普曼著，阎克文、江红译：《公众舆论》，上海：上海人民出版社，2006 年，第 61 页。

的沟通与争论加速重大突发事件的舆情焦点分散和叠加，推动舆情由萌芽、爆发、蔓延直至消退的周期式发展。重大突发事件的不同发展阶段潜伏着复杂的风险因素，均易引发舆情累积沉淀，处理不善就会影响政府治理的舆情共识与政府形象。

## （四）波动性变异

网络舆情作为持续性信息传播活动，演变过程中容易发生信息变异。"信息变异是指在信息传播过程中，由于信息相关因素出现变化所导致的信息承载意义变化的一种社会现象"[①]，并存在于信息的形成和传输、理解与接受的多个环节，信息变异提升舆情的不可控性，诱发负面舆情的反复。重大突发事件涉及面广，传播结构复杂，多渠道扩散容易发生信息质变，包括信息传播中的时空环境效应、信息流转中的利益纠缠心理、信息扩散中的主体张力作用等，导致舆情波浪式运动，衍发舆情次生、畸变和反转现象。网络次生舆情是在原事件网络舆情基础上衍生而来的新舆情，继而发生连带效应。与原事件相关的人、事、物的纵向牵连以及引发新事件的横向牵连，都会加重突发事件舆情的复杂性和紧迫性。在重大突发事件中，网民会由对事件中个别人员失职行为的不满转向对突发公共事件应急机制以及管理部门的批判与监督，产生舆情焦点分散。"疫情危机持续期间的重要相关新闻事件，属于'脉冲型新闻事件'，其对公众的影响会产生脉冲效应而特别凸显，从而导致公众情绪发生突变。"[②] 重大突发事件发展初期，信息的模糊化和碎片化，在政府发布不力、媒体传播失范、公众信息加工的影响下易于使新闻失实和谣言盛行，破坏正常的网络舆情秩序。不实的信息或话题引发社会恐慌，背后原因是商业利益的驱动与科学

---

① 赵振宇等：《应对突发事件：舆论引导系统论》，北京：中国社会科学出版社，2017 年，第 113 页。

② 张放、甘浩辰：《疫情心理时空距离对公众情绪的影响研究——基于新冠肺炎疫情期微博文本面板数据的计算分析》，《新闻界》2020 年第 6 期，第 47 页。

素养的不足。群体非理性的舆情发酵往往使讨论结果与最终事实真相相距甚远，舆情群体的立场和判断出现反转，舆情传播效果出现正负迭代效应。舆情态势扩散演化和聚合转化诱生破坏因素，加大事件防控与网络舆情治理的难度。

## 二、重大突发事件中网络舆情的变化因素

重大突发事件引发网络舆情既有技术因素，也有社会诱因，既有客观条件，也有主观意图，复杂因素交织作用，产生舆情动态效果。

### （一）舆情场域

舆情场域是"包括若干相互刺激的因素，使许多人形成共同意见的时空环境"①。舆情场域在自身的运行机制作用下加速舆情的生成和蔓延。随着媒介技术推陈出新，逐步构建出官方舆论场和民间舆论场，糅合了情感、心理、利益和价值等多元因子。话语权力、话语方式、话语效应的转换，推动舆情的生成机制、内容及其语境等发生变化。

一是话语权力扩展。数字化传播的平等性打破传统的权力话语垄断，致使身份等级和权力支配失去强制性作用，网络媒介促成官方舆论场拓宽与民间舆论场分化，演化出官方话语和民间话语、精英话语和草根话语、传统媒体话语和新媒体话语的"群言空间"。网络赋权使得普通民众对重大突发事件的干预力不断增强，社会公众和"意见人士"是主要的舆情力量，网络舆情治理需要消解负向舆情，引领舆情话语的价值倾向。

二是话语方式互补。重大突发事件引发网络舆情是官方舆论场与民间舆论场博弈的产物，一方面是政府应急管理主体对民间舆论场实施信息输出和回应引导，另一方面是公众、社会组织、媒体平台对官方舆论场进行

① 刘建明：《社会舆论原理》，北京：华夏出版社，2002 年，第 36 页。

信息反馈和舆情倒逼，在自上至下精英引导的"瀑布模式"与由下至上公众推动的"沸腾模式"的不同舆情生成模式之间找寻平衡点，① 形成二者交替互动的社会话语格局。

三是话语效应多变。两个舆论场的融合趋势体现出共同直面问题的姿态，表现了话语传播的正面效果，但同时重大突发事件的舆情燃点低、爆点多、传播快，加大舆情引导的难度，容易导致社会信任解构与危机处理阻滞。政府的拖延回避与硬性钳制、媒体的资本操控与传播失范、公众的理性缺失与话语狂欢等，都会加剧共识撕裂和社会公害。

## （二）利益立场

网络舆情加快利益相关者聚集讨论和意见生成。重大突发事件中网络舆情的利益相关者是指"任何能够影响突发事件网络舆情形成发展演化或受突发事件网络舆情形成发展演化所影响的个体或群体"②，包括普通民众、媒体以及政府组织三类基本利益方。扁平化的网络人际结构和开放式的交流对话，促进普通民众通过网络了解突发事件和处理进展，及时进行社会参与和利益表达。但是，知识水平、技术差距、经济成本等主客观因素限制网络技术对公众诉求进行均衡赋能，资源优势群体掌控舆情内容传播和价值取向，弱势群体网络话语表达功能被无形弱化。而且在信息流通、政务服务中存在城乡差别，民众生活需求、民生关切等问题无法及时得到反映沟通和回复落实，导致利益诉求溢出，滋生偏激情绪和负面舆情。另外，尽管网络话语的多元表达和权力平均能够弥合两个舆论场在传统模式下的话语区隔，但是相对独立的场域使得不同利益群体仍然存在思维逻辑框架和话语实践的差异，衍生出的观点立场分歧，无法通过网络媒

---

① ［美］乔·萨托利著，冯克利、阎克文译：《民主新论》，北京：东方出版社，1998年，第104－106页。

② 郑昌兴、苏新宁、刘喜文：《突发事件网络舆情分析模型构建——基于利益相关者视阈》，《情报杂志》2015年第4期，第72页。

介融合加以规避,从而造成无效沟通。政府介入民众敏感议题,公开回应群众关切,实现同频共振,是重大突发事件网络舆情治理的关键所在。此外,重大突发事件的政策举措在多级传达中容易生发权责割裂和传播错位,造成责任主体的应急管理断层,导致舆情泛滥。再者,媒体是政民信息沟通的桥梁,具有政策解读、价值引导和安抚公众等功能。重大突发事件有醒目的新闻价值,为资本挟舆论之名谋取私利提供可能,为抢占新闻热度,获取广告流量,资本易于操控媒体曲解事实真相,造成民众认知偏颇,引发消极连锁反应。

## (三) 政治考量

"网络虚拟社群可以促进一个发散型结构的个体和社区与政治结构之间的融合。"① 政府部门可以利用网络舆情搜集民主诉求,稳定突发事件危机下的社会情绪和公共秩序。社会公众凭借移动媒介"在场"获取、共享突发事件信息资源,并通过舆情开启政治情感释放和政治态度发声,既是对自我政治认知的改造,也是对社会政治事务的参与。在重大突发事件中,政治力量的不当干预和社会公众的话语泛滥皆成为舆情风险隐患。首先,在舆情升温发酵中,与责任部门的关联程度成为网络舆情演化的重要节点,行动者的不同反应影响着舆情走向。地方保护主义下的拖延回避、官僚作风下的失职渎职、维稳意识的僵化管制等滞后懈怠行径造成的负面影响更甚,直接拉低政府公信力和舆情引导效果。其次,舆情动员使公众对事件的发展态势和社会决策的介入程度持续走高。"与事件的关联度将在很大程度上直接决定参与方式、参与程度和参与强度。"② 在重大突发事件网络舆情发展过程中,面对部分公权部门的"失语"和责任缺位引发群

① 杨嵘均:《网络虚拟社群对政治文化与政治生态的影响及其治理》,《学习月刊》2017年第5期,第80页。
② 金太军、杨书房、王军洋:《公民网络公共参与的行为逻辑探究》,《社会科学战线》2014年第3期,第158页。

体焦虑无法宣泄或排解时，民众通过"媒介审判"放大自我保护，以此形成足够的政治压力。匿名身份下的虚拟共同体极易形成"集体膨胀"，出现对抗性解读的民粹行为，而且在盲目正义的助推下，"低级红""高级黑"的负能量产生恶劣的社会影响，"大众媒体不得不关注这网络赋名到来的权力转移，在官方命名和网络赋名的选择中，平衡自身的报道实践活动"[1]。最后，作为网络技术创造主体的发达国家舆情，"在失当价值观（如技术霸权主义）的指引下，会给不发达国家带来威胁"[2]。部分西方媒体罔顾事实，颠倒黑白，乘机通过舆情放大和扩散其意识形态逻辑，试图消解我国社会主义的政治影响。

## （四）价值取向

在泛众传播时代，现实重大突发事件导入网络空间后生发的舆情，突出了责任消解现象。"赛博空间越是把我们联系到一起，使我们在'真实时间'中与这个地球上的任何人交流，也越是孤立，将我们降低为盯着电脑屏幕的个体。"[3] 网络媒介所形成的个性化和私人化的全新传播模式，加速了政治社会化，也加剧了个体原子化进程。在平权语境的拟态化交流中，舆情群体的公共责任感明显羸弱。自媒体和"意见人士"凭借自身的强号召力、强叙述力、宽信息域的观点优势介入，使其观点导向或议题设置能够在短时间内进行话语动员。网民的价值取向随着舆情环境变化转向，容易在"意见人士"带领下形成虚假共识，助长群体情绪极化的无理性，推动舆情生发势能。"在科学传播过程中，角色之间的互动可能促进形成有共识的价值规范，角色之间的冲突可能导致行为失范。"[4] 面对重大

---

① 高宪春：《新媒介环境下的"网络赋名"与"官方命名"——场域视域下的舆论生成分析》，《南京社会科学》2013 年第 11 期，第 115 页。
② 毛牧然：《网络技术政治负价值的表象析因与消解》，《求实》2014 年第 10 期，第 33 页。
③ 何李新：《齐泽克的赛博空间批判》，《外国文学》2014 年第 2 期，第 139 页。
④ 赵立新、王黎明：《科学传播中利益相关者的立场及规范研究》，《自然辩证法研究》2014 年第 12 期，第 79 页。

突发事件，社会个体在现实空间中心理失衡转移到匿名的虚拟环境中易于形成情绪性攻击、失真性谣传和操控性煽动，价值扭曲的非理性行为逻辑加剧舆情群体立场分化，往往导致网络舆情陷入"后真相"境遇。此外，重大突发事件的网络舆情还有冲击传统价值观念的表征，在社会转型过程中，"新旧两种社会体制、秩序规范和机制的并存交替局面，会在一个比较长的时期持续存在"①。传统伦理道德失落、现代性思想文化冲击以及网络空间法治的滞后性，造成的社会价值规范青黄不接，在网络舆情场域中显现出失范行径。

## 三、重大突发事件中网络舆情的变化机理

重大突发事件中网络舆情的变化遵循着一定的内在机理，在信息传播、公众需求、政治信任和多方博弈中体现，带来主客体及环境之间信息互动的社会反映。

### （一）信息传播的演进动力

网络媒介空间中，重大突发事件舆情源发数量增多，传播速度加快，但网络舆情并非完全随着信源数量的变化而变化，而是在信息源头传播中不断获取演进动力。首先，信息内容本体的复制繁殖产生乘数效应，充分拓宽重大突发事件信息源，与网络舆情热度的高低走向相关。单一的信息源往往不是舆情传播的关键节点，而是由政务与商业新闻网站、新闻与社交类客户端、搜索引擎、网络调查及平面媒体等多样态发布，实现重大突发事件信息的全时空推广与演化，高点击率、转发量、回复数凸显舆情热点。信息获取的正式或非正式、传播过程的畅通或堵塞都将影响舆情信息的聚合效果，造成舆情的化解或膨胀。其次，信息反馈主体的联想创造发

---

① 赵强：《舆论的脾气》，长沙：湖南人民出版社，2018年，第70页。

挥放大效果，推动分化重大突发事件的信息流，与网络舆情内容的深浅相关。舆情事件信源经多渠道刊发与转场后出现信息分流与变体，由浅入深，由此及彼，主客观色彩杂糅特点明显，广场化的公共活动空间与私人性的小众话语平台皆容许舆情主体在开放的言论环境中进行观点联想与意见竞争，通过信息资源挖掘和交换实现对舆情系统的正负向反馈。丰富的信息流与活跃发散的思维带来舆情内容的多级放大与裂变扩散，影响重大突发事件网络舆情的传播范围和问题解决。最后，信息传播介体的推荐机制生成舆情"圈形模式"，加速重大突发性事件信息"中心化"传播。重大突发事件的信息推荐带来舆情微内容的聚集串联，促进公众对新闻报道的持续关注。舆情内容的定制化也意味着信源输入窄化与单向认知固化。网络舆情是意见集散的过程，算法逻辑连接下的信息圈层化，约束舆情系统动态平衡的自行演变，加剧态度极化和反转冲击。

## （二）公众需求的内在驱动

重大突发事件网络舆情表征社会转型期的复杂社会矛盾，民生成为网络舆情变化的起落点，并且构建由信息需求转向关系需求，伴随情感酝酿与表达的舆情链条。首先，公众的信息需求指向事件本身，形成舆情发展的基本轨迹。在重大突发事件中，网民出于自我保护和趋利避害的应激本能，信息渴求骤然激增，主动寻求事件信息源，包括突发事件的预报、进展和防范信息，满足基本的生理和安全需要。"舆论的强烈程度与公众对舆论客体的知晓程度相关"[①]，公众舆情持续的事件关注和普遍的社会监督能够充分动用信息资源，使自身信息需求适当满足，这是网络舆情发生发展的信息动力。其次，公众的实际需求指向社会背景，表露舆情生发的问题本质。舆情演变是对个体的利益与价值关系的调整反映。网络舆情不仅涉及利益冲突和价值冲突，更体现出对政府作为及社会体制的问题反思。

---

① 陈力丹：《舆论学——舆论导向研究》，上海：上海交通大学出版社，2012年，第5页。

不同利益群体的卷入致使公众议题逐步转为政策议题，公众利益的调和与分化、社会群体观念的融合与冲撞将不断升级网络舆情变量，影响舆情的形成与走向。另外，公众的心理性需求贯穿舆情过程，蓄积舆情发酵的情感能量。"媒介事件动机来源于舆情主体自身的心理期望，以及在媒介信息接收、发布、分享与评论等过程中得到的心理满足。"[①] 情感因素与信息框架紧密关联，认同和协商的舆情模式对强化网络民意沟通产生推力，而极端、游离的舆情状态则对网络舆情合理发展构成威胁。网民对舆情的知觉从感性认识变为理性判断，形成重大突发事件的正确信念，是网络舆情合理化演进的必要条件。公众有形和无形诉求的表达以及媒介环境对网民的认知和情感、个人需求和社会整合等方面的满足程度，成为重大突发事件网络舆情变化的双重依据。

### （三） 政府信任的助推影响

政府信任作为公众对政府组织的主观感知和期望评估，直接决定网络舆情的变化趋势。总体上，政府信任差序化使社会舆情呈现分散化结构。一方面，社会转型带来群体分化，网民针对重大突发事件生成不同的舆情观念。地区、职业、受教育水平的区别导致政府信任阶层差异化分布，促使网络舆情错综复杂，不断拉大公众舆情的信任差距。另一方面，中国社会对政府信任度呈现的层级差序特征，[②] 对网民的话语范式有重要影响。重大突发事件网络舆情通常会出现涉及地方利益的局部性舆情多于全局性舆情的情况。具体而言，在媒介与公众的共同作用下，网民对政府的可信度判断助推网络舆情的涨落。"媒介传播在民众的政治图像与认知建构中起到了关键作用。"[③] 主流和非主流媒体针对重大突发事件的编码功能与批

---

① 闫欢等：《积极网络舆论引导论》，北京：中国社会科学出版社，2017 年，第 37 页。

② 王浦劬、郑姗姗：《政府回应、公共服务与差序政府信任的相关性分析——基于江苏某县的实证研究》，《中国行政管理》2019 年第 5 期，第 101 页。

③ 梅立润、陶建武：《中国政治信任实证研究：全景回顾与未来展望》，《社会主义研究》2018 年第 3 期，第 168 页。

判作用合理发挥与否，改变公众关注事件的方式、心理和行为，牵引了舆情走势和向度。真实及时、突出正面、深度有效、以人为本的媒介传播，有助于建立政府与公民互信的沟通渠道，引导网民进行理解合作。"不同的媒介对中国民众政治信任的形塑作用存在明显差异。"① 在公信力资源方面，传统媒体优于网络媒体。此外，公众在网络公共领域实现自我赋权，释放对重大突发事件真相追逐、质询调查、监督献策的热情。公众对政府的信任度与舆情参与意识密切关联，政府适应民众需求，遵循"正视—回应—引导"的解决步骤，在舆情变化中做出正确决策选择，能够促进网民建设性参与和共识达成，而一旦陷入"逃避—推责—控制"的被动状态，便会解构自我权威，涌现出"喧嚣受众"和逆向反应。公众在网络舆情中使用"弱者武器"要求权利补偿，由线上话语抗争转为线下行为舆情，将会激起更大的群体舆情风波。

## （四） 多方博弈的交替刺激

在不完全信息传递状态下，重大突发事件网络舆情多为有限理性主体的博弈过程。以政府、媒体、网民为主体的双方或多方博弈是突发事件网络舆情较为常见的博弈形态。在网络舆情的生发和高涨期，刺激舆情成长的因素主要表现为以政府、社会组织为代表的社会导控力量与以媒体、"意见人士"为代表的社会动员力量的博弈。网民作为媒体发布信息的消费者，其关注度与媒体总体上保持一致，重大突发事件引发的社会危机经过网络媒体"滚雪球"式放大，导致舆情初期常以负面态势占据主要地位，矛头直指涉事部门和社会组织。政府在舆情爆发后，采取措施引导正向舆情和消解负向舆情，但存在不同程度的滞后性与被动性。媒体的舆情造势与政府的舆情干预之间的竞合，带来舆情在数量、质量和空间上的变

---

① 梅立润、陶建武：《中国政治信任实证研究：全景回顾与未来展望》，《社会主义研究》2018 年第 3 期，第 168 页。

动，并最终构成突发事件的"共景监狱"。在网络舆情的扩散和蔓延期，事件变量注入，刺激多方博弈交叠，致使舆情起伏波动。该阶段中，对突发事件的纵横深挖，使公众关注焦点从事件本身转向政府和相关企业的态度和行为，要求责任主体适应新媒介环境，开展危机处置和舆情引导。政府作为决定自身能否在舆情博弈中掌握主动权。同时，网民和网媒根据政府的监管策略，权衡得失选择舆情行为，政治偏差、经济投机、恶意营销等媒介行为，会造成博弈的恶性循环。在网络舆情的衰退和平息期，随着重大突发事件的明朗化，网络媒体的舆情体量减小，网民失衡心理缓解，舆情冲突性和激烈性逐渐降低。媒体依据网民的关注变化，调整报道内容或关注焦点，加快公众注意力转移，博弈方牵制弱化，网络舆情朝着理性化方向发展，直至消解状态。

## 四、重大突发事件中网络舆情的变化治理

"考虑公众舆论和受它的支配是大有区别的。"① 重大突发事件网络舆情变化需要多方主体介入，需要注重信息公开、事件干预、政府行动、媒介协同等方面，消除舆情灾害，引导舆情方向，将舆情挑战转化为治理契机。

### （一）信息公开

网络舆情治理是公众和媒体的知情权、监督权得以保障的重要方式。能否及时主动、准确客观报道突发事件细节，关系政府的受信程度以及能否占据舆情主导权。网络舆情信息的公开程度包含四重依据：

一是来源广泛。"尽量使掌握信息空间逼近事实信息空间，以此保证

---

① ［德］恩格斯、伯恩施坦著，梁家珍等译校：《恩格斯与伯恩施坦通信集（1879—1895年）》，北京：人民出版社，1982年，第404页。

信息供给的数量和质量。"① 重大突发事件是多种因素交织、多层群体混杂、多项社会问题齐发的综合性社会危机，丰富的一手舆情资料是保证信息公开程度的前提。只有通过多重手段汇集、分析线下信息，以及联动媒体、业界对多渠道非官方发布的线上碎片信息进行应急搜集、科学研判，才能确保信息发布的全面准确性。

二是有用可靠。信息来源于真实的应急管理活动，并使信息使用者明晰事件发展状况，是舆情信息公开化的根本。依据重大突发事件的危机类型和严重程度，尽可能地向网络民众全面详述事件的处理情况和关键细节，从供给侧发力最大化满足公众对信息的数量和质量需求，从而消除信息模糊性，控制危险言论传播蔓延的变量因素。

三是流动共享。为减少信息流转中的障碍，增加信息的可见范围，信息公开必须依赖于媒介进行网状传播，且提供一定渠道获取公开信息的可能性。由"政府—媒体—公众"递进式扩散和多向性共享，达到以低廉成本放大信息公开面和信息透明性效果。

四是时效保证。重大突发事件关联现实问题，信息延迟传递会增加信息意义的不确定性，事件动态的及时公开成为信息透明化的关键。网络热点议题及其子议题提取、舆情导向预判和舆情情感监测，可以保证在充分掌握事件走向的同时，调整实时数据，保持事件信息公开的连续性，使网络舆情走势与事件变化趋势保持一致。信息公开化能从源头上除污打假，防止网络舆情负面演化，增进舆情主体的政治共识与价值认同。

## （二）事件干预

"危机恰恰是超出政府和社会常态控制的严重影响社会正常运作的一种状态，突发事件在很大程度上是危机的导火索。"② 网络舆情是现实突发

---

① 齐佳音、方滨兴：《重大突发事件中网络舆情引导及治理研究——以新型冠状病毒肺炎疫情为例》，《上海对外经贸大学学报》2020 年第 3 期，第 11 页。

② 周蔚华、徐发波主编：《网络舆情概论》，北京：中国人民大学出版社，2016 年，第 199 页。

事件在网络环境中的符号反映和空间延伸。重大突发事件的严重性与网络舆情关注度成正比，网络舆情的阶段性干预是事件处置的紧要任务。主要任务有：

第一，应对突发性。"化解网络舆情的目的在于凝聚民心所向，而非简单消除表面的舆情张力。"① 重大事件发生与公众意识觉醒存在一定的时间间隔。面对社会信息的空缺状态，网络舆情危机处置应当以"网络舆情危机最小化，社会公众利益最大化"为宗旨。在处置方式上防止专断，保持正常渠道内的信息流通和社会动员，重视公众舆情和适度信息隔离能够预防舆情溢出。在策略手段上注重平衡，包括统一领导与多方配合并重、现场处理与舆情引导同进、行政手段与技术手段兼施等。

第二，监测变化性。重大突发事件没有固定的发展模式和轨迹，发展过程、影响范围和破坏程度充满变数。网络舆情的潜伏和升温需要监测预警，及时发现潜在的舆情风险因素，采取有效防治措施应对事件波动变化引发的直接和次生损害。需要借助人机组合，在舆情敏感度、监测范围圈和监测有效性上形成完整链条，推进舆情监测系统化；依据动态舆情监测组建的危机事件数据库对潜在舆情进行风险识别、仿真推演、智能预测，做到风险评估科学化；针对智能预测的不同层级舆情态势，预先做出应急响应安排，遵循完备性、主动性、可行性、层次性、灵活性，保证应急预案合理化。

第三，化解破坏性。由于重大突发事件带来的强烈冲击，进入恢复期后的较长时段，仍会对社会运行产生后续影响，需要警惕网络舆情衰退后遗留的潜在问题，化解网络舆情的消极影响。网络舆情发展不断累积的冲突势能，加剧现实社会关系撕裂，关注网民诉求和弱势群体意见，强化政府公信力。形式主义、官僚主义等问题，境外势力的丑化言论等，加速网

---

① 刘余勤、李振：《重大疫情网络舆情的特征及其治理》，《思想理论教育》2020 年第 4 期，第 105 页。

络舆情发酵，应当采取对内沟通回应、对外说清讲实的方式，维护政府形象和舆情安全。

## （三）政府行动

政府机构是重大突发事件处置的核心责任主体，通过行动和制度保障重大突发事件网络舆情的有效治理。主要有：

一是明确公共性导向。政府职能具有公共性逻辑，但难以排除责任部门在危机处置和舆情治理过程中，部分官员忽视公众原则，陷入政治绩效独尊、官僚意识为大的公共意识缺失状态。"干部治理能力存在一些突出'短板'和'弱项'，包括决策立场的游移、领导行为的'空洞化'、专业能力和专业精神不足以及理性思维匮乏等诸多方面。"① 面对作为风险传感器的网络舆情，政府应当从求稳走向维和，倚重复杂舆情背后的社会情绪和公共利益，确保对重大突发事件网络舆情的应对和疏散在工具理性与价值理性上的统一。

二是强化整合性统筹。政府对于重大突发事件网络舆情需要从事中静态控制转向全程动态治理，在时间轴上从事前监测预警、事中管理引导到事后总结评估，在空间轴上由线下处置与线上引导并举，从而实现服务式纵深治理，还要由单边把关转向多元治理，单一的政府管理模式难以有效应对复杂多变的突发事件舆情，在政府部门统一指挥下，根据治理目的和不同社会力量优势，进行适当分权，充分强化多元主体的协同治理。另外，针对"现实中政府回应网络舆情事件时仍捉襟见肘，尤其是部门间的统筹缺位和协调困难暴露无疑"② 的问题，应当推动防控权力下沉，在责任主体内部构建起资源节约、结构优化、协同高效的配合模式，支撑起全

---

① 赵刚印、曾峻：《从新冠肺炎疫情防控看干部治理能力的"短板"及其提升路径》，《理论探讨》2020 年第 6 期，第 33 页。

② 刘红波、林彬：《共担还是转嫁：部门间舆情回应失效与风险归责》，《华南理工大学学报》（社会科学版）2019 年第 1 期，第 85 页。

面整合式治理的主心骨。

三是发挥制度性效用。推进制度体系完善，对于网络舆情治理力量的共向发力起关键性作用。通过完善和实施信息监测沟通机制、信息审核发布机制、舆情预警调控机制、舆情评价问责机制等，为重大突发事件网络舆情的应急管理与风险防控提供制度遵循。

### （四）媒介协同

在重大突发事件中，通过网络媒介子系统之间关联强弱调节，构建联动和自组织功能，使网络舆情生态趋向稳定，推进突发事件的有序治理，包括国内舆论场的因势利导以及国际舆论场的叙事对话等。社会化媒体舆情传播环境下，"推动媒体融合发展，要统筹处理好传统媒体和新兴媒体、中央媒体和地方媒体、主流媒体和商业平台、大众化媒体和专业性媒体的关系"[1]。面对国内舆情，聚合舆情引导的指挥能力，通过建立政务新媒体矩阵，加强跨层级、跨部门的"融媒体"信息资源共享，统一信息发布口径，借助多形式、多角度、人性化的事实发布与议题导向，满足公众对突发事件的知情权和参与权，牵引舆情走势。需要强化分类媒体的功能互补，嵌入媒介责任伦理的价值导向。"探寻大数据语境下的网络舆情治理路径的关键就在于重塑责任伦理，即强化主体的责任伦理自觉意识，构建多元责任主体协同共治格局，建立健全责任伦理规范。"[2] 具有内容偏向差异的大众媒体和专业媒体，通过总体把握与专业剖析的角度互补、时效性与深度化的内容平衡，优化信息结构，补充议题设置，保证全方位事实信息供给。具有媒介性质差异的传统媒体与网络媒体，可以通过强说服力与快传播力的优势推进舆情引导，通过评论员解读与网民群体讨论功能结合调动意见参与，提升媒介舆情的社会价值。面对国际舆论，需要打破西方

① 习近平：《加快推动媒体融合发展　构建全媒体传播格局》，《求是》2019 年第 6 期，第 1 页。
② 潘建红、杨利利：《责任伦理与大数据语境下网络舆情治理》，《自然辩证法研究》2020 年第 1 期，第 65 页。

传播权力格局，通过媒介跨境联动，利用发达国家、发展中国家的媒体以及中国驻外媒体，增强突发事件新闻报道的覆盖面与正向反馈，获取国外政府与民众的关注和支持，推动网络空间国际舆情治理效果最大化。另外，主动行使国家舆论应有的表达权与话语权，警惕部分国外媒体播撒"政治病毒"，对冲污名化和妖魔化的舆情风潮，通过创新对外传播的策略与形式，在国际舆论场上维护国家的政治安全。

"在现代化进程中，生产力的指数式增长，使危险和潜在威胁的释放达到了一个我们前所未知的程度。"① 重大突发事件的出现已经不是偶然现象，随之而来对社会的全方位影响，必然带来网络舆情的剧烈起伏，不断强化对重大突发事件中网络舆情的发生、发展与变化研究，促进形成长效动态治理机制是网络空间治理领域的重要命题。

---

① ［德］乌尔里希·贝克著，何博闻译：《风险社会》，南京：译林出版社，2004 年，第 15 页。

# 三 网络空间意识形态形式与话语权

# 移动网络空间中感性意识形态兴起的价值省思<sup>①</sup>

**导　言**　移动互联网技术构建起的感性图像式立体化虚实交流场域，加速了感性意识形态的兴起。在移动网络空间中，感性图像表达互动、意识形态结构改变、个性化的独特表达、体验文化的流行成为感性意识形态兴起的价值条件。常见的感性意识形态价值表现为网络仪式、游戏视频、故事段子、表情符号等，不同的场景生态、视觉技术进步、集体表象导向、个体权力的发挥都会发生价值作用。感性意识形态的兴起既为价值传播创造了机遇，也带来了价值分裂的风险，如果注重从图像叙事传播、社群思维导向、意识形态对话、理想愿景塑造等进行价值导引，将有助于形成价值共识。

以手机、平板电脑等移动终端为基础，依赖于移动互联网技术建构起来的移动网络空间，改变了主体的存在方式。主体及其技术延伸的泛在性成为常态，意识形态与感性实践生活的融通共存日趋紧密。感性意识形态是指以感性形式表现出来反映不同主体利益或需求的思想观念和价值取

---

①　作者陈联俊，发表于《马克思主义与现实》2018 年第 2 期，人大复印报刊资料全文转载。

向，"承认感性意识形态，这不仅否定了把意识形态仅仅归结为理论形式的观点，而且也肯定了意识形态广泛存在的现实性、多样性和具体性"①。

## 一、移动网络空间中感性意识形态兴起的价值条件

在移动网络空间中，虚拟与现实关系形成了交叉渗透，虚拟场域中融入现实元素，现实场景中有虚拟技术，虚实界限逐步融合，技术生活化程度不断加深。"人们的意识，随着人们的生活条件、人们的社会关系、人们的社会存在的改变而改变，这难道需要经过深思才能了解吗？"② 物质实践生活借助互联网技术在虚拟空间中得以再现，不同的人、事、物以图像方式立体化地沟通着虚实内外，通过符号文化重构世界的价值意义。在虚实场域中，交流方式发生改变，人们运用直接、感性的沟通手段进行表达，摆脱时间地点束缚进行即时连接和集体行动，实现主体对现实世界的超越。移动网络技术使得人际互动更加频繁，全方位地渗透到感性生活中，主体感性实践越来越依赖于移动互联网技术所提供的便利条件。在移动网络空间，中国社会丰富的感性伦理特质越发凸显出来，道德社会生活的价值准则、亲情关系、礼仪风俗等得以延伸，从现实到虚拟之间的关系互动成为生活化常态。"新的权力存在于信息的符码中，存在于再现的图像中。"③ 图像传播成为虚实关系构建的桥梁，人们用技术传递思想意识、生活状态、日常见闻、社会变化等，理性的文字表达逐渐让位于感性的图像表达，主体在图像表达中定位自身，谋求交往，拓展空间，感性图像的崛起带来意识形态表达形式的改变。图像重塑了社会意识形态景观，成就感性意识形态的兴起，推动意识形态价值样态的变化。

---

① 刘少杰：《当代中国意识形态变迁》，北京：中央编译出版社，2012 年，第43 页。
② 中共中央马克思恩格斯列宁斯大林著作编译局编译：《马克思恩格斯文集》（第二卷），北京：人民出版社，2009 年，第50 页。
③ ［美］曼纽尔·卡斯特著，曹荣湘译：《认同的力量》（第2 版），北京：社会科学文献出版社，2006 年，第416 页。

在移动网络空间中，个体利用技术获取信息，分享见闻，传播思想，人们可以从多种渠道获得不同的思想观念，在自我经验和感受基础上进行信息加工，输出到社交网络中，改变网络空间中的意识形态格局。移动网络技术加速网络群体意识形态的形成，意识形态竞争复杂多样，不同阶层群体都会产生和传播自己的群体意识，矛盾和冲突孕育其中。群体意识形态与利益分化、社会变动、价值变迁、认同分解等关系密切，移动网络空间中群体关系的重新建构，聚集具有相同利益、价值、趣向的社会群体，增强其思想表达的力量，改变意识形态传播的内容和形式，进一步加大社会价值分化的复杂多样性。而且，随着移动网络空间领域的拓展，意识形态的层次性也会逐步深化，现实群体和新兴网络群体都会通过不同的方式展现其意识形态的感性表征。"在不同的财产形式上，在社会生存条件上，耸立着由各种不同的，表现独特的情感、幻想、思想方式和人生观构成的整个上层建筑。"① 移动网络空间群体的交往关系、利益基础和文化生态发生了巨大变化，群体心理、规范准则、信仰追求等随之发生变革，从而带来意识形态的不稳定性和结构性改变。感性意识形态的兴起来源于移动网络群体的丰富感性生活，而且移动网络技术进一步将全球性的"物化"意识融入群体性的实践活动之中，使得物化崇拜现象更加普遍，加速对主体精神世界的僭越。

"人类思想中的意识形态成分总是与思考者的现存生活环境紧密相连的。"② 在移动网络空间中，个体以自己的生活轨迹参与意识形态构建之中，借助技术开发运用多种形式来释放情绪、交流感受、集中意见等。不同的个性表达是个体感性实践生活的具体体现，保留着自身对社会的观察、理解和体认，融入了独特的经历背景、文化学识、利益追求、价值认

---

① 中共中央马克思恩格斯列宁斯大林著作编译局编译：《马克思恩格斯文集》（第二卷），北京：人民出版社，2009年，第498页。
② ［德］卡尔·曼海姆著，姚仁权译：《意识形态与乌托邦》，北京：中国社会科学出版社，2009年，第76页。

同等，并不断地在移动网络空间中改变着交往领域和表达方式，实质是无数的个体生活在同一平台上的再现，形成新型感性交往实践空间。个体在移动网络空间中从事不同的社会活动，需要直接、具体、立体的沟通方式来传递信息和表达自我。移动网络技术创造者为了满足社会需求，不断加强与现实生活紧密、贴切、便捷的技术开发，使得移动网络空间中的感性元素越来越明显，为感性意识形态的兴起准备了技术基础。感性意识形态与主体之间存在着共通关系，个体心理活动中的认知、感觉、情感、记忆、幻想、推理等都会体现出个性化表征，并在移动网络空间中以不同方式表达出来，为感性意识形态传播提供了充分的社会载体。个体的社会生活复杂多变，既受时代驱动，也会深刻地打上地域文化烙印，还会在个体选择中融入思维、想象和成见。移动网络空间中的感性意识形态在个体情绪变化中呈现出不同的样态面貌，个体不同的意识形态水平也会在移动网络空间中成为意识形态感性化的多重价值力量。

移动网络技术为主体提供了"永恒在场"的充分感觉体验空间，主体可以运用网络进行超越地理局限的社会体验活动，既有内心对话、精神活动、兴趣发展等，也有交往实践、情感深化、文化融合等。在移动网络空间中，体验文化逐渐成为主宰社会价值取向的重要因素，主体体验的广泛性、深刻性、即时性等都会对意识形态形式转变产生实质性影响。主流意识形态是维持社会秩序的必备要素，但是移动网络技术改变了主流意识形态的存在基础，体验文化解构了主流意识形态的灌输渠道，高度理性化注重集体学习的社会组织让位于松散个性化强调个体学习的网络群体，自我体验的主动性和积极性成为影响主流意识形态价值作用的内在动力，忽视主体感性体验的意识形态传播难以取得良好的社会效应。在移动网络空间中，主体沉浸在移动场景中的虚拟实践方式改变了心理活动样式，大量非主流意识形态的社会思潮在不停地流转传播，成为激发社会思想活力的重要因子。非主流意识形态社会思潮的产生和发展与主体体验水平的高低紧密相关，能够满足主体私人体验的社会思潮传播快、影响大，尤其利用移动网络技术将用户的情感体验与大众流行文化相互结合起来，建构起社会共享的情绪心理，促成社会群体的集体行动，极易在移动网络空间中削弱主流意识形态的价值基础。而且，不同体验的共享融合也在移动网络技术功能中得到充分利用，为意识形态的消解和重构提供了环境条件。

## 二、移动网络空间中感性意识形态兴起的价值表现

在移动网络空间中，网络技术将具有相同利益诉求和价值观念的群体集中起来，开展不同类型的网络活动，具有仪式性质的活动逐渐成为感性意识形态的表达渠道。其主要表现为：一是社交分享。移动网络技术典型的特点就是社交分享活动。在社交分享仪式中，其实质就是将意识形态从个体体验转化为群体感受，在这种分享仪式中，借助的是人群信任关系，使得意识形态传播获得更大的转发率和认同度，克服传统理性意识形态传播的盲目、低效和指令性。感性意识形态分享仪式与人群的日常活动融为一体，实现意识形态生活化目标。在社交分享仪式中，群体意识参与意识形态的创造过程，通过群体思想合力对意识形态进行再加工。二是集体行动。在移动网络空间中，集体行动就是宣示意识形态立场的直接途径。在不同意识形态价值冲突的场域中，相同或相似价值立场的群体通过网络仪式活动来传递信息、表达诉求、寻求支持、号召力量等。移动网络空间集体行动的实质就是潜意识中的身份认同建构，参与集体行动的群体无形之中达成价值共识，发出共同声音，尤其是在政治粉丝群体中，对于意识形态的感性表达更充分，甚至可能出现"群体极化"现象。三是自拍影像。"社会成员在象征化的感性传播中变成了主动的传播者，是感性传播的主体。"[①] 个体自拍影像是借助技术手段来传播"物化"意识形态最便捷、最广泛的手段，直接体现意识形态的"客观化"和"物质化"。在移动网

---

① 刘少杰：《当代中国意识形态变迁》，北京：中央编译出版社，2012 年，第 257 页。

络空间中，主体可以通过自拍影像方式来反映日常生活的意识形态。移动终端对意识形态的感性形式的传播及时、直观、丰富和生动，改变了意识形态人际传播的时空局限和思辨模式，从广泛意义上加速和扩大了意识形态的信息权力影响范围。而且，在个体的感性影像中，深刻地体现出主体的情绪变化和心路历程，在意识形态的心理共振功能中体现的价值不可替代。

游戏是释放主体情感欲望的重要途径。"对任何有游戏感的人来说，他们直接被赋予意义和理由（由此产生共识认证效应，亦即对游戏及其偶像的集体信念的基础）。"① 在移动网络空间中，游戏视频既能满足主体在现实社会中难以实现的幻想愿望，也能将理性意识形态感性化，实现双向互动式意识形态传播和接受。移动网络人群有自身的年龄特征和兴趣焦点，不同网络游戏视频的意识形态吸引力各不相同。网络游戏视频用户中的青少年群体思想活跃，紧跟潮流，勇于尝试新鲜事物，游戏视频的开发者或提供者的价值倾向就会在很大程度上成为其价值观念的塑造者。游戏视频在移动网络空间中的普及程度大大超过现实空间，克服时空制约和文化隔阂，通过技术手段将群体积聚起来，调动群体情绪，激发群体意志，开展潜在的社会动员作用。而且随着移动网络游戏视频不断扩散，越发表现出广泛的影响力，能够在虚拟和现实社会中呈现意识形态的同步渗透，改变群体意识和群体行为。不同的意识形态可以通过移动游戏视频中的人物角色、故事情节、结构设计、情境营造等，适时对主体进行价值引导，使其成为"意识形态幻象"的追随者和实践者。在移动网络空间中，游戏视频既会进行价值整合，也会扩散价值冲突，充当意识形态社会化的媒介手段。作为感性意识形态的游戏视频是意识形态在社会娱乐层面的转化，会随着移动互联网技术的发展以及市场逻辑的驱使而改变表现形式，体现出技术、利益和文化等要素的综合性价值影响。

---

① ［法］皮埃尔·布迪厄著，蒋梓骅译：《实践感》，南京：译林出版社，2003 年，第 87 - 88 页。

　　移动网络空间中意识形态话语适应碎片化、随机化、个性化的传播路径，故事段子成为意识形态传播载体。在不同的故事段子中，蕴含着不同的价值取向，反映社会群体的价值诉求。移动网络空间中的故事段子作为感性意识形态的呈现方式有：一是象征化。移动网络空间中的故事段子摆脱了理性意识形态的说教手段，主要以潜在的象征形式来表达价值观念。"象征形式或象征体系本身并不是意识形态的：它们是不是意识形态的，以及在多大程度上是意识形态的，取决于它们在具体社会背景下被使用和被理解的方式。"① 在移动网络传播中，故事段子本身只是表现形式，但是如果其被运用在意识形态表达之中，就成为感性意识形态形式，通过正面肯定或赞扬、反面否定或嘲讽等不同视角的叙述和描绘，成为潜移默化的渗透式传播载体，表达不同主体的价值困惑和价值取向。二是民间化。故事段子与官方意识形态的高度抽象概括相比，更多地以民间大众化的口语表达为主。民间语言的丰富性和普及性大大超过理性语言，从而在移动网络空间传播中有广泛的认知范围，呈现出深层的生活影响力。在故事段子的创作中，主体来源多样，不同主体的学识背景和经历思维反映不同的社会群体诉求，摆脱大而化之的意识形态宣传，契合多重群体意识形态的价值需要。三是娱乐化。在移动网络空间中，故事段子与日常生活的关系紧密，娱乐化表达倾向明显，"在这里，一切公众话语都日渐以娱乐的方式出现，并成为一种文化精神"②。通过娱乐化的故事段子将现实生活情感进行直观宣泄，达到放松心情、平衡心理、寄托心愿等效果。故事段子的娱乐化表达对于感性意识形态的兴起起到激发作用，将小众的抽象表达转化为大众的形象感染，加速了感性意识形态的网络传播效应。

　　移动网络交流主要以移动电子终端为载体，个性化的表情符号迅速流行起来，主要是指通过字符、图标、漫画、表情、动图、涂鸦、颜文字等

---

① ［英］约翰·B. 汤普森著，高铦等译：《意识形态与现代文化》，南京：译林出版社，2005年，第9页。

② ［美］尼尔·波兹曼著，章艳译：《娱乐至死》，桂林：广西师范大学出版社，2004年，第4页。

传递信息、表达情感、沟通交流的多模态话语，尤其在青年群体中成为移动网络沟通的必要手段，逐渐成为移动网络群体构建身份认同的工具。移动网络表情符号的非语言功能突出，在一定程度上弥补了语言交流中的障碍因素。"作为网络沟通的媒介，网络表情天生就是年轻人用以对抗主流权威的话语实践。"① 网络表情符号的表达风格浅显、跳跃、另类、诙谐，修辞手法灵活多样，有对比、夸张、讽刺、戏谑、隐喻和影射等。移动网络表情符号的话语实践彻底解构了现实身份规训下的话语体系，重新建构起移动网络生活的身份场域和交往语境。网络表情符号传播逻辑传递价值意义实质上是进行感性意识形态的话语再造，流行机理符合人际交流中重视非语言沟通信息的习惯。"不同于单一模态的交流，网络表情符号因其形象的表意效果，更易加大个体参与度，并促使个体的高自我涉入，在不断认识相应符号的背后意义、认知对方态度的内在驱动力作用下，产生情绪体验上的互动。"② 表情符号的多模态话语对于主体视听觉的刺激大大提升，迅速占据主体情感偏向，获得心理认同优势。作为感性意识形态的表情符号既可以维护主流观念，也可以解构价值认同，主要依赖于意指功能发挥作用。在网络表情符号中，经常运用不同的视觉修辞来表达对意识形态观念的情感态度，尤其以日常生活中理想与现实之间的差距为触点，进行调侃、反讽、恶搞、嘲弄、吐槽等，达到宣泄情绪、表达态度和释放压力的需求。在网络政治参与活动中，表情符号的集中运用开始成为常见现象，在脸书"表情包大战"事件中，"图像已经成为当代社会普通公众最重要的话语模态和政治参与形式。而这次表情包大战以其前所未有的形式和规模昭示我们，随着互联网成长起来的青年一代已经拥有了自己的政治

---

① 杜丹：《网络"书写"："表情党"的主体身份建构》，王义军、段小龙主编：《新媒体时代青少年成长的特点和规律研究报告：第十一届中国青少年发展论坛（2015）优秀论文集》，天津：天津社会科学院出版社，2016年，第276页。

② 郑满宁：《网络表情包的流行与话语空间的转向》，《编辑之友》2016年第8期。

行动方式和逻辑"①。

## 三、移动网络空间中感性意识形态兴起的价值动因

在移动网络空间中，感性意识形态兴起的是共时同在的虚实交织场域。在场景构成上，移动网络终端与主体之间是对应贴身关系，通过移动终端意识形态实现了与主体实时相连，世界"不是产自一种变化的、矛盾的、真实经历的事件、历史、文化、思想，而是产自编码规则要素及媒介技术操作的赝象"②。在移动网络技术作用下，每个主体都可以参与场景生态构建之中，并以自身言行推动场景变化。"景观是意识形态的顶点。"③不同类型的意识形态利用鲜活的移动场景传播价值观念，影响大众文化，扩大社会影响。"移动互联网使人的社交关系更为复杂多样，呈现出'缺席的在场'与'在场的缺席'两种并存状态。"④ 在不同的社交场景中主体的存在状态呈现出不同的社交效果，当主体身体不在现实场域，以指代符号参与虚拟活动时，主体可以表现出多重"自我"身份，并在意识形态场域中进行角色扮演和身份互换，从而对移动网络空间意识形态变化产生不同的价值作用。感性意识形态在移动场景中的生成伴随着网络技术而发展，技术进步刺激感性表达，"信息方式促成了语言的彻底重构，这种重构把主体构建在理性自律个体的模式之外。这种人所熟知的现代主体被信息方式置换成一个多重的、撒播的和去中心化的主体，并被不断质询为一种不稳定的身份"⑤。主体身份的多元化在一定程度上分解了意识形态传播

---

　　① 汤景泰：《网络社群的政治参与与集体行动——以 FB"表情包大战"为例》，《新闻大学》2016 年第 3 期。

　　② ［法］让·波德里亚著，刘成富、全志钢译：《消费社会》，南京：南京大学出版社，2000 年，第 134 页。

　　③ ［法］居伊·德波著，王昭凤译：《景观社会》，南京：南京大学出版社，2006 年，第 99 页。

　　④ 王力：《移动互联网思维》，北京：清华大学出版社，2015 年，第 2 页。

　　⑤ ［美］马克·波斯特著，范静哗译：《第二媒介时代》，南京：南京大学出版社，2000 年，第 83 页。

效果，理性意识形态的传播模式逐渐被削弱能量，意识形态的感性化表达以其高度个性化、情绪化、渗透性的传播路径，呈现出与移动网络空间相互契合的表现形式。

在移动网络空间中，人们把握世界的方式越发图像化。海德格尔所言的"世界图像的时代"真的来临了，视觉技术能够从不同层面上帮助主体实现对世界的图像认知和体验。视觉技术的核心是对信息的整合和创造，用感性形象的方式方法来呈现事物，勾勒关系，描绘图景。在视觉技术的创造中，既有现实图像的再现，也有虚拟图像的重组。"作为一种新的媒介，移动直播完全可以给未来的商业、文化、生活带来新的改变和机遇。"① 在移动网络直播技术中，就是通过视觉技术来实时连接跨地域的图像人物等，利用直播技术不断激发调动社会资源，逐步从文字文化转化为视觉文化为主的意识形态传播形态。视觉文化对主体的作用机制首先体现在感性形象刺激上，突破文字文化的教育背景要求。"在以大众传播的发展为特点的社会里，意识形态分析应当集中关注大众传播的技术媒体所传输的象征形式。"② 这些象征形式更多的时候是以感性视觉方式来加以呈现，而且随着移动网络技术与人工智能技术的深度交叉融合，意识形态的智能传播时代即将到来，即通过人工智能就可以将意识形态渗透到主体的日常生活之中，通过智能环境控制来传输意识形态思想，改变主体价值观念。视觉技术对感性意识形态形成的影响在于其构建主体与意识形态之间的信任关系，摆脱经过抽象化的提炼和再还原过程中的信息失真与信任受损，从而加速了感性意识形态渗透的广度和效度。"人们当真能对作为新闻与娱乐的工具和作为灌输与操纵力量的大众传播媒介作出区分吗？"③ 在移动网络视觉技术的催化下，感性意识形态无孔不入，深度切入私人时间

① 华红兵编著：《移动互联网全景思想》，广州：华南理工大学出版社，2016 年，第 3 页。
② ［英］约翰·B. 汤普森著，高铦等译：《意识形态与现代文化》，南京：译林出版社，2005年，第 286 页。
③ ［美］赫伯特·马尔库塞著，刘继译：《单向度的人——发达工业社会意识形态研究》，上海：上海译文出版社，1989 年，第 9 页。

生活之中，作为意识形态的技术更加具象化、精准化、个性化，主体被技术束缚的"他者"化倾向明显。

"集体表象就其意识形式而言是一种感性认识，但就其内容而言乃是由道德、伦理、宗教、风俗、习惯和惯例等构成的感性制度，是对人们的社会生活发生内在、稳定和持久作用的非正式制度。"[①] 在移动网络空间中，虚拟仪式已经具有了现实意义。当移动网络仪式成为集体表象，也就是具备群体的道德逻辑时，感性意识形态越发显著表现出来。人类群体在移动网络空间中的存在打破现实秩序，彼此之间以"共同的信仰和情感价值"作为认同基础而聚合在一起，类似于原始社会时期的前逻辑思维，突出了感性吸引的凝聚力价值。在微信、微博、QQ 等移动网络社交群体中，一旦由于某种缘由形成了情感共同体，集体表象就开始发挥出对个体成员的心理导向作用。个体的理性批判思维开始削弱或下降，无意识的感性认同思维逐步上升，成为移动网络群体的主导意见倾向。即使有个体固守己见，也会被群体情绪压力所威胁，逐步促使群体舆论中的"沉默的螺旋"发生作用。在移动网络空间中，作为感性意识形态的道德伦理、宗教信仰、故事传说、词曲艺术、游戏影像等都会在一定程度上承载着集体表象功能，成为群体网络生活的黏合剂，使得现实社会中高度分散的个体能够在移动网络空间中凝聚起来，同时个体也在不断加入自身感性生活经验，丰富群体网络生活，增强感性意识形态的普遍化程度。在网络集体意识生成过程中，现实社会的感性制度必须依赖于移动主体之间的社会交往活动，才能转移到网络生活之中。只有在网络感性交往实践活动中，主体之间的认知情感才能逐渐沟通，达到彼此的信任和认同，从而逐渐形成新的社会性格。

移动网络空间既是群体关系的重组，也是个体取向的延伸。"意识形

---

① 刘少杰：《当代中国意识形态变迁》，北京：中央编译出版社，2012 年，第 51 页。

态是个体与其真实存在条件的想象性关系的一种'表征'。"① 感性意识形态对移动网络个体发生作用，每个个体都成为感性意识形态的生产者和传播者，个性化色彩可以在感性意识形态形式中得到充分的展现。在移动网络空间中，个体在自己的感性实践活动中与移动网络空间群体进行着信息和能量交换，获得了信息权力、政治权力和话语权力等。"技术已经走到了公然蔑视现代政府权力特性这一步。"② 在个体权力得到移动网络技术的支撑发挥作用的过程中，网络政治参与深刻地影响着意识形态格局的变化。个体利用移动网络技术工具参与教育、制度、组织、文化活动，以自身的意识形态实践影响政府决策、政治评价和国家形象等。个体发挥网络权力的渠道多元、形式多样、手段多变，决定着主流意识形态不能维持原有的理性灌输传播，必须要适应网络政治参与的变化，将意识形态的发展与个体思想价值观念表达联系起来，吸收个体感性表达经验，转换为促进意识形态现代化的内在因素。"权力不再集中于机构（如国家）、组织（资本主义企业）和符号的控制者（公司制媒体、教会）之手。"③ 权力关系反映出不同社会主体之间的阶层结构，社会交流扁平化和透明化趋势越来越明显，移动网络空间中的个体权力最大化释放出社会不同阶层的深度需要，重新组合建构起新型的社会网络，改变意识形态流转的渠道、形式和方向。而且，移动网络技术在增强了个体权力的同时，也进一步加速了信息技术革命带来的社会价值分裂程度，使得个体在移动网络空间中陷入价值迷茫和困惑之中，严重冲击了社会制度和秩序的稳定性。

---

① ［斯洛文尼亚］斯拉沃热·齐泽克、泰奥德·阿多尔诺等著，方杰译：《图绘意识形态》，南京：南京大学出版社，2002 年，第 161 页。

② ［美］马克·波斯特著，范静哗译：《第二媒介时代》，南京：南京大学出版社，2000 年，第 39 页。

③ ［美］曼纽尔·卡斯特著，曹荣湘译：《认同的力量》（第 2 版），北京：社会科学文献出版社，2006 年，第 416 页。

## 四、移动网络空间中感性意识形态兴起的价值导引

丹尼尔·贝尔指出："我相信，当代文化正在变成一种视觉文化，而不是一种印刷文化，这是千真万确的事实。"① 图像时代到来，文字和图像之间的相互映衬将为意识形态传播带来革命性变革，要逐步实现从理性意识形态转化为感性意识形态的传播流程重塑。图像中蕴含着意识形态的感性成分，充分挖掘其中密码并进行解读和运用，关系主流意识形态能否在移动网络空间中获取话语权。移动网络空间中的图像叙事是要将意识形态的理性建构还原为感性形象，用具体、生动、活泼的图像表达代替抽象、单一、严谨的文字表达，与主体的工作、学习和生活场景联系起来，尤其要运用移动网络技术的飞速发展以及移动网络空间符号表达的灵活多变特性，立体化地塑造出意识形态的生活化状态，推进意识形态的感染力、凝聚力和吸引力。感性意识形态的图像叙事要将主流意识形态的价值理性力量淋漓尽致地展现出来，克服资本逻辑驱使下的技术理性导向，把握住人的存在价值，突出人的理想追求。图像叙事将大大拓展意识形态的接受对象，降低意识形态的教育认知要求，改进意识形态语言的平民化色彩，夯实意识形态的群众基础和传播根基。移动网络空间图像叙事要发挥主体的个性视角，丰富感性意识形态的多维价值。移动网络空间中个体通过网络技术将自己对意识形态的理解和感受表达出来，既使得意识形态的价值理念更加具体生动，易于传播接受，也会使得意识形态的表达随机化、碎片化、符号化，甚至可能被曲解和误读，消解社会共识资源。要在意识形态图像叙事变革中，提升主体的网络社会责任要求，不同主体要承担自身在移动网络空间中的言行后果及其影响。

---

① ［美］丹尼尔·贝尔著，赵一凡、蒲隆、任晓晋译：《资本主义文化矛盾》，北京：生活·读书·新知三联书店，1989 年，第 156 页。

在移动网络空间中，社群成为情绪宣泄、情感酝酿、心理沟通的常态化场域。"每个社群都有独特的价值观和心理诉求，拥有不断思考的集体意志，并在生活中遵循简单的规则。"① 在移动互联网时代发挥感性意识形态的吸引力，需要将社群思维运用到意识形态传播之中，建构起意识形态社群网络，通过社群生态逐步扩大意识形态影响力。社群思维在移动网络场景中的运用，就是找到意识形态的认同群体，并且点燃其感性激情，促使其自发用立体化方式传播价值和传递情感，从而在移动网络空间中形成价值优势和舆论氛围。特别是培育社群意见领袖，起到引领意识形态方向的价值。在移动网络社群中，线上与线下的高度融合是典型的群体特质，既要将现实意识形态传播链条在移动网络中重新连接，也要将虚拟场域中的意识形态传播效应在现实环境中重现，形成感性意识形态的虚实环境生态。在移动网络社群中，感性意识形态的兴起会带来浅薄、孤立、片面化的传播影响，复杂化的社群生态也会加速形成价值偏见、错误思潮、思想冲突等，为社会价值重塑带来困难和阻碍，甚至引发社会抗争行动。主流意识形态要深入考量群体需要和群体特性，找准差异化的价值问题，进行定点精准的感性传播，满足个体和群体的价值需求。在国家和社会发展的关键节点，抓住意识形态传播的情感基础和文化环境，了解不同移动网络社群的价值倾向，有针对性地进行价值引导或意识形态批判。在移动网络社群中，利用群体聚集场域进行感性传播，需要根据不同群体的情绪氛围因地制宜、因势利导，并利用关键人物、事件促使意识形态裂变，转变意识形态格局走向。

"社会实际上已被利益的冲突撕裂，但为了不让它崩溃，这些对立被掩盖以思想观念。"② 移动网络群体互动是建立意识形态信任关系的情感纽

---

① ［英］大卫·麦克里兰著，孔兆政、蒋龙翔译：《意识形态》，长春：吉林人民出版社，2005年，第17页。
② ［英］大卫·麦克里兰著，孔兆政、蒋龙翔译：《意识形态》，长春：吉林人民出版社，2005年，第17页。

带。在移动网络空间中，主流意识形态要使自己的主张能够及时被感知，使民众对意识形态思想产生认知兴趣，并进行主动传播。主流意识形态既要利用新颖易懂的表达形式，更要不断创新意识形态的思想观念，使得移动网络空间中意识形态的感性表达植根于网络社群的社会基础之中，成为网络社群活动的内在指引。移动网络空间中主流意识形态的吸引力来自不断地与群体成员之间的对话互动，从认知信任进而深化为情感信任和理性认同，推进技术变迁中的意识形态现代化进程。在移动网络社群的意识形态对话之中，释放不同声音，平衡权力利益关系，逐步培养意识形态的信仰者、支持者和拥护者，也就是要在移动网络社群中倾听伴随着技术进步带来的价值空虚、迷茫和困惑，发掘出主流意识形态的价值优势，及时填补移动网络社群的价值真空。移动网络空间社群对话的人际传播注重亲切友好、平等交流、即时反馈等特性，将从自上而下的传播渠道转换为自下而上的传播路径。在移动网络社群的意识形态互动之中，不同的身份意识深刻影响意识形态的情感深度，要通过感性载体形式培养意识形态主体认同的身份意识，激发其归属感和自豪感。在群体互动中，要将不同类型群体成员进行分类教育，建立起群体激励机制，尤其要挖掘群体成员、群体活动、群体文化与主流意识形态的价值契合点，从价值融合出发，传播故事传说，引发群体共鸣，塑造价值认同。

"我们生活在一个不断生产图像、不断诠释事件意义的大众传播世界里。"① 在移动网络空间中，大量感性化的理想描绘、影像作品、视听创作、身体力行等不断发挥出意识形态的价值影响，而且受到不同利益群体、政治派别、文化传统、宗教势力等多重价值因素的冲击和挑战，意识形态的出场方式发生改变。利益群体需要利用移动网络技术进行利益表达，争取利益诉求。政治派别在移动网络空间中寻求自身的政治影响和关

---

① ［英］安吉拉·默克罗比著，田晓菲译：《后现代主义与大众文化》，北京：中央编译出版社，2001 年，第 265 页。

系建构，谋求政治发展。文化传统在移动网络空间中通过主体言行交往相互渗透，维持价值延续。同时在移动网络空间中网络犯罪、网络暴力、恐怖主义和反人类思想等，污染网络空间生态环境，对主流意识形态安全构成了巨大威胁。"网络使人信息化在场成为一种越来越普遍的在场方式，并且变得越来越容易和广泛。"① 如何能够对不同的意识形态进行有效治理，关系到移动网络空间可持续发展以及能否有效建构网络命运共同体。从当前中国实际出发，中国价值要在移动网络空间将自身的统摄能力发挥出来，就要以中华优秀传统文化为价值底蕴，以马克思主义为价值引领，占据意识形态的制高点，有效容纳不同网络群体的价值诉求，体现意识形态的感性化发展趋势，最大化夯实自身的价值基础。要将主流意识形态的信息权力建立在适应移动网络技术的传播逻辑之上，源源不断地吸收来自大众的利益、意志、愿望和期待等，超越自身的理论形态，进行对话沟通，最大限度地促成价值共识。无论移动网络技术的发展如何变化，技术服务于人，并为人本身的发展带来价值是应有之义，而利用技术发展的感性元素来推进价值传播，也是中国社会越来越具有开放特质的必要条件。

"我们的出发点是从事实际活动的人，而且从他们的现实生活过程中还可以描绘出这一生活过程在意识形态上的反射和反响的发展。"② 移动互联网技术改变了意识形态与主体之间的作用机制，既将多元主体纳入意识形态的生成和传播之中，也将意识形态深度融入多元主体的感性生活世界之中，为主流意识形态的价值建构带来机遇和挑战。感性意识形态随着互联网技术进步不断改变表现形式，对主体的意义世界以及社会的价值体系产生深刻影响。

---

① 肖峰：《信息主义：从社会观到世界观》，北京：中国社会科学出版社，2010 年，第 319 页。
② 中共中央马克思恩格斯列宁斯大林著作编译局编译：《马克思恩格斯文集》（第一卷），北京：人民出版社，2009 年，第 525 页。

# 移动网络空间主流意识形态话语权
# 状况及因素分析①

**导　言**　主流意识形态话语是国家的主流价值取向，能够对我国的政治、经济、文化、社会等各个方面产生促进作用。以广州市为例，利用问卷调查与实地调研相结合的方式，从话语渗透力、话语公信力、话语认同力、话语主导力等方面对移动网络空间主流意识形态话语权进行现状及其影响因素分析，提出从话语内容建设、政府形象管理、话语表达方式、有效治理机制等方面提升移动网络空间主流意识形态话语权。

中国互联网络信息中心（CNNIC）统计显示，截至 2019 年 6 月，我国手机网民规模达 8.47 亿，网民使用手机上网的比例达 99.1%。主流意识形态通常是在国家和社会中占主导地位，体现统治阶级思想的价值体系。话语权是指思想观念影响事态发展的权力。移动互联网对主流意识形态话语权的实现提出了新的挑战，如何掌握主流意识形态话语在移动网络空间中的主导权，是新时期思想政治教育面临的时代课题，也关乎意识形态安全和国家发展。

---

① 作者周晶晶、陈联俊。

# 一、移动网络空间主流意识形态话语权现状

2017 年，笔者采取分层抽样法，采用问卷网与实地调研相结合的方式，对广州市的部分高校教师、高校学生、政府机关工作人员和公司企业职员等进行了相关调研。2017 年 12 月共发放问卷 600 份，调查对象中男性占 42.5%，女性占 57.5%。年龄在 20 岁以下的有 28%，20~29 岁的有 56.17%，30~39 岁的有 11.5%，40~49 岁的有 3%，50 岁以上的有 1.33%。学历在专科以下的占 14.17%。本科的占 59.83%，硕士的占 21.83%，博士的占 4.17%。调查对象的职业为学生的占 50%，教师的占 10%，党政事业单位工作人员占 10%，公司企业职员占 25%，其他人员占 5%；其中，中共党员占 23.67%，共青团员占 53.50%，民主党派占 0.5%，群众占 22.33%。除学生外，调查对象的收入情况为 3 000 元以下的占 8.17%，3 000~8 000 元的占 32.67%，8 001~20 000 元的占 13.33%，20 000 元以上的占 1.33%。

## （一）移动网络空间主流意识形态话语渗透力状况

话语渗透力即话语在受众中的影响力，可以从横向和纵向两个方面进行说明。从横向方面来讲，主要是指话语在受众中的影响范围；从纵向方面来讲，是指话语在受众中的影响程度。

1. 主流意识形态话语在移动网络空间中渗透范围广

在主流意识形态话语内容中，社会主义核心价值观是主流意识形态的一种重要表现形式。在调查中，五成以上的受访者在移动互联网上都会遇到有关社会主义核心价值观等主流思想的宣传，人们在移动互联网中活动时能够直观地接受主流意识形态的影响。同时，人们在政治、经济、文化、社会等领域都能感受到主流意识形态话语的存在，其中有 59.0% 的受访者认为在移动网络空间中主流意识形态主要体现在政治方面，46.83% 的受访者认为在经济方面，67.5% 的受访者认为在文化方面，61.0% 的受

访者认为在社会方面。

2. 主流意识形态话语在移动网络空间中渗透程度有待提升

话语的渗透程度，主要体现为话语对象对话语内容的了解程度与接受程度。在了解程度上，大多数人对于其内涵把握不准确。虽然人们对主流意识形态话语有一定的了解，但移动网络空间中纷繁复杂的信息对主流意识形态话语信息起到了一定的消解作用，使得大多数人面对其他社会思潮时持不确定的态度，缺乏一定的辨别能力。在"移动互联网上传播的西方社会思潮、价值观念是否会模糊了您对马克思主义的认识"的回答中，有52.33%的受访者持否定意见，但仍有37.83%的受访者表示说不清楚。从接受程度来看，人们对于主流意识形态话语普遍接受，并能够在现实生活中有所实践。当被问及"您认为在移动网络空间加强社会主义核心价值观宣传对规范公民行为的实际作用大吗"问题时，有19.5%的受访者认为"很有作用"，有38.83%的受访者认为"较有作用"，有34.17%的受访者认为"一般"，而选择"没有作用""不清楚"的仅占7.5%。可见，人们对主流意识形态话语普遍接受，并认为其在社会中具有积极向上的作用。但其接受程度有待进一步提升，需要不断扩大渗透范围，增强渗透力度。

## （二）移动网络空间主流意识形态话语公信力状况

公信力是指社会公共生活中，公共权力面对时间差序、公众交往以及利益交换所表现出来的一种公平、正义的信任力。同时公信力也是指对信息或者其来源可信度的主观及客观组成。主流意识形态话语的公信力主要体现在话语的公正性和权威性两方面。官方网络媒体是移动网络空间中主流意识形态的发声渠道，其在民众中的公信力可以直接反映主流意识形态话语的公信力。

1. 主流意识形态话语公正性相对较高

公正性主要在于其话语自身的公正性以及对于他人的公正性。话语自身的公正性是其自身价值观的体现，而对于他人的公正性主要体现在对社会事件的表述与看法。通过调查我们发现：主流意识形态话语自身的公正性很强，在面对与主流官方话语对立观点时，人们对主流官方话语具有较强的信任度，能够辨析话语的真实性与可信度。当受访者被问及"如何看待网络上的一些反面信息观点"时，有52.33%的受访者认为此观点只是为博人眼球、不可信，而仅有5.50%的受访者对其表示支持。关于受访者对"移动互联网上官方网络媒体发布的有关热点事件信息的态度"，有87%的人选择"部分相信，新闻信息不够全面，存在质疑"，而仅有6.5%的人选择"完全相信，新闻信息真实全面可信"。当进一步问及"影响官方网络媒体在移动互联网中信任度的主要因素"时，有75.67%的受访者选择"新闻报道的真实性、完整性"，64.0%的受访者选择"新闻报道观点态度的中肯度、立场的大众性"。因此，人们认为影响主流网络媒体信任度最重要的原因是新闻的真实性与中肯度。

2. 主流意识形态话语具有较强的权威性

权威性，即人们对其认可度高，能够起到一定的影响作用，其主要体现在：首先，官方网络媒体更具权威性。当受访者被问及"目前移动互联网上发布新闻的渠道众多，您更倾向于相信哪种平台的新闻信息"时，72.00%的受访者选择"官方网络媒体，如人民网、央视网、新华网等"，而对于"商业网络媒体，如网易、搜狐、新浪等"仅有23.67%的受访者选择。其次，非主流意识形态话语影响力下降。当问及"您如何看待微信朋友圈中的流言、谣言等现象"时，47.17%的受访者认为"容易导致误会及伤害，在突发事件中更加严重，必须取缔"，42.67%的受访者认为"人们能够判断信息的真实性，但仍需一定治理"。可见，人们对于网络信息中的非主流意识形态的话语——如微信朋友圈中的谣言、流言等态度比较明确，多数人都认为在微信朋友圈中的流言、谣言等现象具有一定的负面影响，应该加强治理。

## （三）移动网络空间主流意识形态话语认同力状况

话语认同力是指话语本身所具有的、获得社会群体在情感与价值观上认可并转化为追求与践行行为的一种力量，主要表现为话语的吸引力、话语的亲和力和话语的说服力。

### 1. 主流意识形态话语吸引力略显不足

话语的吸引力直观表现为说话方式的吸引力。当问及"您认为政府机构在移动网络空间发布的政务信息趣味性如何"时，有52.17%的受访者选择"一般"，认为"非常有趣"的仅占3.33%，仍有29.67%的受访者认为"不太有趣""很乏味、呆板"。同时，当问及"您认为当前影响主流意识形态话语在移动互联网上传播的主要因素有哪些"时，有51.83%的受访者认为"主流意识话语表达方式呆板"是其中的重要影响因素。所以，主流意识形态话语的表达方式不够灵活，是其缺乏吸引力的重要原因。

### 2. 主流意识形态话语亲和力显著提升

移动网络空间的话语形式多样，最被人们接受与喜爱的是尊重社会的多样性，符合人们的讲话风格，平易近人的表达方式。其主要体现在：首先，话语方式更加亲民。近几年，习近平总书记在新年贺词中运用了"蛮拼的""点赞""朋友圈""世界那么大"等网络语言，得到了大家的普遍认同。其次，话语内容更加平易近人。当问及"官方网络媒体在移动网络空间发布有关政策法规信息的可理解性如何"时，43.33%的受访者认为还是比较容易理解的，仅有10%的受访者认为"非常不容易理解"，说明政策信息的表述越来越符合大众需求。最后，话语活动更加大众化。当问及两会媒体在网络上开展互动讨论的活动时，有58.85%的受访者认为"很有意义，能够主动占领思想文化网络阵地"，说明将政治活动作为全民活动在移动网络中开展，能够更好地体现人文关怀、人性关怀、平民风格，增强主流意识形态话语的亲和力。

### 3. 主流意识形态话语说服力仍需提高

针对"四川九寨沟 7.0 级地震和新疆精河 6.6 级地震发生后，有人提出'九寨沟地震与三峡工程有关'的信息引起了人们极大的关注，对此人民日报微信客户端及时发文辟谣，并请有关专家做出合理解释"的事件看法时，有 78.33% 的受访者持支持态度，认为"很有必要，及时遏制了谣言的传播"。因此，人们希望官方主流媒体能够在热点问题、事件上及时发声，保障信息真实性，及时辟谣虚假信息，以此提升认可度。但是，人们对于主流意识形态的认识并不清晰，且容易受到国外思想文化的影响，而这也反映出主流意识形态话语在人们中的说服力仍显不足，不能够使人们从内心进行理解与接受。

## （四）移动网络空间主流意识形态话语主导力状况

主流意识形态话语主导力是主流意识形态话语实现的落脚点，主要体现为话语内容在思想上的导向性和话语客体在行为上的实践性。

### 1. 主流意识形态话语内容的思想导向性明确

首先，主流意识形态对人们在移动网络空间中的价值观具有导向性。受访者在回答"您认为移动互联网上发布的信息是否应该恪守社会主义核心价值观"一题时，有 67% 的受访者认为应该恪守。当问及"您认为是否有必要继续在移动互联网上加强公民社会主义核心价值观教育"时，有 38.83% 的受访者认为"很有必要"，34.50% 的受访者认为"比较有必要"，仅有 4.67% 的受访者认为"没有必要"。其次，主流意识形态话语内容对于人们的价值评判具有导向性。当问到人们对于微信朋友圈或微博上发出的关于国家政策方针的质疑抨击之声的态度时，选择"很有影响"的受访者仅占 8.00%，26.50% 的受访者表示"比较有影响"，46.33% 的受访者表示"影响一般"，19.17% 的受访者则选择"没有影响"。由此可见，在移动网络空间中，人们普遍遵循主流意识形态话语的指引，并以此规范自己的行为。

2. 主流意识形态话语客体的行为实践性不足

在移动互联网中，人们表达自己想法观点主要通过发帖、转发、评论、点赞等行为表现出来。主流意识形态话语是否能够主导人们的行为，最重要的是看话语客体对主流意识形态话语的行为实践情况。当问及"在移动互联网上遇到有关社会主义核心价值观等中国主流文化的宣传"时，60.67%的受访者选择的是"点开后快速预览"，14.33%的受访者选择"仔细阅读并转发"，仅有 6.50%的受访者选择"积极参与评论并转发"，而仍有 18.50%的受访者选择"忽略不看"。当问及"您会对移动互联网上官方网络媒体发布的信息进行评论吗"，有 61.33%的受访者选择"浏览为主，不太发言"，22.17%的受访者选择"有时"，而仅有 3.33%的受访者会选择"经常"。可见，人们对于主流意识形态话语的主观能动性仍然不强，不能够积极主动地进行主流意识形态话语传播与互动。但是，人们在进行自主发言和传播信息时，36.33%的受访者会考虑信息的传播价值或者传播影响，41.50%的受访者会部分考虑，17.33%的受访者会稍加考虑，仅有 4.83%的受访者是从不考虑的。通过数据可得出，人们在网络上的活动仍有一定的自我约束力，能够在网络上谨慎发言，自发控制不良信息的创造与传播。

# 二、移动网络空间主流意识形态话语权影响因素分析

目前，移动网络空间中主流意识形态话语权的现状不容乐观，仍然存在许多亟须解决的问题。这些问题的产生是受多方面因素影响的。

## （一）主流意识形态话语自身因素

"人民是历史的创造者，是决定党和国家前途命运的根本力量。"[1] 在

---

[1]　习近平：《决胜全面建成小康社会　夺取新时代中国特色社会主义伟大胜利》，《人民日报》，2017 年 10 月 28 日第 1 版。

主流意识形态话语权的建设过程中，要注重人性关怀与人文关怀，将与人民群众切身利益相关的问题放在首要位置，积极主动帮助人民群众答疑解惑，切实为人民群众解决实际问题。主流意识形态价值取向的人民性是主流意识形态话语权具有影响力的源泉。

主流意识形态在我国意识形态领域占据主导地位，话语主体是直接进行主流意识形态研究、宣传、实践的人员以及移动网络空间中的人民群众。主流意识形态话语在移动网络空间中能否得到人们的认同，与话语主体在移动网络空间的认同度有直接的关系。其原因主要有：首先，与话语主体自身形象相关。话语主体在移动网络中的形象是人们对其话语内容真实性、可靠性判断的首要影响因素。塑造良好健康的网络形象对于主流意识形态话语的传播具有重要意义。其次，与话语主体的实践活动相关。移动网络空间实名制的发展，使得主流意识形态话语主体在移动网络中具有现实性与公开性，其一言一行都会直接受到网民的关注。因此，多方面增强主流意识形态话语主体的认可度，直接关系到人们对于主流意识形态话语的态度，关系到主流意识形态话语在移动网络空间的传播与认同。一种意识形态能够得到人们认可的首要条件是其理论要具有科学性，马克思主义意识形态之所以能在复杂的意识形态领域占据主导地位，探究其根本原因就在于其科学的理论体系。理论的批判性是促进主流意识形态话语不断发展的重要因素，主流意识形态理论话语是在不断地批判中进行完善与发展的，是在不断地斗争中提升自身科学性的。此外，意识形态话语内容的有效性也是科学性的一个重要方面，其在于能够为社会提供理想目标和基本发展准则，能够整合多元社会思潮，形成人们普遍认可的价值观念和行为准则。最后，在移动网络空间中，主流意识形态话语应该适应移动网络空间的特点，具有更强的包容性。主流意识形态话语应该加强与各种意识形态的交流互通，广泛吸收其他意识形态的合理成分，不断充实自己的话语内容体系。

话语表达方式的有效性主要表现在话语表达的吸引力与亲和力。话语的吸引力是影响话语有效性的重要因素。在话语表达中要敢于创新话语方式，运用多样化、多角度的话语表达方式，与时俱进地与网络话语表达方式相适应，使其在融入网络话语体系的同时不断凸显创新性与灵活性，增强话语吸引力。同时，在话语表达中要注重人文关怀，彰显人文精神。要把以理服人与以情动人结合起来，使话语体系不断贴近生活，增加亲近感。话语只有具有亲和力才能融入人民群众中，才会拉近与人民群众的距离，才能为话语的有效传播创造良好的话语环境。主流意识形态话语要将理论话语与人们的日常生活相结合，将抽象的、学理性强的语言转化为人们易于接受的大众化、平民化语言，从而实现在移动网络空间中的广泛传播。

## （二）移动网络空间政治权力因素

权力是"主体基于对特定资源的支配而使相对人服从并使相对人的不服从丧失正当性的作用力"①。政治权力是关于政治社会的权力，是一种政治现象。移动互联网的发展使网络空间成为人们参与政治生活的重要场域，相对于现实社会而言，政治权力在移动网络空间中呈现出了新特点与新趋势，成为影响移动网络空间主流意识形态话语权的重要因素。

移动网络空间中政治参与面的扩大直接影响主流意识形态话语的渗透力。随着社会的进步，公民将全面参与政治，并在政治活动中扮演着不可或缺的重要角色。现阶段，政治参与仍处于相对"贫困"的状态，政府与公民的沟通不及时不到位的情况时有发生，这都不利于良好社会环境的形成。但是，移动互联网的发展为人们的政治参与提供了更为广阔的平台。移动互联网提供了一种自下而上的对话渠道，政府组织机构可以实现即时的信息收集，得到人们的信息反馈，从而增强政府与民众之间的联系，有利于

---

① 陈振明、陈炳辉主编：《政治学：概念、理论和方法》（第 2 版），北京：中国社会科学出版社，2004 年，第 259 页。

政府更好地执政为民。同时，人们可以通过移动网络平台提出自己的意见与建议，反映自己的政治诉求，实现自己的政治参与，促进政府做出更加民主更加有意义的决策。

移动网络空间中政治权力的相对弱化直接影响着主流意识形态话语的主导力。移动网络空间是一个虚拟的空间，网络空间中的内容都是以文字、符号、图片等形式表现出来的。移动网络空间也是一个开放的空间，其中包含着各种各样的信息内容。这就使得政治权力在移动网络空间中被不断地分化，使其在移动网络空间中不能处于相对主导的位置。而主流意识形态话语在移动网络空间中的主导力与政治权力息息相关，也是政治权力在移动网络空间中的重要表现。因此，移动网络空间中政治权力的相对弱化对主流意识形态话语的主导力具有直接的影响。

## （三） 移动网络空间资本力量因素

随着改革开放和社会主义市场经济的深入发展，资本力量已经渗透到了社会生活的各个领域。特别是在互联网兴起的当代社会，资本力量对移动网络空间主流意识形态话语权建设产生的影响也是不容忽视的。

资本力量推动了网络话语权的重新分配。约翰·奈斯比特认为，在网络社会中权力主要来源于被多数人掌握的信息。① 曼纽尔·卡斯特也认为，在网络与社会共同发展的过程中，"权力基本上是围绕着文化代码和信息内容的生产和传播进行的"②。可以看到，在网络社会中信息和技术正在成为新的权力来源，若要想掌握更多的权力，就必须先掌握更多的信息与技术。但在移动网络空间中，重要网络平台的资本大多由外资或私人资本控制。"从中国互联网中社交门户网站的客观情况和发展趋势来看，绝大多

① ［美］约翰·奈斯比特著，梅艳译：《大趋势：改变我们生活的十个新方向》，北京：中国社会科学出版社，1984年，第15页。
② ［美］曼纽尔·卡斯特著，郑波、武炜译：《网络星河：对互联网、商业和社会的反思》，北京：社会科学文献出版社，2007年，第177页。

数都在西方大国的股票交易所上市，因而就被私有资本和外国垄断资本控股和实际掌控，使得私人资本对于网络空间的影响力不断增长。"① 同时，在移动网络空间中，资本力量可以起到控制舆论的作用。人们可以发布各种吸引眼球的非主流信息，促使网络话语权进行重新分配，挤压主流意识形态话语生存与发展的空间，使其话语权受到削弱。

资本力量使得网络话语权力不平等。在网络空间中，话语权呈现不平等状态。话语权的控制者和把握者更多的是社会精英，而数量众多的网民往往只是精英话语和意见的支持者与跟随者。社会精英拥有网络信息技术知识等资本，他们善于利用网络话语规则进行网络舆论的引导。这些社会精英在现实社会中拥有信息、知识、财富等资本，在网络社会中，可以借助在现实社会中的优势加强对网络话语权的控制。他们利用广大网民从众等心理获得网民支持，从而获得新的网络权力。同时，网络中的话语权也呈现集中的趋势。由网络精英引导的舆论导向极易形成观点流派，一般网民的话语权受到削弱。网络话语权力的不平等对主流意识形态话语权造成了很大的影响，使其在网络中的传播发展受到很多不可控因素的影响，很难真正做到在网络中平等地传播信息。

## （四）移动网络空间多元价值因素

移动网络空间中多种意识形态交融和交锋的影响。移动网络社会是互联网技术发展与社会相融合的产物，其不仅具有自然属性，也具有社会属性。因此，移动网络社会必然具有意识形态性。移动网络空间的意识形态性在不同的社会制度下呈现出不同的特点。多种意识形态交融在一定程度上就不断地消解着原来居于主导地位的主流意识形态。人们在面对大量的网络信息时，其信息的选择首先受自身政治倾向的影响，人们会选择符合自己政治倾向的网络信息进行宣传与传播。其次也会受网络空间中不同意

---

① 陈联俊：《网络空间中马克思主义认同的挑战与应对》，《马克思主义研究》2017 年第 6 期。

识形态信息的影响，这些信息在网络媒体的大力推荐宣传下，人们也会不断接受不同意识形态下的价值观点，这就使其原本的政治观点受到影响，削弱主流意识形态的影响力。与此同时，多种意识形态信息在网络空间中交融的同时也会出现一定的碰触，其中最直接的表现是各种言语的争辩甚至演化为各种网络"骂战"。各种意识形态在交锋时，极大地提高了各种意识形态话语信息的出现频率，占据广泛的话语空间，引起人们广泛关注的同时也会吸引人们参与其中。

移动网络空间中多元网络文化传播与渗透的影响。移动网络空间开放性、平等性的特征为网络文化的多元发展提供了充足的条件与平台。在移动网络空间中，多元社会思潮并存，中国传统文化与现代文化、本土文化与国外文化交融，形成了丰富多彩的网络文化的同时也削弱了我国的主流文化体系。首先，网络文化传播的匿名性加大了对主流意识形态话语权的影响。在移动网络空间中，各种网络文化的发布者与传播者都处于匿名的状态，致使政府监管网络文化的难度加大。在匿名性的心理作用下，人们容易在网络空间中进行情绪的发泄，更有甚者将移动网络空间作为其个人泄愤的场所，随意发表一些不符合事实的信息。其次，多元网络文化加速了对主流意识形态话语权的消解。网络文化更容易把负面的信息带给民众，对人们造成负面影响，对社会主义核心价值观产生一定的冲击。最后，多元的网络文化更容易造成分众的效果。网络信息传播具有多样性的特点，在其中人们可以听到不同的声音，接收到多样性的文化。这必然会给人们原有的思维方式和思想体系带来影响，从而削弱对社会主流意识形态的认同感。

## （五）移动网络空间敌对势力因素

移动网络空间进行意识形态工作的基础和前提是要掌握先进的网络信息技术。但是，同世界先进水平相比，我国在很多方面仍然有不小的差距，其中最大的差距体现在核心技术上。① 互联网核心关键技术是支撑网络文化技术的最大命门，只有拥有了核心关键技术，才能够牢牢掌握移动网络文化的主导权、传播权和话语权。但是，我国的核心技术和关键设备主要依靠国外，以美国为代表的资本主义国家通过对核心技术实行垄断，对我国互联网发展具有一定的约束作用。

西方国家利用强大的技术作为支撑，以文化媒体作为载体，在网络空间中大肆传播"普世价值"，极力推广西方的人生观、价值观和世界观，从而达到消解发展中国家意识形态的目的。与此同时，西方国家也在用不实的言论进行攻击。他们用歪曲事实、蛊惑宣传的方法在移动网络空间进行意识形态的争夺。例如，在国际社会中，西方国家不断地制造"中国崩溃论""中国威胁论""中国争霸论"等不实言论来混淆视听，抹黑中国的国际形象，对我国主流意识形态的传播造成了极大的不利影响；在我国网络空间中，西方国家恶意抹黑中国革命，将我国在建设和革命过程中的错误无限放大，制造各种噱头博取大家的眼球，从而达到降低我国政府公信力、削弱我国主流意识形态话语权的目的。

同时，境内敌对势力也在网络空间中活跃频繁。在我国仍然存在一些反社会主义、反中国共产党的敌对不法分子，他们大多受国外敌对势力的影响与控制，借助互联网匿名性、开放性等特点，在其中活跃频繁，对人们的价值观产生不良影响。这些敌对势力以"精日""精美"等为主要代表，他们在移动网络中大肆宣扬资本主义制度的优越性，颠倒历史，丑化中国政府形象，从而颠覆人们的价值观念。

## 三、移动网络空间主流意识形态话语权提升路径

移动网络空间主流意识形态话语权的实现与掌握具有重大理论意义和

---

① 习近平：《在网络安全和信息化工作座谈会上的讲话》，《人民日报》，2016 年 4 月 26 日第 2 版。

现实意义。要从主流意识形态话语的渗透力、公信力、认同力、主导力等方面入手构建提升路径，促使主流意识形态话语更好地适应移动互联网发展的需要，促使人民群众能够真正地将主流意识形态话语内化于心，外化于行。

## （一） 坚持话语内容建设，提升主流意识形态话语渗透力

在移动网络空间中，丰富的主流意识形态内容是提升其渗透力的关键。只有丰富的主流意识形态话语内容才能适应不同文化程度的人们，才能满足不同层次人们的需求。首先，主流意识形态话语要涵盖马克思理论及其中国化的理论成果。政府部门和相关研究机构要在移动网络空间中加强马克思主义经典著作、经典思想、经典话语内容的充实与普及，促进人们更多地接触经典理论，更多地了解经典著作。其次，主流意识形态话语要涵盖中华优秀传统文化的精华。主流意识形态话语的内容发展始终要坚持在对中华优秀传统文化精髓的传承基础之上再进行创新发展。只有尊重传统文化，广泛地吸纳传统文化的精髓，才能促进主流意识形态话语具有中国特色，体现民族声音。最后，主流意识形态话语要体现时代的特色。移动网络空间是一个新兴的发展空间，是社会进步的产物，形成了信息语言、网络语言等具有特色的话语内容。"时代是意识形态话语永远的语境，意识形态话语发展也映现着时代的进步和困惑。"① 因此，主流意识形态话语内容要坚持与时俱进，主动丰富其话语内容，不断地适应网络社会的话语体系。

## （二） 加强政府形象管理，提升主流意识形态话语公信力

在移动网络空间中加强主流意识形态话语权是执政党的本职工作，是党的建设和政权建设的重要内容。在移动网络空间中，中国共产党是主流

---

① 吴琼：《我国主流意识形态话语困境及提升路径》，《科学社会主义》2017 年第 1 期。

意识形态话语主体的领导核心，而党政机关是中国共产党形象的重要代表。只有积极塑造有公信力的政府形象，才能够不断地提升主流意识形态话语权。首先，要坚持"以人为本"的执政理念。在移动网络空间中，网民不再处于被动的状态，而是主动地寻找、过滤、筛选信息，只有政府坚持"以人为本"的执政理念，围绕民心所需，发布体现民意、切合民心的信息，才能得到更多的关注，才能不断地树立起良好形象。其次，要合理利用电子政务平台。政府在移动网络空间形象的树立，主要依靠电子政务平台。因此，政府要加强电子政务平台的管理，及时进行信息的更新，积极掌握信息的主动发布权，敢于回应社会热点问题，合理引导社会舆论发展。最后，要树立政府工作人员的良好形象。网络的实名制发展，使得政府工作人员的身份在网络上备受关注。因此，要加强政府工作人员管理，积极打造正面的公众形象。政府工作人员要在移动网络空间中谨言慎行，言行一致，为公众做出良好的榜样。

## （三）优化话语表达方式，提升主流意识形态话语认同力

移动网络空间开放性、个性化的特点，促使人们越来越追求创新性与独特性。人们在移动网络空间中的表达越来越具有独特性，例如标题化、符号化、简略化的语言受到了人们的广泛关注与使用，从而形成了独具特色的网络话语体系。主流意识形态话语想要获得更多的认同感，就必须具有自己的话语表达特色，形成独树一帜的话语表达体系。首先，主流意识形态话语要与优秀传统文化相融合。构建具有特色的主流意识形态话语体系既要有其创造性，更需要在中国几千年来优秀传统文化的精髓上进行发展。中国有着博大精深的优秀传统文化，其能发展至今，必然有其独特的优势。因此，要善于利用优秀的传统文化，借助其优势发展主流意识形态话语。要在主流意识形态话语内容中融合优秀传统文化的内容，提炼优秀传统文化的精髓，将其应用于主流意识形态话语的表达中，从而形成蕴含传统文化精华的主流意识形态话语体系。其次，主流意识形态话语要与时

代特点相适应。我国已经进入了社会主义发展的新时期，处于经济高速发展、文化空前繁荣的社会主义新时代。主流意识形态话语也要紧跟时代的发展，进行体现时代特色的话语表达。主流意识形态话语要关注政策话语表达的变化，及时使用最新的话语表达方式，引领话语表达的新方向；要关注时代发展的新进展，及时进行信息的更新与宣传。最后，主流意识形态话语要与网络语言相匹配。塑造主流意识形态话语表达特色，并不是要其故步自封，而是同样需要与网络语言相匹配。主流意识形态话语要积极吸收网络话语的表达方式，善于利用人们普遍认可的网络话语来进行表达与宣传，从而提高对人们的吸引力，增强人民的亲切感与认可度。

## （四）构建有效治理机制，提升主流意识形态话语主导力

移动网络空间的健康可持续发展离不开制度的保障。移动网络空间环境的规范化是我们加强主流意识形态话语权建设的重要前提保障。因此，制定完善主流意识形态工作相关的政策法规，加强移动网络环境的法制管理与监督是提升主流意识形态话语权的重要途径。首先，要制定完善相关的法规政策，引导人们理性地对待主流意识形态话语的传播。移动网络空间中各种信息交汇出现，各种意识形态话语并存，面对这样一个开放性、共享性强的环境，我们必须制定有针对性的政策法规进行积极引导与规范。目前，我国关于网络空间的治理已经初见成效，例如《中国互联网行业自律公约》等的发布，对于规范网络行为、净化网络环境起到了积极的作用。但相关政策法规仍显不足，对于移动网络空间的监控有待进一步加强。其次，要落实责任管理，加强网络监管机制。对于移动网络空间的治理，政府应该加大投入，落实责任，促进网络监管机制的有效运行。相关管理部门要具有权责意识，进行有效的管理，维护移动网络空间的稳定，为移动网络空间主流意识形态话语权的提升创造有利的网络环境。同时，要将制度建设与监督制度有效地结合，加强网络准入审批制度建设，提升信息端口的把关水平，减少不良信息的准入，创造清朗的网络空间环境。

# 移动网络空间
# 主流意识形态话语的消解与转换①

**导　言**　随着移动网络技术带来的媒介结构颠覆性变革，主流意识形态话语建构空间发生转移。在移动网络空间中，主流意识形态话语主体失衡、话语受众分化、话语载体失控、话语场域冲突，不同的主客观变因都会不同程度地影响主流意识形态话语力量的实现，主要有：话语传播缺位弱化主流意识形态、多元价值观念分化主流意识形态、资本"挟同"技术腐化主流意识形态、西方境外势力丑化主流意识形态等。需要通过从工具化向人本化的目标转换、从理论化向实践化的内容转换、从显性化向隐性化的方式转换、从单一化向多样化的状态转换，逐步提升移动网络空间主流意识形态话语权。

中国互联网络信息中心（CNNIC）统计显示，截至 2019 年 6 月，我国手机网民规模达 8.47 亿，网民使用手机上网的比例达 99.1%。② 移动互联网的快速发展带来了媒介结构的颠覆性变革，也使主流意识形态话语建

① 作者陈联俊、姚硕，发表于《思想教育研究》2019 年第 11 期。
② 《第 44 次中国互联网络发展状况统计报告》，http：//www.cnnic.cn/hlwfzyj/hlwxzbg/hlwtjbg/201908/P020190830356787490958.pdf。

构空间发生转移。研究意识形态主要探究话语意义"帮助维持统治关系的那些方式"①。在以移动智能终端技术为基础搭建的网络空间中，众多节点被激活，各方信息往来交织、快速流转，社会转型和技术转型叠加，使主流意识形态话语建构遭遇诸多障碍。

# 一、移动网络空间主流意识形态话语的消解表征

移动网络空间是主流意识形态话语发展的最大"变量"，其无序性和复杂性在一定程度上抑制了主流意识形态话语构建的实效性。

## （一） 主流意识形态话语主体失衡

话语主体是意识形态的制定者和实施者。意识形态作为本真价值的观念体系，为特定阶级阶层或利益集团的社会制度进行合法性证明和辩护。伴随着意识形态言说主体的多元崛起，移动网络空间中话语主体可划分为官方自媒体、市场自媒体和草根自媒体。官方自媒体是强化党和国家意识形态合法性的新型宣传阵地，拓展了传统主流媒体的内容含量和辐射范围；市场自媒体拥有独立的商业运营模式，更关注日常地基"微观世界"；草根自媒体使个体价值得以扩大。在"众声交汇"的多元话语场域下，智能移动终端的使用者成为潜在的话语生产者和传播者，寻求话语分权和重建秩序。如果任由话语自由和主体自足性发挥，就会引发主流意识形态话语主体失衡。

移动网络空间突破封闭权威话语的限制，随着不同阶层、文化背景参与者加入，话语实践主体构成发生变化。移动个体是独立话语源头，随时替代主流意识形态话语主体的信息来源，话语议题渐次分化。官方主流媒

---

① ［英］约翰·B. 汤普森著，郭世平等译：《意识形态理论研究》，北京：社会科学文献出版社，2013 年，第 27 页。

体在处理突发公共事件时策略失当，就会驱动群众转向多元的新媒体，丧失话语统帅地位，加深主流意识形态话语主体的沟通困境。网络话语契合网民接受心理，可迅速整合不同人群的社会期待。在符号化表达日益强势的情境中，如果国家意志在网络符号系统中缺席，网络话语就会肢解、转义乃至消隐主流意识形态的内嵌话语规则，最终导致话语认同出现裂痕。

## （二）主流意识形态话语受众分化

受众是意识形态话语的接受者。随着移动终端的广泛应用和话语传播分散，网络受众扩展到普遍的"新移民"，同质化话语被差异化话语取而代之。在移动设备和社交 App 双重驱动下，移动直播、即刻视频、算法推荐、问答社区等呈现蓬勃发展势头，激发网民广泛的自主参与，形成了独立于主流媒体的自组织传播形态。当众说纷纭的传播形态成为常见景观，意识形态"主旋律"不可避免地被冲击，短平快的生活模式迫使人们对"过载信息"的注意和认知呈现破碎性与混杂性。为契合受众需要，话语传播的完整叙事被裁剪为只言片语，甚至颠覆本义和真义，打破既定的话语交流规则。当网络话语表达方式的浮躁化和注意力的片段化成为习惯性潮流，更大程度地被受众内化为主观现实，诱发思考表层化和领悟低质化，受众会丧失对主流意识形态的理性认知耐心。

移动传播时代交往方式变革，信息受众分层成为基于需求惯性和价值趋向共建的"意见圈群"，形成话语势能同频共振的"蝴蝶效应"。类聚受众在立场过滤中不断强化同类信息关注度，一旦小部分受众所酝酿的潜在行为出现偏差，偏激意见不断循环放大，极易形成舆论漩涡，引发网民情绪狂欢。日常生活中的情绪冲动，多数从自媒体发端，群体化情感宣泄，压倒公共话语的理性讨论，呈现出舆论失焦和网络暴力的局面，个别有预谋的政治势力操纵民意将矛头直指国家政府，容易导致出现群体政治化倾向。如果主流意识形态话语没有及时"过滤"和"对冲"，群体暗示和感染就会促使谣言蔓延，官方话语规范和价值逻辑就可能脱离既定发展轨道，进入失控的话语场域。

## （三）主流意识形态话语载体失控

话语载体是意识形态传播中介，主体通过话语载体展演价值要义。随着移动传播优先化，自媒体作为人际交流的话语载体，充斥在社会互动交往之中。但信息发布者的价值观念日渐游离于主流意识形态之外，扭转了官方可控性。在商业逻辑主宰下，"传媒的执行意识将逐渐由政府意志向资本意志转移。偏离我党宣传方向，游离于马克思主义、社会主义主流意识形态之外的传播内容有所增多"①。某些资深媒体人或所谓的"意见领袖"将自己标榜为公众利益的"代言人"，在媒介信息图景上聚集了数量可观的协同行动者，利用与粉丝互动不断强化话语传播的传阅度和可信度。为获得最大化利益，体现自我主张，不少自媒体动辄放弃社会责任，为非主流或反主流意识形态鼓噪发声，甚而蒙蔽良知进行虚饰性"包装"，放大或强化偏激观点或极端言行。

互联网的内嵌自由性被无限制泛化，私人话题正以铺天盖地之势侵入公众视野，成为受众利用和消遣的文化内容，分散了主流意识形态话语的关注点。"一切公众话语都日渐以娱乐的方式出现，并成为一种文化精神。我们的政治、宗教、新闻、体育、教育和商业都心甘情愿地成为娱乐的附庸，毫无怨言，甚至无声无息，其结果是我们成了一个娱乐至死的物种。"② 当这种基于私利的、过度自由化的、非理性的日常经验蔓延为生活重心，人们尤其是青年人的思想沉溺在自媒体"量身定制"的戏谑化、感性化、扁平化的无限衍义中，放逐自身生活环境的情感体验，规避主流意识形态话语的教育功能，理想信念与历史责任渐渐退却，为价值观的畸变埋下了隐患。

---

① 刘明君、郑来春、陈少岚：《多元文化冲突与主流意识形态建构》，北京：中国社会科学出版社，2008 年，第 3 页。

② ［美］尼尔·波兹曼著，章艳译：《娱乐至死》，桂林：广西师范大学出版社，2004 年，第 4 页。

## （四） 主流意识形态话语场域冲突

在移动网络空间话语场域中不同类型意识形态利用网络符号遮蔽政治意图、设置观点议题，主流意识形态要与非主流意识形态争夺话语空间。多样化的网络群体结构中，包含着由不同因素带来的不稳定性，随时会成为网络话语场域冲突的导火索。在新媒体舆论场域中，别有用心的人通过"点穴式发帖""抹黑式营销""隐射式诱导""反讽式攻击""游牧式渗透"等方式将特殊问题普遍化、局部问题全局化、社会问题政治化，刻意瓦解主流意识形态认同。政治偏见和异见话语通过移动网络技术分享、转载、评论，造成负面信息甚嚣尘上，主流意识形态话语密度和空间遭到大幅侵占。在社会剧烈变迁的情况下，意识形态猜忌、国家观念解构、价值层面真空和虚无主义盛行，无疑会引发主流意识形态话语生态危机。

移动网络空间中的多方话语势力以议题框架设置网络信息传播壁垒，利用大众化、时尚化、娱乐化的隐蔽手段，将宏观叙事碎片化、政治问题娱乐化、严肃问题轻松化，模糊价值倾向，诱使民众放弃思想领域自卫权。随着意见强化和壁垒加厚，外来力量要想改变内部议程的难度增大，主体不仅难以察觉话语隐遁下的意识形态扩张，反而会将思想栖身于幻化"现实"。如果不加理性地反思与辨识，就无法洞察背后玄机，意识形态话语权被利益集团和资本势力俘获，导致话语霸权遮蔽下的影子话语抹杀网络空间中的批判精神，主体无意识地被驯化，沦为资本逻辑的"顺民"。

# 二、移动网络空间主流意识形态话语的消解变因

传播技术的应用、文化价值的转向、资本逻辑的操纵、外部力量的掣肘……繁复的主客观变因都会影响移动网络空间主流意识形态话语力量的实现。

## （一） 话语传播缺位弱化主流意识形态

主流意识形态话语能否有效"产出"，不仅取决于话语主体思想认知的重视程度，而且取决于该主体能否根据话语场域的现代性变革确立起相应的话语范式，并根据实践需要对话语内容和话语方式进行调试。在新媒体环境下，社会媒体与政府之间原有共生基础被破坏，民间话语力量兴起稀释了政府主导舆论的权力。网宣人员的官僚思维惰性、辨析能力不足、补位意识缺乏、媒介运用欠佳等共性问题，逐渐消解话语主体信任度，加剧社会大众与主流意识形态的话语隔阂。"意识形态本质上是集团性话语，它并非个人在生活实践中自发形成的，从这个意义上说，其本质确实是'灌输'。但是，最佳的'灌输'是使国家的需要转化为公民个人的追求。"① 由于目前移动网络空间的主流意识形态话语，仍存在用崇高化、理想化标准替代多样化、差异化的社会现实，与民众社会心理和特点疏离，使得阶级性话语与大众性话语不能有效对接和弥合，出现话语错位。对主流意识形态话语传播实效性具有关键影响的重点人群，对主流意识形态产生认知障碍或误读，进而无法对其话语进行有效转换。

主流意识形态宣传过于依赖权威媒体，话语表达虚词高论，影响话语效用，媒体融合力量亟待加强。主流意识形态通过官方权力在移动网络空间中施加影响，虽然能在一定时空中产生价值，但仍会出现"意识形态漂浮"现象，在大众的形象感知上造成了拒斥。这种反感并非来自立场和内容，而是因宣教思维、生硬导向、强设议程、堆砌术语、形式呆板所导致。比较典型的是把封闭的革命话语套用在开放治理语境之下，造成主流意识形态边缘化。

---

① 侯惠勤、本刊记者：《新中国主流意识形态建设的基本经验（下）——访中国社会科学院马克思主义研究院党委书记侯惠勤教授》，《思想理论教育导刊》2009 年第 9 期。

## （二）多元价值观念分化主流意识形态

不同价值主体在移动网络技术发展中寻找自身发展机遇，在移动网络空间中交织着多元的群体利益关系。利益群体基于不同价值取向的审视和未来期许的双重考量，使得社会群体目标指向更加复杂。网络空间的发展水平与人们的有效需求难以匹配，使得部分利益群体或集团对社会感知不平衡，出现被剥夺感或压迫性反应，并站在主流意识形态的对立面，从而影响主流话语的影响广度。移动网络技术的便捷性和随身化极大地促进了人们利益诉求表达，激发了社会生活中蕴藏的发展动力。但以利益和效率为核心的技术主义评价标准会诱发和宣扬功利主义和实用主义价值取向，社会主义主流意识形态的正当性被不断瓦解。价值异构在利益刺激下不断野蛮膨胀，价值主体观念不再被历史发展的远大理想所感召，而是致力于现实生活与短期利益的满足，世俗的、实用的、强调个人利益的政治心态成为消解精神世界终极价值的主导力量。

"只有在水平流动的同时伴随有激烈的垂直流动，即在社会性上升或下降意义上阶层间的快速移动的时候，人们对自己的思想形式的普遍和永恒效力的信仰才会被动摇。"[1] 在移动网络空间中，难以通过上层的激励与压力将政治主张与民众的整体利益直接串联起来，从而大大增加了政府网络执政的难度。在移动网络空间中，不同地区、行业、人群等多重利益日益加深的状况下，利益分配不均和利益固化导致离心情绪与日俱增，意识形态所描绘的理想信念与社会公正缺失的落差，挫伤人们对主流意识形态共融共生的热忱，甚至产生社会结构性怨恨。

---

① ［德］卡尔·曼海姆著，姚仁权译：《意识形态与乌托邦》，北京：中国社会科学出版社，2009 年，第 7 页。

## （三）资本"挟同"技术腐化主流意识形态

话语浮在社会现象表层，支撑其内核的是主体控制原则。[1] 在社会支配性原则影响下，意识形态话语权力正由一家独大的组织化机构向个体化资本媒体转移。在资本扩张本性驱动下，部分文化传媒底线失守，沦为迎合资本市场的盈利机器，把自己的需求、欲望、经验变成意识形态的主导力量，在媒体空间内鼓吹资本价值，遮蔽或忽视民众的利益诉求。"科学通过机器的构造驱使那些没有生命的机器肢体有目的地作为自动机来运转，这种科学并不存在于工人的意识中，而是作为异己的力量，作为机器本身的力量，通过机器对工人发生作用。"[2] 异化的产生是以社会全体的名义负载技术操盘手的意志力量，通过先验控制进行思想渗透和价值引导。在人们自由表达的话语空间中，隐含着话语意向和构筑规则前提，并且得益于权力链式结构的映照，话语内容的生成往往由强势群体所掌控，挤压了弱势群体的利益宣示空间。

在移动网络空间下，网络舆论表面化、泛娱乐化以及变化快、性质杂等生成特点，一旦在某一节点附着的信息资源形成焦点，整体的催发、衍生和扩散、流变效能不可估量。传播渠道的革命性解放、技术平台赋予的个体话语生成能力，使得每个人都成为自己话语传播的"把关人"。然而，在话语编码过程中，个体自我把关的背后必然受到政治倾向、媒体立场、价值负载等多方面影响，受众在自我价值选择过程中也存在主观解读的异化。从组织行为到个人行为的转移给主流意识形态治理带来潜在危机，使得主流意识形态话语裹挟在信息洪流中，面临信息失真干扰，消磨核心话语的主导价值。

---

[1]　［法］米歇尔·福柯著，谢强、马月译：《知识考古学》，北京：生活·读书·新知三联书店，2003 年，第 54 页。

[2]　中共中央马克思恩格斯列宁斯大林著作编译局编译：《马克思恩格斯文集》（第八卷），北京：人民出版社，2009 年，第 185 页。

## （四）西方境外势力丑化主流意识形态

在多元化的网络话语症候中，资本势力凭借完备且纯熟的意识形态支配体系和手段，挤压社会主义主流意识形态。意识形态终结论、文明冲突论、人权高于主权论、"中国威胁论"等蕴含政治企图的论断对社会主义核心价值观话语表征意义倒置，物欲崇拜、金钱万能等腐朽思想文化和生活方式的触角延伸至网络空间，用物质引诱和实用主义价值观来宣扬耻言理想、拒斥崇高、调侃传统、游戏人生等。包藏祸心的意识形态诱导民众从认知行为和价值判断上放弃社会主义理想信念，用资产阶级价值体系取而代之。

西方价值观念在文化产品中形成隐形刺激，擅长抓住受众眼球和心理，在移动网络空间中辨别力低、认知结构失调的受众，尤其是主体文化意识不足的青年受众，容易盲目尊崇西方的价值观念和文化理念。以好莱坞、漫威电影为代表的西方文化援引"象征资本"虚构舆论景观和镜像世界，巧妙融合西方政治设想和价值意图。在贩卖过程中，媒介现实完成了对人无意识的影响和控制，取缔了主体的反抗性和否定性。当人们在使用或消费"景观商品"时，也就在审美愉悦中接受西方的审美情趣、思维习惯和价值观念，认同西方政治理念和治理模式。西方国家从意识形态薄弱环节下手，通过培植话语代理人和意见领袖，利用微空间话语传播随意性强、速度快、影响大等特点，制造反华舆论，散布"阴暗面"，妄加指责和干涉中国问题，从不实信息中勾勒中国图景，搅乱思想秩序。另外，他们还苦心孤诣地设置大尺度话题，借助网民的情绪诋毁污蔑中国政府，编写迷惑性、破坏性段子，曲解和肆意调侃革命英雄，妖魔化国家领袖，在网民潜意识中种下分裂种子，造成国际社会对中国道路的认知和评价偏向。

# 三、移动网络空间主流意识形态话语的转换路向

意识形态话语在被受众接受后，要不断建构完善话语内容的合理性和优越性，要在主体、受众、载体和场域等要素中实现主流意识形态话语权转换。

## （一）目标的转换：从工具化向人本化转换

移动网络空间强化了平面化价值沟通，作为目的和意义的"人"，获得了新的价值阐释和个性舒张。主流意识形态话语要利用工具资源助力价值理性实现。大数据的高兼容性、高速率性加速交织多重社会关系，为大规模聚合、深度开展主流意识形态话语转换提供了数据支持。技术会"揭示出人对自然的能动关系，人的生活的直接生产过程，从而人的社会生活关系和由此产生的精神观念的直接生产过程"①。意识形态作为"无形"的观念体系，超强规模的数据挖掘在很大程度上弥补了抽样调查样本缺陷，大数据通过巨量信息与智能编辑技术的缔结，能将表面"杂乱无章"的数据汇集、萃取和关联，精确识别地区差异、受众类型与诉求要点，从而对主流意识形态的话语内容和表达方式进行差异化建构，强化网民对主流意识形态的认同和信仰。

Web2.0技术带来的"用户生产内容、用户贡献价值"理念，实现了传者本位到受众本位的变迁，呈现的人格化服务使用户得以联结，重视用户感受和反馈信息。由于主体背景不同，对事实和矛盾的指认和诠释会有较大差别，移动网络的发展使得趣味、爱好或特征接近的人群找到生存地带并聚合，当形成受众规模，就孕育了精准信息投放的可能。主流意识形

---

① 中共中央马克思恩格斯列宁斯大林著作编译局编译：《马克思恩格斯文集》（第五卷），北京：人民出版社，2009年，第429页。

态话语要充分理解和运用这些特征，为差异化的口味和取向提供多样化的话题和观点，把满足和引导统一起来，强化主流意识形态话语传播效果。

"当代意义最为重大的革命不是经济革命或是政治革命，而是一场在被统治者中制造同意的艺术的革命。"① 传统的话语传播模式对受众的考究集中于主流社会和主流阶层的意愿与态度，忽略了亚文化非主流群体的需求不同，移动网络作为群体性价值建构工具，自身的扩散性、交互性使得话语议题极易因共同利益在短时间内传播开来，引发全方位的人力动员。网络意识形态治理主体多元化的发展，打破民众原有的思维图式以发挥集体性智慧，对主流意识形态话语合法性形成必要补充。

## （二）内容的转换：从理论化向实践化转换

意识形态倡导的价值取向要成为价值共识，需要进行具象演绎，巧妙地将阶级性话语与群众性话语结合起来，才能有效地使受众充分领会意义。在受众细分的时代，主流意识形态话语要善于由理论化的"形而上"务虚切换为亲民化的"形而下"务实，话语内容要从官方领域下移至民间领域，找准人民群众的思想共鸣点、利益交汇点，以强烈的百姓意识、平民视角反映大众精神的话语叙述，注重把握科学理性与通俗感性互构的微妙平衡点，达到通俗表达不失高远追求。

中华民族的悠久历史文化底蕴、中国精神的历史积淀和中国道路的建设奇迹，是构筑主流意识形态话语的核心优势与丰厚养料。只有从优秀文化遗产中汲取养分，主流意识形态话语才能与社会成员的心理、思想、价值观念相契合。要在移动网络空间中进行主流意识形态"话语折变"，把中华优秀传统文化元素与中国特色社会主义实践相结合，对体现时代要求的核心理念进行加工提炼，打造新时代中国特色社会主义话语的网络主调。

---

① ［英］布赖恩·麦克奈尔著，殷祺译：《政治传播学引论》（第2版），北京：新华出版社，2005年。

在信息传递和交流的过程中，主体根据自身文化视野来选择乃至创造特定的文化符号进行表达，抑或通过特殊的话语体系来确认彼此身份。微型话语是人们的内心价值和社会交往形成的话语形态，反映时代和社会变迁的视窗，具备达成共识、实现行动的能效。崛起的新生话语力量有助于主流意识形态话语言说过程实现微言大义、字精意深、见微知著。

## （三）方式的转换：从显性化向隐性化转换

毛泽东曾说："我们不但要提出任务，而且要解决完成任务的方法问题。我们的任务是过河，但是没有桥或没有船就不能过。"① 主流意识形态话语权的维系并非仅依靠自身理据性的符号形态就能实现。价值观念依靠反躬内求的自选性接触和建构，而非仅靠强制教化灌输所得。"编码—解码"模式认为，因话语主体的编码与话语受众的解码均从自身立场出发，二者存在歧异态度。只要掌握互联网的硬件和技术，任何人都能成为传播信息的"自媒体"，形成自由的意见市场。因此，移动网络空间中话语沟通策略应从"机械灌输"和"刻板格调"中跳出，运用"交往理性"探索民众参与公共协商的新方式，从独白话语向意义共享转变。

信息技术的快速发展打破了权威阐释、稳定可靠的言论格局，意识形态话语的象征形式已从抽象概念推论转变为感性文化形式。在高度可视化传播时代，意义通过图、文、声、形等技术上的连接得以彰显，意识形态解释框架应采用清新的话语风格和再嵌入的话语技巧，看似随意的、偶然的、零星的宣传可能比集中攻势的显性说教来得更真实，充分利用生动多样、感知功能化一体的传播方式，发挥最优的动能与效能。

主流意识形态话语宣传的效度，不仅取决于话语主体的宣传方式，还取决于话语受众如何接受以及接受的深浅。在新媒体异军突起的时代背景下，民众不再是被动教化对象，主流意识形态话语主体要在理论与实践相结合的原则基础上讲求艺术性和差异性，熟谙不同受众群体的接受心理和

---

① 《毛泽东选集（第一卷）》（第 2 版），北京：人民出版社，1991 年，第 139 页。

适应能力，善于通过分众化定位和互动式传播策略，增强话语受众对主流意识形态话语精髓自我吸收、自我完善、自我实现的能力。

## （四）状态的转换：从单一化向多样化转换

移动网络空间中意识形态不是纯粹性存在，在多变的网络环境中呈现出话语建构的复杂性，制约多元话语主体的独立性，可能带来社会紧张和怨恨。移动网络技术伴随着意识形态多元化，因政治生态圈的独特秉性，多样化会使具有不同倾向甚至对抗性的意识形态话语在特定的语境中为获取意义而相互斗争。多元思想的共识存在和不同思想之间的交错对话是不争事实，关键是在移动网络空间的指导思想和社会意识之间做好统摄有序工作，构建多样性协同、丰富和服务一元性的良性互动、和谐相济的发展格局。

互联网的特性决定着多维文化长期并存，但并不排斥意识形态领域的主导性。相反，多元文化格局的形成必须以主导性为前提。实现主流话语场域的有序运行，主流意识形态要引领网络思想文化前沿领域，善于同各种非主流意识形态补足对话、扩展自我，以主流社会内化的价值共识整合不同阶层和群体。网络言论不能以"思想自由""新闻自由"为借口，冲击执政党对主流意识形态的领导权，需要切实从法律和组织上牢牢把握网络舆论关口。

意识形态批判不仅是对对立内容的揭露、破除和否定，同时也是对自身的纠正、重估和完善。要着力拓展主流意识形态的建构功能。面对时空交错的移动网络实践场域，主流意识形态话语建构绝不能偏居一隅。在时间之维上着力解决过往历史的虚无主义、当下现实中的思想引领、未来发展上的理想信念等问题；在空间之维上着力加强现实空间塑造与虚拟空间治理，对意识形态不同领域做出区分，达到红色地带正面效果最大化、灰色地带中性效果有利化、黑色地带负面效果最小化。[①]

---

① 赵惜群、翟中杰：《网络灰色地带价值引领模式探析》，《思想教育研究》2019 年第 7 期。

# 算法技术影响
# 网络空间意识形态安全探析①

**导　言**　大数据时代的算法技术快速发展，改变互联网信息传播方式，影响网络空间意识形态分布格局和延伸领域，带来意识形态安全形势的变化。算法技术会改变网络空间意识形态的技术基础，界定网络空间意识形态的主体身份，助推网络空间意识形态的群体互动，重构网络空间意识形态的安全环境。算法技术影响网络空间意识形态安全的要素涉及用户习性、算法权力、资本来源和应用场域。重视算法技术影响网络空间意识形态安全，从厘清主体权利、规制技术权力、优化资本结构、公开算法数据四方面开展综合治理，铸就网络空间意识形态安全屏障，促进网络社会秩序稳定和人的发展。

---

"互联网是意识形态工作的主战场、最前沿。"② 基于算法的个性化内容推送已占整个互联网信息内容分发的 70% 左右。③ 随着大数据、云计算

---

① 作者陈联俊，发表于《马克思主义理论学科研究》2021 年第 8 期。
② 中共中央宣传部：《习近平新时代中国特色社会主义思想三十讲》，北京：学习出版社，2018年，第 220 页。
③ 彭训文：《我们需要什么样的"算法"?》，《人民日报》（海外版），2020 年 11 月 16 日第 5 版。

的普及化应用，算法技术改变网络空间自主选择信息的方式方法，影响网络空间意识形态分布格局和延伸领域，带来意识形态安全形势的变化。

## 一、算法技术影响网络空间意识形态安全的表现

马克思指出："自然科学却通过工业日益在实践上进入人的生活，改造人的生活，并为人的解放作准备，尽管它不得不直接地使非人化充分发展。"① 技术是科学的应用。算法是通过智能分析和过滤机制对海量数据进行深度分析，进而精准匹配用户需求的数据处理技术。作为技术的算法对作为"观念上层建筑"的意识形态影响涉及不同方面。

算法技术改变网络空间意识形态的技术基础。算法技术分布在不同的网络空间领域之中，随时随地对网络信息进行数据收集和处理。只要用户从事网络活动，就会被算法捕捉轨迹，并可以即时开展信息加工。现实社会难以掌控的个体特性，通过算法汇集分析，就会成为清晰精准的用户画像，从而基于可见性，做到"千人千面"。"从数据中建立起来的各种关联，构成了我们与其他人进行互动的时空维度。"② 算法数据可以再现主体与社会的互动关系和交往频率，通过对彼此之间的数据匹配进行关系评估，开展信息推送等相关促成活动，进而改变主体价值判断的社会关联基础。社会关联性在用户价值观念建构中起到长期的隐性作用，既会涉及用户对政府的政治认知和政治态度，也会关系到用户对不同政策的支持和拥护程度。通过算法连接的用户关系改变了随机性的网络交往实践活动，彼此之间的关联性增加了交往的密切性，为用户创造了新型的意识形态场域，改变了网络空间意识形态的竞争状态。技术本身没有价值倾向，仅依

① 中共中央马克思恩格斯列宁斯大林著作编译局编译：《马克思恩格斯全集》（第三卷），北京：人民出版社，2002 年，第 307 页。

② ［美］约翰·切尼－利波尔德著，张昌宏译：《数据失控：算法时代的个体危机》，北京：电子工业出版社，2019 年，第 167 页。

赖于算法技术自发地处理信息，其离散式、反中心的技术处理过程，加上不同的利益、政治和价值诉求的驱动，可能导致意识形态表达随机化、场域碎片化、思想极端化等状况不断出现。在算法技术的拟态环境中，主流意识形态面临着多元化社会思潮和价值观念的冲击，难以通过传统教育手段解决主导性和话语权问题。在大数据时代的网络空间政治生态中，算法技术支配的数据关系构成了思想意识的变化基础，技术进步推动数据模型不断逼近真实地再现用户观念形态，而且难以防范算法技术搜集网络空间中的隐私信息，所以无论是对于个体，还是组织，隐私权都会遭遇安全性挑战。算法技术对于社会隐私空间的侵入，对主流意识形态的话语权形成了威胁，从而持续影响网络空间主流意识形态的张力和活力。随着人工智能与算法技术结合程度的不断提升，既可以帮助主流意识形态扩展影响范围，也会在潜移默化中累积意识形态安全风险。

算法技术界定网络空间意识形态的主体身份。算法身份是基于大数据技术建构的网络身份，为主体划分活动边界，与现实身份存在差异。在网络空间中，主体的数字化表达存在无数种可能，通过算法加工被赋予不同的价值意义。这些社会属性既可能是正面展示，也可能是负面评价。一旦某种社会属性被算法不断强化推送，就可能改变主体的社会形象，产生不同的社会影响。个体的偶然性网络行为数据可能不具有身份判断价值，但是通过算法汇集的数据转码，就能从不同层面定义主体，而且算法越来越能够影响主体的身份观念，进而操纵社会价值倾向。从网络空间意识形态安全来说，算法身份带来的意识形态风险主要体现在"算法偏见"或"算法歧视"等方面。"算法偏见"或"算法歧视"是指在算法分类过程中，算法阐释数据的价值逻辑造成对象主体的不利地位。这些偏见或歧视可以体现在性别、年龄、区域、国别、民族、种族、收入、学历等领域，无形之中赋予了被分类者不同的身份归类，也就会从不同方面造成价值分化。个体的数字身份使其在网络空间中产生不同的社会交集，进一步推动类属身份群体的成长和壮大，凸显意识形态的角色特性，固化了社会形象。一旦不同群体的价值分化达到一定程度，就会带来意识形态的矛盾和冲突，加剧社会不稳定。而且，算法还可以通过不同主体身份的交互数据找到彼此之间的价值共性和价值差异，赋予不同的算法权力。例如，如果被算法技术认定为合法主体，就可以享有相应的言论自由或表达权利等。反之，则可能被限制网络言行或活动，进而影响社会公正的价值和规则。算法技术制造数字身份，不一定按照国家和社会发展所需要的公民身份进行设定，而是为了满足不同价值主体的动机需要进行生产，客观上既会带来便利性，也会存在着不同身份的冲突因子。随着虚拟现实的融合步伐加快，算法身份还会逐渐影响主体在现实社会意识形态安全领域的表现状态。

算法技术助推网络空间意识形态的群体互动。网络群体不是按照地域空间，而是按照兴趣、价值、利益等进行分类。具有相同诉求的群体利用互联网便捷地集中起来，表达愿望，诉诸行动，大数据算法技术强化了这种倾向。不同的网络群体类型具有迥异的特性，遵循自身规律形成群体的归属感和安全感，群体成员之间彼此的信任关系强化了情绪情感的支配作用。算法对于网络群体意识形态的驱动作用体现在：

第一，强化群体标签。网络群体角色就是群体标签，是群体对外展示的形象体现。网络群体聚集不依赖于身体在场，符号象征意义凸显，为算法发挥作用提供了功能空间。算法可以不断累积群体共性，强化群体身份，展示群体价值。在算法技术推动下，群体中的个体被打上群体烙印，成为群体的代言人，个体言行在无形中推动群体价值观念变化。反过来说，群体价值观念也会逐渐同化个体思想意识，消弭个体自身的异质思想，固化同质性观念，造成"信息茧房"。[①]

第二，改变群体结构。网络群体结构松散，开放性和封闭性并存。开放性是指群体成员构成超越时空限制，可以保持动态变化。封闭性是指由

———————————

① ［美］凯斯·R.桑斯坦著，毕竞悦译：《信息乌托邦：众人如何生产知识》，北京：法律出版社，2008 年，第 8 页。

于网络群体之间的技术阻隔，可以屏蔽不同人员的进入。算法在群体结构中的作用一方面是极大地拓展网络群体的开放性，利用技术手段扩大群体范围，大大提升群体影响力；另一方面是可以更加深入地筛选网络群体成员，从多元化信息中判断网络群体成员的价值趋同性，从而为网络群体意识形态提供价值基础。

第三，加剧了群体对立。网络群体之间存在着不同边界，边界既是群体区分的标志，也是群体冲突的界限。当网络群体价值趋同，两者之间产生社交互动，进而出现群体融合现象。反之，群体之间就可能出现矛盾摩擦。算法可以对不同群体的价值差异进行区分，计算不同群体的价值取向，为不同群体进行价值定位，从而为群体意识形态对立提供价值条件。当然，价值主体具有选择的权力，可以操控算法技术的价值导向，适时干预治理，就能够逐渐化解意识形态安全风险。

算法技术重构网络空间意识形态的安全环境。网络空间意识形态环境是不同意识形态主体在自身需求驱动下，彼此竞争形成的结果。算法随着互联网技术不断地创新发展，在技术迭代过程中，技术更新会带来网络空间意识形态传播渠道和方式的转变，从而重塑网络空间意识形态的安全格局。只有及时掌握并运用新技术的意识形态主体，才能占据网络传播的主动权和话语权。反过来，即使拥有丰富的话语资源，也有可能在技术竞争中处于劣势。算法技术创新是社会发展的需要，技术无法为自己设定界限，如果没有适当的规制，技术就可能消解主流意识形态的环境优势，为非主流意识形态提供话语空间和影响平台。算法终归是技术程序，支配算法导向的重要因素是资本逻辑。"一旦有适当的利润，资本就胆大起来。"[①]如果利润丰厚，资本就可能操纵算法，甚至逾越道德或法律的红线，挑战主流意识形态安全。在资本主导的环境中，算法会不断采集有利于资本扩

① 中共中央马克思恩格斯列宁斯大林著作编译局编译：《马克思恩格斯文集》（第五卷），北京：人民出版社，2009 年，第 871 页。

张的舆论话题，进行编辑加工，采取点赞"灌水"、美化置顶、裁剪拼接、添油加醋等各种手段进行推送，形成"涟漪效应"。相反，如果出现不利于资本增殖的言论行为，算法则会进行扼制，意图形成"蝴蝶效应"。"算法加工被认为是生产一个先入为主的、在语境和行为方面尽在掌握之中的世界。"① 在算法技术加工中，自我主体要求被忽视，网络行为解读由算法按照既定的程序进行数据处理和输出，并对其进行阐释。"你"的行为意图不是由"你"来表达，而是资本控制下的算法表达。如果不对算法技术的价值导向进行调控，就会冲击主流意识形态的价值基础，并且逐渐改变网络空间意识形态安全环境的变化趋势。技术影响意识形态，意识形态也会产生反作用。我国主流意识形态是提倡人民利益至上的社会主义意识形态，虽然资本力量在经济发展中起到重要作用，尤其是互联网技术创新离不开资本力量的驱动，但是如何防止资本操纵网络空间舆论导向始终是保障主流意识形态安全的重要议题。

## 二、算法技术影响网络空间意识形态安全的要素

马克思认为："说生活还有别的什么基础，科学还有别的什么基础——这根本就是谎言。"② 同样，技术的基础也是社会生活。算法技术对网络空间意识形态安全的影响存在不同的动力要素，这些要素或独立，或彼此交叉作用，改变着网络空间的意识形态安全局势。其主要体现在以下四个方面：

一是用户习性。"数据、算法、用户，每一部分在决定算法系统的产物时都起到了重要作用，但它们的总和往往大于它们的简单累加，因为这

---

① ［美］约翰·切尼－利波尔德著，张昌宏译：《数据失控：算法时代的个体危机》，北京：电子工业出版社，2019年，第160页。

② 中共中央马克思恩格斯列宁斯大林著作编译局编译：《马克思恩格斯全集》（第三卷），北京：人民出版社，2002年，第307页。

些部分间复杂的相互作用起到了最为重大的影响。"① 在数据、算法和用户之间，形成了依赖关系，算法功能依赖于数据，用户决策依赖于算法。用户的依赖感源于信任，对算法的信任既有被动因素，也有主动因素。从被动因素来说，算法成为互联网技术的支撑力量，用户依赖于算法技术进行网络活动。从主动因素来说，源于主体本身的惰性，用户逐渐习惯于通过算法便捷地获取信息资讯或享受网络服务。用户对算法的依赖是技术发展的结果，但是也会带来不同的社会后果。从网络空间意识形态安全领域来看，算法依赖逐渐弱化了网络空间中用户主体的价值批判能力和水平。网络空间中的意识形态交融、交互、交锋现象更加突出，隐蔽性和复杂性更强，维护意识形态安全的必备条件是不断强化网络空间用户主体的意识形态辨别力和判断力，保持意识形态安全的敏感性。但是，算法技术的全方位应用，在网络空间形成了算法生态效应，使算法依赖成为普遍性社会现象。算法依赖一开始更多地存在于生产生活领域，逐渐波及价值观层面，主体逐渐习惯于算法推荐的热点话题和价值信息，乃至匹配的社交对象等。算法依赖使主体陷入"算法牢笼"，失去的恰恰是自身的信念强化和理性判断。特别是"关键意见"主体的价值批判可以在相当大的范围内产生"涟漪效应"，带动其他主体保持对算法技术的警惕性。算法权力意识的觉醒是克服算法依赖的必要条件，只有用户始终保持对算法技术工具的警惕之心，并且可以在选择算法应用时，保留自身的数据权利，随时可以提交第三方机构审核的时候，才能对算法与用户之间的关系进行有效平衡，防止算法垄断在网络空间意识形态安全领域的支配状况。

二是算法权力。传统的权力来源于法定、世袭、俗成等方式，算法权力来源于对数据的收集、加工、诠释、发布的能力和水平，主要表现为：其一，数据收集权力。网络空间中的信息流动需要收集数据，但是数据如何收集涉及权力问题。数据所有权属于数据所有者，在数据所有者没有授

---

① ［印］卡尔提克·霍桑纳格著，蔡瑜译：《算法时代》，上海：文汇出版社，2020年，第90页。

权以前，算法无权收集。随着平台经济的发展，算法可以通过平台获得数据授权，进而合法地进行大规模数据收集活动。个体在使用网络平台开展活动时，不得不授权平台进行数据采集，无形之中就让渡了自身的数据权力。算法获得采集个体数据权力，就掌握了个体网络行为活动的数据轨迹，对其进行不间断的叠加储存，进而占据数据规模优势。其二，数据加工权力。数据效益不仅在于数据规模，更重要的是对数据加工处理的能力和水平。只有充分挖掘数据内涵价值的算法技术，才能真正体现算法权力的影响。在算法处理中，通过对数据的整合，可以从不同层面勾勒多样化用户的复杂面相，从而建构意识形态光谱或价值偏好。而且，算法可以根据不同的目的需求进行程序设计，改变数据组合逻辑，推导出不同的价值结果，甚至可以通过利用数据，营造出不同的意识形态拟态环境。其三，数据诠释权力。如何诠释数据关乎意识形态评价权力。算法可以基于预设的意识形态立场对不同主体体现出来的意识形态倾向进行正面或负面的评价，从而掌握意识形态主导权和话语权。网络空间用户主体的意识形态属性不能由自身来定义，也就在一定程度上丧失网络空间的意识形态解释权，可能陷入被算法诠释的话语陷阱之中。其四，数据发布权力。算法可以优选数据发布的主体、途径和时机等。不同主体发布信息的社会影响差异性极大，算法可以通过数据集成计算，搜寻在不同网络场域中有意识形态号召力的主体，并通过算法推荐对其施加影响，从而获得意识形态立场支持。同理，算法还可以优化数据发布途径和时机，在有利的范围内传播意识形态价值观念，并且进行精准匹配，促使传播效应最大化。

三是资本来源。算法技术依赖于资本力量开发，只有能够不断为资本来源提供价值增殖的算法才能持续性获得资本投入。但是，资本来源方需要的价值各不相同，既可能是经济利益上的增殖回报，也可能是政治权力上的竞争较量，还可能是价值观念上的渗透传播等。从我国的算法技术支配力量来看，要注重洞察分析不同性质资本力量的内在需求。国有资本是中国特色社会主义经济发展的主导性力量，占据国民经济的命脉部门，资本实力雄厚，长期为国家经济发展提供支柱作用。从实力和地位出发，国有资本应该在算法技术创新领域承担自身责任，致力于掌握技术前沿，体现出自身优势。由于国有资本的性质所在，只要能够集中发力，就可以将技术优势转化为意识形态优势。而且，对算法技术的投入，可以进一步帮助国有资本了解市场动向，密切与人民群众的日常联系，维护企业信誉，改善企业形象，提升市场影响力。民营资本是推动社会主义市场经济发展的重要力量，资本来源广泛，经济动力充足，发展活力巨大。民营资本的创新需求旺盛，只要具备合适的市场环境，就可以带来源源不断的创新技术。算法技术中的民营资本力量更多地基于利益增殖需求。利益优先开发可能带来算法应用的道德风险和法律风险。如果不适时加以算法规制，就可能为意识形态多元化提供了算法窗口，甚至可能造成安全数据外漏，累积政治风险。在互联网竞争领域中，外资由于占据技术先发优势，可以在更高技术起点上研制算法，延续技术领先位置。外资在中国本地进行商业活动，必须遵循中国法律，但是由于其价值基因的西方化，难以充分考量社会主义主流意识形态的价值导向，需要进行价值评估。随着中国经济与世界经济的深度交融，混合资本越来越普遍，对于混合资本领域中算法技术的价值取向，存在复杂的资本博弈。从经济效益上，混合资本以利益为先，但是在社会效益层面，需要各方权衡利弊，尤其是国有资本介入的主导程度，关系算法技术能否服务于主流意识形态安全。

四是应用场域。算法可以在网络空间不同场域发挥作用。在不同空间场域中算法发挥作用的方式不同，影响虚拟环境中意识形态的安全格局。算法技术影响比较明显的有：第一，基础服务。算法技术重新改变了信息流动方式，重塑了信息呈现形态，促进了不同技术应用之间的融合发展。在网络新闻、网络搜索、网络办公等常见领域中，基于算法数据技术的新闻传播、定位搜索、远程办公等应用形式越来越普遍，由此为技术平台收集海量的个人和企业数据提供了充分的机会与丰富的渠道，既给互联网企业创造了大量的信息资讯传播机遇，也带来了意识形态传播的风险和挑战。第二，社交媒体。算法是网络社交媒体的技术支撑。通过算法，社交媒体可以实现对网络人群的信息挖掘、追踪和匹配，从而为交往双方提供实时服务。在社交媒体中，算法可以对用户几乎所有社交数据进行留存和提取，进而开展不同的价值应用。对于网络空间意识形态安全领域而言，算法在社交媒体中可以对用户的价值信心、价值倾向、价值缺陷等进行深度分析，进行精准信息推送，改变意识形态的价值基础。第三，商业应用。在电子商务、网络金融、网络娱乐等商业领域中，算法技术集中于利益竞争方面。在电子商务中，对网络购物的人群类型、消费潜力、口碑效应等数据信息的整合利用是对社会群体的精准画像，可以开展营销推广和价值诱导；在网络金融领域，亿元级以上的金融数据被商业公司操纵或买卖，无形之中隐藏潜在的安全风险；在网络娱乐领域，大量的网络游戏、短视频等都是意识形态的绝佳载体，渗透性覆盖所有社会群体，并且通过算法技术不间断地推送，影响社会价值风气。第四，公共服务。算法技术在网络政务、网络医疗、网络教育、网络交通等领域提升了社会运行效率，压缩了公共服务成本。但是，当公共领域的数据信息被算法公司所掌控，并可以随时被用于营利活动时，作为社会主义组织细胞能否保持主流价值导向值得关注。尤其是网络教育领域中，随着数字化教育平台的普及，商业化应用弊端不断显现，无孔不入的算法营销侵蚀青少年价值观念，亟须开展算法治理。

## 三、算法技术影响网络空间意识形态安全的治理

习近平强调："网络意识形态安全风险问题值得高度重视。"[①] 虽然算法技术带来的网络空间意识形态安全问题逐渐显现，但是技术不是决定力

---

① 中共中央党史和文献研究院编：《习近平关于网络强国论述摘编》，北京：中央文献出版社，2021年，第54页。

量，只要能够洞察技术逻辑，开展综合治理，就能够有效维护主流意识形态安全。综合治理的主要方法有：

一是厘清主体权利。算法应用是客观事实，也是网络技术发展的必然趋势。在意识形态安全领域中，要厘清算法主体的正当权利，"用主流价值导向驾驭'算法'"①，维护网络空间意识形态安全秩序。这些正当权利主要有：第一，效益权利。算法技术的出现是生产力水平进步的标志，算法提升效益是正当的社会需求。但是，如何保证算法多重效益平衡需要进行意识形态论证，采取风险预警机制对算法速率与算法安全进行正当性评估。只有在保证安全的前提下，算法效益的正当性才能得以体现。算法主体要实现自己的效益目标，需要公开算法选择的价值依据及其逻辑链条，防止数据滥用带来的权益损害。在不同主体发生权利冲突时，需要考虑第三方机构的介入评价，并且提供相应的追责机制，从而实现多方主体的效益正当性，实现算法权利的救济目标。第二，伦理权利。算法伦理正当性的关键是算法正义。算法技术在数据处理应用中进行排序、关联、分类、筛选、清洗、优化等多重复杂的计算，必然涉及价值判断依据问题。所有的算法数据都可能关系到数据来源主体的公正权益，如果没有算法伦理监管机制的存在，就难以进行有效矫正。在算法数据的收集处理过程中，需要利用监管机制对数据收集的范围和程度进行意识形态安全甄别，从数据来源上发现潜在的风险，从而消除内在的算法偏见或算法歧视的可能性，从源头上保证权利所有者的个人权利不受侵犯。② 同时，要关注在大数据算法视野之外人群的权益，尽可能反映他们的呼声和诉求，保持主流意识形态的普遍影响力，推动数据平权。第三，法律权利。对算法技术能否搜集用户数据，以及如何搜集和运用数据等问题必须开展严格的法律论证。从国家和社会层面来说，算法程序是网络空间价值传播的必备条件，但是

---

① 习近平：《习近平谈治国理政》（第三卷），北京：外文出版社，2020 年，第 318 页。
② 林曦、郭苏建：《算法不正义与大数据伦理》，《社会科学》2020 年第 8 期，第 3 页。

问题在于算法技术如何能够利用数据进行不同种类的话语建构活动？算法话语的法律依据何在？所有算法都能够采用不同的程序设计进行意识形态话语解读，算法技术深刻改变了网络空间意识形态的话语逻辑，必须要从法律上取得自身运行的正当性，否则就会被质疑为算法滥用。算法应用需要平衡国家安全、公共利益与公民权利的关系，从法律层面界定主流意识形态话语在算法技术运用中的功能和地位。

二是规制技术权力。算法权力是基于算法技术而产生的技术权力，延伸为选择权、优化权、话语权、预测权等。算法权力建立在对代码的控制之上，要规制算法，首先要从代码治理开始，为代码的编写和设计提供规范性指导。代码治理不仅依赖于行业协会的行业自律，政府机构同样需要介入其中，体现出国家意志和主流价值，防止代码的利益导向，将代码的经济效益和社会效益结合起来。既要从代码生产机制进行约束，也要把控代码的输出机制，避免算法运算过程中出现的"算法偏差"或"算法错误"，从人工和技术的不同层面开展代码治理。其次，算法权力要区分主体治理。不同的网络行动者在算法领域中的权力发挥存在差异，政府机构意愿通过算法进行意识形态把关，防止话语权力旁落，基于政府立场的算法权力规制注重价值正当性治理。市场机构运用算法谋求经济利益最大化，提倡用户至上，基于市场导向的算法权力规制注重效益正当性治理。网络平台的算法取向强调技术创新和商业变革，突出竞争优势，基于平台经济的算法权力规制注重技术正当性治理。无论是价值正当性、效益正当性还是技术正当性治理都会出现不同程度的障碍和冲突。在中国特色的网络治理行动中，需要兼顾不同行动者的内在需求，将算法价值、算法效益和算法技术统一起来，找到三者之间的平衡点，并进行动态演化控制。再次，算法权力规制要给予个体选择权。算法权力控制中依赖个体力量推动信息流动，个体开展相应的网络活动，被动地接受算法支配，成为算法权力的帮佣。要制约算法权力，需要将个体的价值力量解放出来，通过个体汇集的社会权力来平衡强大的技术力量。在社会权力中，既要赋予个体对

于算法类型的价值选择权，也要给予个体不选择算法的放弃权，避免被动
选择带来的价值后果。而且，要通过社会群体在网络空间中的集体行动，
对抗算法规则，避免技术垄断。只有多方力量参与，才能打破算法垄断的
支配局面，保持社会活力。当然，社会权力的价值正当性也必须以主流意
识形态的安全为限度，防止出现价值偏差。

三是优化资本结构。算法权力越来越被资本所掌控，大型互联网企业
算法数据的集中化程度越来越高，存在意识形态安全风险，必须要进行算
法资本的优化改革。首先，确保国有资本主导。中国特色社会主义社会的
根本特征之一是公有制为主体，就是要保持国有资本在关键领域中的支配
性地位。当前互联网发展的重要特征是算法驱动，只有通过国有资本在资
金、技术、管理上对于算法领域的主导，才能掌握算法数据运用的动态规
律，及时维护国家利益和社会利益。其次，"防止资本无序扩张、野蛮生
长"①。资本的本性就是不断寻求利益最大化，没有约束的资本会不断突破
道德和法律底线，必须要加以防控。要强化反垄断和防止资本无序扩张。
既要依法保护国有、民营、外资等各种所有制企业的合法产权和自主经营
权，完善公平竞争的市场法治环境，鼓励资本在国家高质量发展中发挥创
新动力作用，同时要依法规范，加强监管，深化资本市场改革，推进资本
市场基本制度建设，促进资本市场平稳健康发展。强调互联网企业家的爱
国情怀和社会责任，激发市场主体活力，推动不同性质的互联网企业发挥
更大作用，突出社会主义社会的资本优势。防控资本要明确资本红线，就
是要公开划定资本限制进入或不能进入的领域。要维护社会主义国家公共
利益，不能任由资本主导舆论，由政府出台相应政策，因地制宜、因时制
宜，降低意识形态安全风险。最后，引导资本结构优化。资本结构关系投
资方向，无形之中诱导社会情感和心理焦点。如果社会资本结构失衡，必

① 习近平：《把握新发展阶段，贯彻新发展理念，构建新发展格局》，《求是》2021 年第 9 期，
第 13 页。

然带来社会价值偏向，影响社会风气走向。对于网络空间意识形态安全来说，不仅要注重意识形态话语安全，更要从算法资本结构入手进行调控，才能正本清源，体现出社会主义制度的价值导向。尤其是互联网产业资本，由于其流通快、分量足、影响大，在网络空间中的意识形态优化效应凸显，应着重引导其进入发挥正向效益的行业领域，为主流意识形态安全起到价值支撑作用。

四是公开算法数据。透明化是算法治理的必要条件。无论算法在哪个互联网领域中发挥作用，都要进行必要的数据公开，保证被获取数据用户主体的数据知情权和同意权，严格限制不经网络行动者同意采集的数据范围，避免数据滥用。首先，提倡算法开源思想。开源思想是追求计算机领域数据、软件自由共享的思想意识。从社会整体利益视角来看，算法数据的开源思想能够最大限度地集聚智慧结晶，促进算法进步，推动算法创新。对于中国互联网企业来说，恶性竞争不在于国内市场，更关键的是在与国际资本较量之中，要集中发力，必须在一定范围内提倡算法数据公开，摒弃单打独斗的狭隘思维，寻求算法领域的技术突破。而且，互联网企业要将开源思想体现在对用户主体的数据公开上，只有算法数据采集和使用得到广大用户认可，才能发挥出全社会的监督效应，最大限度地扼制意识形态安全风险。其次，构建算法透明机制。要促进算法公开，必须要进行算法透明机制的理性设计，既准确反映出算法数据真实状态，又能够清晰简明地进行校验监督。尤其是算法在采集数据过程中可能存在的安全风险，更需要重点关注，接受公众的质疑和征询，畅通社会沟通渠道，明确算法责任认定。算法透明机制的构建能够显著提升公众信任感和认同度，保证主流意识形态话语体系在透明机制中的价值地位，对于提升意识形态认同起到积极作用。最后，提升公众算法素养。"一旦人们不再把工业看作买卖利益而是看作人的发展，就会把人而不是把买卖利益当作原则。"① 算法技术要为人的发展服务。对算法的认知和理解是公众算法素养的基础，对公众开展算法教育，帮助了解算法知识方法，阐明算法使用价值，普及算法运行机理以及对公众日常生活的正负面影响。随着算法技术发展，提醒公众关注算法在社会生活中的存在及其权利义务，采取适当的行动反应，以保护自身权益，履行应尽责任，促使公众形成正确的算法价值判断，既能够从整体上促进算法技术提升，又可以保持算法应用边界，逐渐在全社会培育良好的算法治理环境。

恩格斯说："社会一旦有技术上的需要，这种需要就会比十所大学更能把科学推向前进。"② 马克思主义作为科学的意识形态，在大数据时代会受到算法技术发展的影响。但是，只要紧跟时代步伐，密切关注意识形态安全问题，不断进行理论和实践探索，明晰逻辑机理，进行综合治理，就能铸就意识形态安全屏障，促进网络社会秩序稳定和人的发展。

---

① 中共中央马克思恩格斯列宁斯大林著作编译局编译：《马克思恩格斯全集》（第 42 卷），北京：人民出版社，1979 年，第 258 页。

② 中共中央马克思恩格斯列宁斯大林著作编译局编译：《马克思恩格斯选集》（第四卷），北京：人民出版社，2012 年，第 648 页。

# 四 网络空间

## 党的建设与思想政治教育

# 网络空间党的政治建设问题探析①

---

**导　言**　互联网技术给党的政治建设带来了新的变化，关系到党的执政地位和国家长治久安。网络空间中出现了党的政治领导地位受到冲击、党内政治生活形态发生转变、党的政治制度建设需要加强、党的政治能力水平要求提升等问题，主要原因在于网络错误思潮推动、网络政治影响扩大、网络利益结构变化、网络意识形态对抗等。我们需要从规范党员网络政治言行、强化网络政治内容建设、引导网络政治舆论倾向、发挥网络政治治理功能等方面，逐步加强网络空间党的政治建设，不断巩固党的建设方向和效果。

---

党的十九大报告提出了新时代党的建设总要求，指出要"突出政治建设在党的建设中的重要地位"②。"党的政治建设是党的根本性建设，决定着党的建设方向和效果"③，关系到党能否在新时代更好地带领人民建设和发展中国特色社会主义事业。"党的十九大把党的政治建设纳入党的建设

---

① 作者陈联俊，发表于《当代世界与社会主义》2018 年第 5 期，人大复印报刊资料全文转载。
② 习近平：《决胜全面建成小康社会　夺取新时代中国特色社会主义伟大胜利》，北京：人民出版社，2017 年，第 20 页。
③ 习近平：《决胜全面建成小康社会　夺取新时代中国特色社会主义伟大胜利》，北京：人民出版社，2017 年，第 62 页。

总体布局并摆在首位，明确了政治建设在新时代党的建设中的战略定位，抓住了全面从严治党的根本性问题。"① 互联网技术对经济社会影响巨大，广泛渗透在人民生产生活之中，"网络空间是建立在互联网技术发展基础之上，逐渐形成的人们交往活动的虚拟空间"②。在新时代加强党的政治建设，必须要高度重视互联网带来的党的政治建设变化，只有及时发现网络空间中党的政治建设问题，并采取针对性对策，才能不断推进党的政治建设与社会发展的紧密联系，增强党的政治力量，巩固党的执政地位。

## 一、网络空间党的政治建设问题的表现

"旗帜鲜明讲政治是马克思主义执政党的根本要求。"③ 党的政治建设主要包括维护党的政治领导、严肃党内政治生活、坚持党的政治制度、提高党的政治能力等。在网络空间中，党的政治建设出现了新的变化。

### （一）党的政治领导地位受到冲击

"在信息社会的冲击下，传统的控制型权力结构分崩离析，由分散化的权力结构所替代。"④ 网络空间中来自不同领域的力量展开了权力争夺，个体与群体的组合方式在不断变化，从而也持续地创造出新的权力主体。不同主体占有的社会资源不同，吸收的社会成员不同，从事的社会活动不同，产生的政治影响不同。主要影响有：

一是对政治立场方向的影响。政治立场体现政党性质。中国共产党人必须要坚守政治立场，才能凝心聚力，发挥出最大团结力量。但是，网络

① 中共中央宣传部：《习近平新时代中国特色社会主义思想三十讲》，北京：学习出版社，2018年，第310页。
② 陈联俊：《网络空间中马克思主义认同的挑战与应对》，《马克思主义研究》2017年第6期。
③ 中共中央宣传部：《习近平新时代中国特色社会主义思想三十讲》，北京：学习出版社，2018年，第310页。
④ 刘文富：《网络政治——网络社会与国家治理》，北京：商务印书馆，2002年，第247页。

空间中政治思潮多样、多元、多变，通过不同的网络技术手段和渠道渗透传播，尤其对不同个体思想潜移默化地发生作用，逐渐消解党的政治立场的坚定性和统一性。网络空间中不同的政治群体，也在不断传播自己的政治观念，带来政治威胁。

二是对政治原则路线的影响。中国共产党的政治原则和路线方针关系中华民族的未来发展，维护中国共产党的发展道路实质上就是捍卫国家利益和人民利益。网络空间中不同国家的意识形态基于各国实际情况，在不同人群中传播扩散，产生不同的社会影响。在互联网传播政治路线的过程中，基于政治利益考量，不同主体会对之进行不同的解读和转换，甚至会曲解、反讽和丑化，从而带来不良的政治后果。

三是对集中统一领导的影响。在复杂多变的全球化背景下，集中统一的政治领导对于统一全党意志、凝聚全党力量，有着不可替代的价值作用。"随着互联网快速发展，包括新媒体从业人员和网络'意见领袖'在内的网络人士大量涌现"①，网络空间中无边界的信息流动带来异质化思想的冲击力越来越大，导致一些网民对领导权力的合法性、领导人物的权威性、领导方式的合理性等产生质疑，对此需要基于网络空间设计政治领导机制，防止网络政治领导权旁落。

## （二）党内政治生活形态发生转变

党内政治生活关系的建构对于形成良好的政治生态有着基础性作用。党章规定："每个党员，不论职务高低，都必须编入党的一个支部、小组或其他特定组织，参加党的组织生活，接受党内外群众监督。党的领导干部还必须参加党委、党组的民主生活会。"②

在网络空间中，组织形态发生了变化，虚拟社会关系代替了现实社会

---

① 习近平：《习近平谈治国理政》（第二卷），北京：外文出版社，2017 年，第 325 页。
② 《中国共产党章程》，北京：人民出版社，2017 年，第 14 – 15 页。

交往，符号化的主体表达代替了直接的政治交流，政治主体交往空间大大拓展，不再局限于地理时空限制，可以在不同的网络组织之间进行话语转换，而且由于网络空间中的技术中介性特质，政治主体之间的交流显现出隐蔽性、复杂性和交叉性，由于组织生活形式的变化，原有的组织运行机制也发生变革，组织体系中个体与个体、个体与群体之间交流越来越多，而且随时会与其他社会组织产生信息沟通，对党的不同层级组织领导方式提出了更高的要求。党的组织生活必须适应网络空间组织的立体化、多元化、视觉化的表现形式，适时进行组织创新，不断改进网络政治沟通效能。在网络空间中，党员干部与群众之间的生活同质化程度越来越高，既能使党员及时感知社会变化和群众心声，也可能导致部分党员干部模糊自身的思想意识，忽略党的组织原则，放弃示范带头作用，或者忽视网络空间中的交流特性，放松对自己的网络政治要求，甚至出现违背党性原则的言行。

在党内政治生活中，文化形态发生作用的方式是无形的，但影响却是长期的。"发达国家通过网络向受众连续不断地传递文化信息，将其意识形态、价值理念强加于人，不可抗拒地影响受众对其的感受和价值判断。"[①] 网络文化以其特有的具象化表征迥异于现实文化，网络政治文化呈现交融和交锋的特点，不同政治派别、理念、思潮、观点等并存，彼此之间对抗和冲突的概率大大增加。党内政治文化生态不可避免地受到网络文化冲击，一些意志不坚定的党员干部可能会沉浸在网络自由主义文化氛围之中，被错误观念所诱导，成为西方意识形态演变的思想俘虏。

## （三）党的政治制度建设需要加强

"民主集中制是党的根本组织原则，是党内政治生活正常开展的重要

---

① 刘文富：《网络政治——网络社会与国家治理》，北京：商务印书馆，2002 年，第 228 页。

制度保障。"① 中国共产党通过民主集中制来吸纳全党的智慧力量，同时保证党的决策效能，对党和国家的发展起到政治保证作用。

但是，随着网络技术的普及，党在网络空间中的民主集中制度于无形之中被逐渐改变，民主的范围看似在不断扩大，党员个体的信息自由在不断扩张，个体可能通过网络技术获取瞬时的信息资讯，政治视野不断拓宽，思维能力不断增强，但是网络空间民主却可能遭遇"信息陷阱"，即个体获得的繁杂信息越多，政治信仰的坚定性越薄弱，对主流政治信息的怀疑批判性越突出，出现"群体极化"现象。② "在商业化的网络空间中，真实的民意和公民参与所诠释的民主有可能被无所不在的商业利益侵蚀和封杀。此外，网上恶搞、网络暴力、'人肉'搜索等情绪化和非理性行为也容易导致网络民主走向反面"③，逐渐瓦解中国特色社会主义的政治制度优势。

同时，网络技术在一定程度上为个人主义等不良思想提供了生存空间。"移动互联网使人的社交关系更为复杂多样，呈现出'缺席的在场'与'在场的缺席'两种并存状态。"④ 以微信为代表的网络工具更是为"圈子文化"提供了技术基础，个体可以在微信空间中构建起符合自身利益的群体交往，从而将圈子利益和整体利益区分开来，在网络空间与现实社会呈现出两种不同的思想和行为模式，为两面派和两面人提供技术支撑，对党的执政根基形成了一定的威胁。网络空间中部分党员干部忽视自身的政治角色和政治定位，难以通过政治制度加强政治修养，党内"三会一课"、民主生活会、组织生活会、谈心谈话、民主评议的制度环境发生改变，政治权力的制约和监督机制难以发挥作用，也就更加突出了加强网络空间党内政治制度建设的必要性。

---

① 《关于新形势下党内政治生活的若干准则》，北京：人民出版社，2016 年，第 22 页。
② 徐明江：《"网络民主"与我国民主政治建设》，《当代世界与社会主义》2012 年第 4 期。
③ 陈潭：《治理的变革：网络空间的意义世界与行动逻辑》，北京：人民出版社，2017 年，第 17 页。
④ 王力：《移动互联网思维》，北京：清华大学出版社，2015 年，第 2 页。

## （四） 党的政治能力水平要求提升

在不同的政治环境中，中国共产党的政治能力水平要求各不相同。党
的十九大报告指出，"要深刻认识党面临的执政考验、改革开放考验、市
场经济考验、外部环境考验的长期性和复杂性，深刻认识党面临的精神懈
怠危险、能力不足危险、脱离群众危险、消极腐败危险的尖锐性和严峻
性"①。在网络空间环境中，党的政治信念遇到的挑战越来越多，既有虚拟
技术带来的政治风险，也有利益分化带来的政治意识碰撞，还有文化交融
带来的思想观念的交集以及社会扁平化带来的不同阶层诉求的表达，对党
把握方向、大势、全局的能力以及保持政治定力、驾驭政治局面、防范政
治风险的能力都提出了新的要求。

第一，在政治责任担当上，网络空间主体是以不同符号作为身份表达
的，无形之中降低了政治主体的自律要求，加大了追责的成本和概率。网
络空间中如何坚定党员干部的政治理想，提升政治素养成为亟待解决的
问题。

第二，在政治能力历练上，信息技术变化速度迅捷，不可能一劳永逸
地进行能力培养，需要强化党员干部的自我激励和自我提升能力。如何促
使党员干部了解网络信息的传播规律、网络舆论的变化规律、网络思潮的
发展规律，能够因时而变、因势而行，适时转化矛盾、化解冲突，成为网
络执政的行家里手，这些都值得深入探索。

第三，在政治纪律约束上，网络空间中党员干部的活动范围大大增
加，社会交往领域大大拓宽，可以随时随地与国内外政治派别、势力接
触，无形之中加大了违反政治纪律的风险。尤其是在大数据时代，社交媒
体的运用几乎渗透在所有工作生活之中，党员干部无法将自己的工作与生

① 习近平：《决胜全面建成小康社会 夺取新时代中国特色社会主义伟大胜利》，北京：人民出
版社，2017 年，第 61 页。

活分割开来，既有保持自身政治定力、抵御政治诱惑的考验，也有维护党员政治形象、体现政治作风的考验。网络空间中的社会交往表达范式呈现出碎片化、感性化、娱乐化倾向，理性化语言传播效率大大降低，党员干部需要在网络空间中加强与群众的联系，学会走网络群众路线，深刻认知网络互动的特点和趋势，不断改进自身的网络沟通能力水平。

## 二、造成网络空间党的政治建设问题的原因

为什么在网络空间中党的政治建设面临诸多问题和挑战？原因是多方面的，既有网络思想方面的，也有政治方面和经济方面的，还有意识形态方面的。

### （一）网络错误思潮推动

网络空间出现的个人主义、分散主义、自由主义等错误思潮，极易按照不同的利益和诉求聚集起来，进而壮大声势，扩大影响。

一是个人主义。个人主义是指"把个人利益绝对化，一切以个人利益为出发点的思想。它是私有制经济在人们观念中的反映"①。网络空间中信息流动的全球化，无形之中推动个人主义价值观的流行和集体主义价值观的解体。在以互联网技术为基础的网络空间，个体通过网络获得在现实社会难以发挥的传播力量，不断唤醒自己的主体意识和利益诉求。可以说，个人主义利用网络技术获得了滋生的温床和载体，同时还会在网络空间扩张自己的势力范围。

二是分散主义。"分散主义是一种各自为政的思想和行为，它只要自由不要纪律、只想独立行动而不顾整体协同，是个人主义的极端表现形

---

① 许征帆主编：《马克思主义辞典》，长春：吉林大学出版社，1987年，第61–62页。

式，本质上是无政府主义。"① 分散主义破坏党的集中领导，损害党内团结统一，影响党的政治形象。在网络空间中，分散主义以社交媒体为手段逐渐呈现出来，比较典型的是圈子文化——微信、微博、QQ 等都在圈子文化塑造中发挥了不同程度的作用。圈子文化事实上就是以小集团利益、价值和追求为纽带形成的社会群体文化。"圈子文化是破坏党内政治生态的顽疾，危害不容小觑。"② 网络空间的圈子文化更具隐蔽性、随机化和复杂性，在很大程度上已经突破了党的纪律和规矩的要求，依赖于不同的"潜规则"运行，给党的集中统一领导带来危害和冲击，逐渐侵蚀党的政治建设，导致党内关系的庸俗化，破坏党内政治生态。

三是自由主义。自由主义的"具体表现是：一团和气，放任自流，事不关己、高高挂起，无组织无纪律，不关心群众疾苦，个人利益第一等"③。自由主义是一种资本主义政治思潮，在互联网技术助力下得以不断扩散变种。网络空间的自由主义思潮与个人主义密不可分，它以个人主义为基础，并在不同网络领域中体现出来，对加强党的政治建设危害极大。对于网络空间中反党、反马克思主义的言论视而不见，充耳不闻，甚至加入其中，发表不当言论，破坏党的网络政治形象，或者对于网络空间中人民群众反映的呼声置之不理，解决问题毫无作为，我行我素，不能有效贯彻党的路线方针政策等都是网络自由主义的表现。

## （二） 网络政治影响扩大

在网络空间中，互联网技术是社会发展的基础，技术逻辑对于政治主体关系和活动变化产生决定性影响。

一是网络政治关系。在网络技术建构起来的社会空间中，所有的政治关系都离不开技术推动，技术变化会带来政治生活的变化。尤其是政党与

---

① 杨海波：《坚决反对分散主义》，《人民日报》，2017 年 12 月 22 日第 7 版。
② 孔德永：《防止和反对圈子文化须臾不可松懈》，《人民日报》，2018 年 3 月 14 日第 7 版。
③ 许征帆主编：《马克思主义辞典》，长春：吉林大学出版社，1987 年，第 441 页。

社会之间的沟通渠道大大拓展，技术将个人时间与工作时间紧密结合起来，打破了时空界限，大大提升了政治效能，同时也模糊了政治界限。政治关系之间的交叉融合度不断增加，不同性质的政党竞争范围不断扩大，"互联网的潜能使以前被边缘化的或是新的党派出现并与老党派展开竞争，也可能有助于无党派甚至反党派的政治运动"①。而且，互联网技术也在政党与个人之间关系建构上产生革命性的冲击，政党通过社交媒体可以传递自己的政治信息，个体也可以直接在网络空间中全面了解政党主张，并通过社交工具进行支持或反对，形成网络舆论效应，带来新的政治变化。

二是网络政治动员。网络空间中党的政治建设需要加强政治活动，尤其是网络政治动员能够不断强化党的政治凝聚力和吸引力。网络政治动员是指政治主体利用网络技术进行政治活动，实现政治目的的过程。"自发性网络政治动员与政府网络政治动员呈现出明显的非对称状态。"② 在网络空间中，不同政党的政治动员效果差异明显，既有政党自身实力的影响，也与政党适应网络技术发展的能力和水平有关。中国共产党在现实社会中具有严密的组织动员机制和丰富的政治动员经验，在网络空间的政治动员中，同样需要进行探索和尝试，逐步建立适应自身政治目标的网络动员机制。

三是网络政治生态。"网络政治生态是网络空间范围内，网络政治主体及其环境之间形成的结构功能关系。"③ 网络空间中党的政治建设离不开政治生态环境，不同的政治生态需要不同的政治建设举措。在网络政治生态系统中，政治主体在不同的环节发挥自己的价值作用。一方面，政治运行机制更加公开透明，无数个体通过互联网对政治机构和政府人员进行网络民主监督，从一定意义上促进党的政治公信力不断提升；另一方面，政

① ［英］安德鲁·查德威克著，任孟山译：《互联网政治学：国家、公民与新传播技术》，北京：华夏出版社，2010年，第199页。
② 娄成武、刘力锐：《论网络政治动员：一种非对称态势》，《政治学研究》2010年第2期。
③ 孙萍、赵海艳：《网络政治生态界说》，《探索》2016年第4期。

治议题的随机性和个性化色彩越来越明显，多样化的政治议题在不知不觉中催生政治极化现象，诱导网络舆论偏向，不利于开展党的政治建设。

## （三） 网络利益结构变化

"以信息技术为中心的技术革命，正在加速重造社会的物质基础。"[①]在网络空间中，不同的社会群体都在搜寻能够扩大自身利益的机会，推动网络社会结构变化。

一是利益主体。在网络空间中，利益主体的复杂性大大增加。伴随信息技术进步而发展的网络产业，极大地丰富了利益主体内涵，扩大了利益主体范围。随着网络技术与传统产业的融合进程不断加快，加入网络利益主体的产业人群数量加速增长，逐步促成了网络虚拟市场的繁荣。值得高度关注的是，网络空间中的违法犯罪行为随之出现，带来的巨额利润刺激着资本投入。也就是说，网络空间利益主体的两面性特征明显，既有积极促进社会发展的商业主体，也有破坏社会秩序的违法主体。不同的利益主体有不同的利益诉求，带来政治主体和政治建设的变化。

二是利益逻辑。网络空间中的利益逻辑体现的流量化、平台化、整合化趋势越来越突出。网络空间中流量决定着社会影响，决定着市场关注度，也决定着利益来源途径。网络空间中的平台效应越来越突出，要想在海量的网络信息中体现自己的利益价值，必须要塑造社会知名度高的网络平台或网络品牌，尽量减少网络流通中的信息损耗，保证利益渠道畅通。网络技术的渗透性决定着利益整合性越来越强，不同的利益主体可能在网络空间中跨界合作，进行网络商业模式创新，推动网络利益格局变动。利益格局的变化预示着政治基础的变革，促进政治建设生态改变。

三是利益风险。网络空间的虚拟性增加了利益冲突性和不确定性。从

---

① ［美］曼纽尔·卡斯特著，夏铸九、王志弘等译：《网络社会的崛起》，北京：社会科学文献出版社，2006年，第1页。

利益冲突来说，不同利益诉求之间的矛盾激化，信息的透明化促使网络空间中的利益竞争更加明显，网络利益主体要在利益冲突中寻找机遇，需要利用多重途径方式，甚至可能突破政治和道德底线。网络空间中利益风险的隐蔽性和扩散性尤为突出，技术、信息、市场、管理、制度等都会从不同层面带来风险挑战。网络政治风险也会与利益风险之间相互作用、相互影响，从而改变党的政治建设要求。

### （四）网络意识形态对抗

"互联网是意识形态工作的主战场、最前沿。"[①] 网络空间中意识形态交融、交互、交锋的现象层出不穷，既有显性的意识形态冲突，也有隐性的意识形态渗透。不同性质的意识形态对网络话语权的争夺从来没有停止，充斥在网络空间不同领域之中。

一是国内外意识形态。"从战略上而言，西方发达国家利用'信息强势'和'网络霸主'地位，以互联网为媒介和渠道向其他发展中国家和非资本主义国家推销自己的意识形态。"[②] 中国共产党以马克思主义为主流意识形态，始终坚持发展马克思主义，适应社会主义建设需要。但是，网络空间中西方国家企图用新自由主义等意识形态来颠覆马克思主义，方式多样，手段多变，既会大张旗鼓地鼓吹西方意识形态的理论学说，也会渗透在以网络影视、游戏等为载体的文化产品之中，通过推销西方的名词概念、消费导向、文艺器物、生活方式等争夺意识形态阵地。

二是党内外意识形态。网络空间的意识形态不仅有中国共产党提倡的主流意识形态，同样存在着多种非主流意识形态，如历史虚无主义、民粹主义、文化复古主义等。这些意识形态来源的复杂性，也会对主流意识形态形成不可忽视的挑战。历史虚无主义在网络空间影响广泛，通过重新解

---

① 中共中央宣传部：《习近平新时代中国特色社会主义思想三十讲》，北京：学习出版社，2018年，第220页。

② 刘永志：《西方意识形态网络渗透新态势及我国对策研究》，《马克思主义研究》2017年第12期。

读历史等手段，否定中国共产党领导的合法性和马克思主义的指导地位。由于它们往往打着学术研究的旗号，极具欺骗性和蛊惑性，对扰乱社会思想、消解主流意识形态起到关键性作用。民粹主义意识形态在网络空间中表现充分，打着"维护民众利益"的旗号，迎合大众情绪和意愿，谋求政治关注和政治利益。民粹主义貌似追求民主，以此迷惑大众，但由于没有从长期的政治考量出发，反而可能损害国家利益。文化复古主义提倡回归传统文化，寄希望于以封建主义意识形态复兴中华民族，实质上脱离了中国社会实际状况，最终必然陷入表里不一的失败境遇。

三是网络内外意识形态。网络空间中的意识形态与现实意识形态之间交流频繁，彼此联动，形成新型意识形态格局，推动意识形态领域发展。"由数字技术、影视媒体和互联网推动的视觉文化，正以日新月异的速度替代文字文化的统治地位。"① 网络空间中的技术发展促进了意识形态感性表达的兴起，就是通过表情包、动漫、游戏、视频、直播等来呈现不同意识形态的思想观念，改变现实意识形态理性传播路径，从而将意识形态对抗形式扩大化。

# 三、网络空间党的政治建设问题的应对

网络空间中党的政治建设问题的出现不是偶然的，并且随着互联网技术的发展而改变表现形式，需要切实强化解决对策，凝聚政治力量，实现政治目标。

## （一）规范党员网络政治言行

在网络空间党的政治建设之中，首先需要解决的就是党员干部的言行

---

① 刘少杰：《当代中国意识形态变迁》，北京：中央编译出版社，2012 年，第 43 页。

规范问题。"理想信念动摇是最危险的动摇，理想信念滑坡是最危险的滑坡。"① 有些党员干部理想信念不够坚定，难以抵御各种腐朽错误思想的侵蚀，表现为网络空间中的言行与现实言行不一，在公开正式场合拥护党的政治路线方针政策，在网络私人社会交往中发牢骚、说怪话，甚至攻击党的领导地位等，带来不良的社会影响。加强网络空间党的政治建设，需要从三个方面规范网络政治言行。

一是加强网络政治言行培训。在网络空间中，"现实本身（亦即人们的物质与象征存在）完全陷入且浸淫于虚拟意象的情境之中，那是个'假装'的世界，在其中表象不仅出现于屏幕之中以便沟通经验，表象本身便成为经验"②。部分党员干部难以适应互联网传播带来的巨大变革，不能适时提升网络认知能力和水平，造成信息上的滞后和工作上的被动。要提升党员干部的网络政治素养，需要切实加强网络教育培训，既要及时培训网络前沿技术，掌握最新网络信息传播手段，熟悉网络运行机制，也要不断把党的最新理论成果作为培训内容，用发展的马克思主义武装党员干部的头脑，增强政治敏感度和鉴别力，筑牢政治思想防线，抵御网络空间中错误社会思潮的腐蚀诱惑。

二是网络政治纪律法规。中国共产党作为执政党，党员干部要想获得人民真心支持和拥护，就必须言行一致，表里如一。网络空间党员干部的政治言行接受法律和党纪党规约束既是加强党的政治建设的需要，也是国家实现长治久安的要求。规范党员干部的网络政治言行，既需要及时根据网络技术发展，不断创新党纪党规，加强对网络政治法规的研究，避免短期效应，形成长效机制，还要注重提升党员干部联系实际，进行网络空间创造性工作的能力，切实增强网络空间党的政治凝聚力和战斗力。

---

① 中共中央宣传部：《习近平新时代中国特色社会主义思想三十讲》，北京：学习出版社，2018年，第315页。
② ［美］曼纽尔·卡斯特著，夏铸九、王志弘等译：《网络社会的崛起》，北京：社会科学文献出版社，2006年，第351页。

三是完善网络政治言行监督。"要把权力关进制度的笼子里,一个重要手段就是发挥舆论监督包括互联网监督作用。"[1] 党员干部的网络政治言行随时可能成为导火索,引发不同程度的政治事件,需要接受纪检机关、媒体舆论、社会大众等不同方面的监督约束。只有将党员干部的网络政治言行纳入监督体系之中,才能促进党员干部加强网络自律,切实发挥出言行示范作用,带动网络政治生态的转变。

## (二) 强化网络政治内容建设

网络空间中的政治主体要想得到更多的政治关注,必须要不断地进行政治内容输出和转化,转变网络政治环境。

一是规制资本导向。党的政治建设离不开利益导向,只有有效地利用经济手段,才能有效地加强政治建设,促进政治发展。网络空间的信息流动在很大程度上被资本钳制,服务于资本利益需求。凡是有利于资本增殖的信息内容,就能够加快流动,反之则可能被扼杀在萌芽之中。要恰当地运用多重方式在网络空间中体现党和国家的政治意志,不能放任资本主宰一切,既要发挥资本活力,又要控制资本的政治导向。党和国家的主要政治网站和社交媒体要牢牢掌握在国有资本之中,避免资本股权稀释带来的政治话语权失控。[2]

二是壮大政治声音。当前网络空间中消费主义和娱乐主义倾向盛行,能够引起社会广泛关注的大多是充斥着商业欲望和感性诱惑的信息资讯。在现实社会中难以呈现的"三俗"声音借助网络技术的声光效应,吸引公众眼球,甚至得到国外势力的推波助澜,实现不可告人的政治目的。加强网络空间党的政治建设,不可能仅靠个别网络载体发挥力量,必须要明确网络空间的主流政治导向,占据网络空间的主要传播渠道,旗帜鲜明地展

① 习近平:《习近平谈治国理政》(第二卷),北京:外文出版社,2017 年,第 337 页。
② 陈联俊:《网络空间中马克思主义认同的挑战与应对》,《马克思主义研究》2017 年第 6 期。

现党的政治主张，要将体现政治意志作为网络空间主体的政治任务。

三是转化政治话语。政治内容的传播需要有合适的话语表达形式，网络空间的话语表达突出受众需求，只有从受众心理出发，才能获得最佳传播效果。网络政治话语既要坚定政治立场，也要适应网络传播规律，将注重宏观叙事的理性论述转化为微观透视的感性表达，通过具象化的网络传播手段，创造出喜闻乐见的政治素材，激励人民群众自发地进行政治传播，从而加速实现政治现代化目标。互联网技术"赋予了网络参与主体前所未有的自由与平等，建构了一种自由表达的机制"①。在网络政治话语转化中，要突出青年的政治需要，满足青年政治期待，既要用正确的价值观引导青年科学认识社会发展趋势，也要充分调动青年的政治情感，动员其参与主流意识形态传播。

## （三）引导网络政治舆论倾向

网络政治舆论与党的政治建设相辅相成，只有构建良性政治互动机制，才能将网络舆论转化为推动政治建设的契机。"舆论场中的'泛社会化'、'倒逼'与'越位'等舆论现象等对党的舆论引导力造成一定程度的挑战。"② 任何现实问题都可能迅速在网络舆论中发酵放大。在引导网络政治舆论过程中，需要从以下方面加强力量。

一是网络政治舆论预案。网络政治舆论与重要政治事件有着紧密联系。根据政治事件的历史影响，可以有针对性地制订网络政治舆论应对方案，充分考虑重要历史人物、时间、地点等因素的连锁反应，并采取相应对策。在网络政治舆论中，党和国家重要历史人物的政治评价经常会成为舆论起点，要对此进行预案准备，以防止舆论偏向。在处理网络政治舆论事件中，要分门别类地对不同类型参与者进行心理分析和行为评估，既要

---

① 熊光清：《中国网络政治参与的形式、特征及影响》，《当代世界与社会主义》2017 年第 3 期。
② 赵成斐：《多元舆论场中党的舆论引导能力研究》，《政治学研究》2014 年第 1 期。

有整体上的正面引导，又要有个性的差异化对待。网络政治舆论具有高度的复杂性，经济社会发展问题可能转化为政治问题，要解决网络政治舆论，必须要找到舆论成因和内在逻辑，防止误判形势，引发负面效果。

二是网络舆论应急机制。网络政治舆论的发生不可避免，而且可能循环往复，需要全方位调动资源，建立应急机制。从人员配备上，需要培养一支既有一定政治素养又能熟练运用网络技术的骨干队伍，能够第一时间进行正确舆论研判和分级处理，防止舆情误判带来事态扩大和矛盾激化。在部门配合上，需要调动多部门联动合作，既要有擅长处理突发舆情事件的行政人员，也要有善于转化矛盾冲突的公关专家，还要有长期从事舆论传播研究的专家学者等，发挥应急舆论处理的综合效应。在舆论引导上，要对舆论性质进行分类处理，通过多样化的评估体系来对舆论演化进行适时监控，保证网络政治舆论的可控性。

三是网络舆论领导权。"要旗帜鲜明坚持党管宣传、党管意识形态、党管媒体，坚持政治家办报、办刊、办台、办新闻网站，在政治方向、舆论导向、价值取向上立场坚定。"① 网络政治舆论中的信息膨胀、技术控制、传媒文化、语言传播等都可能消解主流意识形态影响力，强化网络空间党的政治建设需要切实重视把握网络政治舆论领导权。网络空间权力呈现出知识化、分散化、个体化特征，掌握政治舆论领导权需要高度重视党在网络空间中的信息权威性，党员干部要亲自示范，积极与群众交流沟通，用真实详尽的数据说服群众，用亲切易懂的网络语言打动群众，针对不同的受众对象打造舆论矩阵，塑造舆论场景，获得网络民众的理性认同和情感认同。

## （四）发挥网络政治治理功能

网络空间党的政治建设是长期系统性工程，"要提高网络综合治理能

---

① 中共中央宣传部：《习近平新时代中国特色社会主义思想三十讲》，北京：学习出版社，2018年，第217页。

力，形成党委领导、政府管理、企业履责、社会监督、网民自律等多主体参与，经济、法律、技术等多种手段相结合的综合治网格局"①。网络空间的政治治理是按照既定的政治要求，对网络空间的政治秩序进行规范协调，实现政治目标的过程。

一是政治治理的主体。网络政治治理中党和政府要及时将最新的政治成果传递到网络空间之中，保证网络意识形态的主导方向，不断通过网络技术听取民众呼声，吸收民众意见，沟通上下渠道，畅通表达路径，将社会发展的突出问题归纳起来，加以综合解决，发挥领导作用。网络空间中的企业和个人需要明确自身的政治权利和政治义务，既要能够利用网络技术积极参与政治活动，贡献政治智慧和政治力量，也要在网络社会活动中遵守法律法规，用实际行动体现政治责任。网络空间中的社会群体组织形式多样，不同的政治活动影响各不相同，"行业自治成为网络社会治理的一股重要力量"②，要将网络空间主体的政治责任和社会责任并列起来，提高网络空间政治治理的实效性。

二是政治治理的目标。网络空间政治治理就是要加强和完善党的网络政治领导权，发挥调动网络空间不同主体的活力，维护网络政治主权，走中国特色社会主义网络政治发展道路，并且利用互联网促进社会主义协商民主广泛多层地制度化发展，在网络空间中体现社会主义协商民主的独特政治优势。网络空间政治治理的关键是建立起党和人民群众之间的网络信任关系，"长期共享信息的过程会使得人们建立基本的信任，这种信任极大降低了协商成本，增加了信息的生产效率"③。所以，要逐步建立公开化、透明化、法治化的信息共享平台，切实满足人民群众在网络空间中对

---

① 中共中央宣传部：《习近平新时代中国特色社会主义思想三十讲》，北京：学习出版社，2018年，第221页。

② 罗昕、支庭荣主编：《中国网络社会治理研究报告（2017）》，北京：社会科学文献出版社，2017年，第14页。

③ ［美］弥尔顿·L.穆勒著，周程等译：《网络与国家：互联网治理的全球政治学》，上海：上海交通大学出版社，2015年，第5页。

信息质量的需求。

三是政治治理的导向。网络空间政治治理要坚持正确的方法论，突出问题导向，抓住群众反映突出的热点问题，强调网络空间政治治理的系统性和协同性，以治促建，重在建设。网络空间中话语权力争夺逐渐出现，影响到了党和国家意识形态安全问题，要通过法治路径来进行意识形态治理，实现网络政治秩序的合理化运行。

习近平总书记多次指出："过不了互联网这一关，就过不了长期执政这一关，要确保互联网可管可控。"① 网络空间党的政治建设问题的出现和存在是长期性的，关系到信息化时代党的执政地位和国家的长治久安，需要深入研究其变化机理、影响因素和实践对策，才能保证党的政治建设方向和效果。

_____

① 中共中央宣传部：《习近平新时代中国特色社会主义思想三十讲》，北京：学习出版社，2018年，第220页。

# 网络空间中党外知识分子
# 政治认同的生发及提升①

---

**导　言**　党外知识分子是目前我国知识分子队伍中人数最多的群体，他们在网络空间中的言论行为影响深远，需要深入探究其政治认同问题。网络空间中党外知识分子政治认同的生发逻辑贯穿在政治观念来源、政治利益博弈、政治交往变化以及政治传播情境中，生发特质表现在专业性、指向性、公共性、批判性等方面，生发影响通过网络主体观念、网络社交媒体、网络舆论空间、网络公共领域体现出来。要从推进网络政治自觉、建构网络政治信任、维护网络政治权威、优化网络政治生态等方面增强网络空间党外知识分子政治认同，促进形成良好的网络政治环境。

---

党的十九大报告指出："加强党外知识分子工作，做好新的社会阶层人士工作，发挥他们在中国特色社会主义事业中的重要作用。"② 党外知识分子是指没有加入中国共产党的知识分子，包括参加各民主党派的知识分子和没有参加任何党派的无党派知识分子。中国互联网络信息中心（CNNIC）统计，截至 2020 年 6 月，网民群体中具有大专以上学历的知识

---

① 作者陈联俊、邓双全，发表于《东南学术》2021 年第 4 期。
② 习近平：《习近平谈治国理政》（第三卷），北京：外文出版社，2020 年，第 31 页。

分子数量约 1.77 亿。[①] 在中共党员队伍中此类知识分子总人数为 4 661.5 万名。[②] 也就是说，在网络空间中党外知识分子在我国知识分子队伍中占多数，具有活跃的思想观念和参政议政意识，热衷于在以互联网技术为基础的网络虚拟空间中表达见解、观点和诉求，对社会价值导向影响至深。政治认同指"人们在社会政治生活中产生一种感情和意识上的归属感"[③]。探究网络空间中党外知识分子政治认同的生发问题，开展有效治理，对夯实党和国家执政根基，促进社会稳定发展至关重要。

# 一、网络空间中党外知识分子政治认同的生发逻辑

党外知识分子是统一战线党外代表人士的源头，是我国人才队伍的重要组成部分，是建设创新型国家的重要力量。[④] 网络空间中党外知识分子政治认同有其独特的生发逻辑，涉及政治观念来源、政治利益博弈、政治交往变化以及政治传播情境等方面。

党外知识分子学历层次高，认知能力强，观点意旨自主，活动视域多向。网络空间中党外知识分子的政治认同由主体思想观念决定，与家庭环境、教育背景、经历活动、利益需求等深度关联，也在网络空间虚拟环境中发酵嬗变。在网络空间中，政治主体从现实存在转变为虚拟存在，从实体形式化身为符号表达。现实政治主体以身体为要素，以此时此地为表征状态，但在虚拟空间中，主体符号显示价值关系，延伸政治场域的互动仪式，转变了政治活动形态，建构了虚拟的认同空间。时空拓展带来观念来

① 《第46次中国互联网络发展状况统计报告》，http：//www.cnnic.cn/hlwfzyj/hl-wxzbg/hlwtjbg/202009/P020200929546215182514.pdf。
② 《2019年中国共产党党内统计公报》，http：//www.12371.cn/2020/06/30/ARTI1593514894217396.shtml。
③ 中国大百科全书总编辑委员会《政治学》编辑委员会、中国大百科全书出版社编辑部编：《中国大百科全书·政治学》，北京：中国大百科全书出版社，1992年，第501页。
④ 中共中央文献研究室编：《十六大以来重要文献选编（下）》，北京：中央文献出版社，2008年，第575页。

源多样，主体从不同网络渠道获取信息，融合个人记忆情感和价值研判，形成独有的政治认知和身份归属心理。"任何意识形态一经产生，就同现有的观念材料相结合而发展起来，并对这些材料作进一步的加工。"[①] 网络空间多样意识形态加上党外知识分子多元的政治立场，催化了多变的政治认同，带来了变动不居的网络政治生态。尤其是党外知识分子利用互联网获取政治信息和价值判断，算法推荐技术制造"过滤气泡",[②] 相同的事实得出不同的政治见解，冲击主流意识形态，改变主体的认同序列。对华持有偏见的西方媒体伺机收集情报，制造话语陷阱，编排政治隐喻，利用网络传播推送，影响党外知识分子的认同状态。意识形态的信念、理念和观念都在进行适应性转化，按照网络信息传播规律推广，多元化的意识形态力量冲击党外知识分子的价值取向，消耗认同资源，催生认同困境。主流意识形态在网络空间中的话语竞争优势体现在话语吸引力上，尤其是对代表性、有影响人士的说服力，通过网络体验和话语逻辑承载价值内核，唤醒主体内心的价值记忆，才能提升党外知识分子对党和国家的情感认同与理性认同。

网络空间政治力量存在政治博弈关系，利益多元伴随价值多元，呈现此消彼长的状态。首先，从党内与党外来说，执政党政治力量强弱关系政治影响力。网络空间中执政党权威与现实呈现非线性对称关系，执政资源在网络空间中发挥作用，需要适应网络空间政治规律，进行执政效能转换，合理调节利益分配，维护政党价值体系，体现人民利益向度。网络空间中党外力量的监督作用彰显，公共场域交融共生，形成了对执政党权力的制约。"政治认同是执政合法性的源泉。"[③] 网络空间党内外力量的利益博弈要求执政党既要有执政权威，也要受到权力监督，彼此的有效制衡影

①　中共中央马克思恩格斯列宁斯大林著作编译局编译：《马克思恩格斯选集》（第四卷），北京：人民出版社，2012 年，第 261 页。

②　郭小安、甘馨月：《"戳掉你的泡泡"——算法推荐时代"过滤气泡"的形成及消解》，《全球传媒学刊》2018 年第 2 期。

③　宋玉波、陈仲：《改革开放以来增强政治认同的路径分析》，《政治学研究》2014 年第 1 期。

响着党外知识分子的认同信念。其次，从国家与社会来说，国家力量建立在社会力量之上，两者关系的强弱对比形成不同的利益动力。"社会结构和国家总是从一定的个人的生活过程中产生的。"① 互联网技术赋权社会组织和个体，无数的社会群体在网络空间中以组织化或非组织化连接起来，形成庞大的利益团体。公民个体亦可直接通过网络渠道开展政治传播，成为政治活动的发起人或组织者。国家力量可以利用互联网技术强化管治，同时必须应对社会力量在网络空间的反制力，国家力量与社会力量的博弈状态改变党外知识分子的认同心理。最后，从国内与国外来说，网络空间中边界消融，不同政治主体的利益博弈改变了虚拟环境中的政治格局和政治态势。网络空间中政治安全与政治认同相辅相成，党外知识分子的政治认同随着网络政治秩序状况而变动。网络政治主体为了实现政治利益开展政治活动，彼此之间在竞争领域中必然出现矛盾或冲突。只有将网络空间利益矛盾管控在合理的限度，才能最大化地维护党外知识分子的政治认同水平，防止矛盾激化带来思想混乱。

网络空间中党外知识分子的政治认同突破现实时空场景，呈现虚实交互特性，体现在党外知识分子与执政党、政府、组织、公民的虚拟交往上。

第一，与执政党的交往上，党外知识分子利用互联网进行党际互动，及时获取执政党的执政理念，提供政治建议和意见，发表政治见解和看法，监督执政等。在与其他政党成员的适时交流之中，能够随时与不同政党进行合作，争取党外社会系统支持，扩大政治影响。

第二，与政府的交往上，党外知识分子在网络空间中可以发挥知识优势，提供专业咨询，参与政府活动，反映民众心声。网络空间中党外知识分子不受政府机关管理职能的掣肘，弥补政府治理不足，能够更多地利用

① 中共中央马克思恩格斯列宁斯大林著作编译局编译：《马克思恩格斯选集》（第一卷），北京：人民出版社，2012 年，第 151 页。

互联网技术获取信息，发现问题，协调关系，提升效率。

第三，与组织的交往上，网络组织形态打破传统社会秩序，实现了无差别的组织互动，不同政治组织主体处于信息开放环境之中，保证了信息权利的平等性，无形之中加速了政治民主化进程。"先进的技术逐渐干预我们的身份领域"①，党外知识分子的组织空间边界扩展，强化了身份认同的主体选择性，能够利用技术在不同性质的网络群体中进行政治互动，分享政治资讯，集合政治力量，进而促进政治交流，开展政治活动。

第四，与公民的交往上，网络空间党外知识分子具备角色优势，可以利用专业特长解疑释惑，反馈公民呼吁，强化亲和力和吸引力，尤其是在网络舆论极端化的场景中，党外知识分子作为第三方发表专业意见，弥补价值阙如，打破舆论旋涡，纠正舆论偏向，可以缓和社会矛盾，促进社会和谐。"认同的主体性并不是单向的，而是互动意义上的，是在不同主体之间的相互沟通、交流过程中建构的。"② 网络空间中党外知识分子的政治认同在与其他主体政治交往中产生、变化和发展。网络空间中党外知识分子的政治认同是在技术和资本的传播情境中形成，而且随着情境的改变而演化。政治传播情境指政治信息在一定传播环境中形成的情境，既包括政治主体目的性的政治宣传、政治沟通等活动情境，也包括不同的政治客体、政治关系、政治媒介等形成的文化情境。网络空间的政治主体和客体处于虚拟场域中，彼此之间的作用机制交相重组，政治传播从单向垂直式转变为双向互动式，两者力量交替共生，而且在传播过程中，不确定性因素随时干扰传播效果。在政治上，同类的人聚集在一起形成群体，他们在行为和信仰上与周围的人保持一致。③ 政治认同不是单一主体自行完成，

---

① KAZUHIKO SHIBUYA. Digital transformation of identity in the age of artificial intelligence. Singapore：Springer Nature Singapore Pte Ltd. ，2020：p. 31.

② 李友梅、肖瑛、黄晓春：《社会认同：一种结构视野的分析——以美、德、日三国为例》，上海：上海人民出版社，2007 年，第 5 页。

③ ［美］尼古拉斯·克里斯坦基斯、詹姆斯·富勒著，简学译：《大连接：社会网络是如何形成的以及对人类现实行为的影响》，北京：北京联合出版公司，2017 年，第 203 页。

而是在认同主体与周围环境反复的信息交换中强化形成。党外知识分子在网络空间中既会接受执政党的政治信息，也会与多元政治主体进行多维互动。由于网络空间政治活动的主体选择性，党外知识分子可以自行决定接受政治信息的渠道和频率，导致政治信息输入的窄化现象，形塑出相对封闭的"信息茧房"。认同"是在个体的反思活动中必须被惯例性地创造和维系的某种东西"①，不同政治主体的传播优势、传播力量、传播修辞的变化，产生不同的传播效果，尤其是在网络政治传播情境中，政治主客体之间相互转化，政治关系错综复杂，传播手段、情感表达、节奏频率、舆情动态等不断更替，对党外知识分子的政治认同起到催化作用。图像流和图像空间的全球化正从根本上改变空间性和人们对空间与地域的观念。② 网络空间政治主体的话语范式发生转换，从抽象式转化为具象式传播，从强制性转化为人本性传播，从垂直型转化为横向型传播，从扩散化转化为个性化传播，党外知识分子的政治认同潜移默化地被网络传播情境所转变，增加了认同状态的不稳定性。

## 二、网络空间中党外知识分子政治认同的生发特质

　　网络空间中党外知识分子的政治认同既发挥出专业化特质，也体现出指向性意涵。网络技术工具增强了党外知识分子政治认同的公共性，加深了政治认同的批判性，扩大了党外知识分子的政治影响力。

　　知识分子的社会价值在于擅长或精通特定领域的专业知识，能够运用相关知识对问题进行分析和判断，并在此基础上审视反思，推进对知识论域的认知和理解。知识分子本身使命决定着与众不同的思维方式和看待问

---

　　① ［英］安东尼·吉登斯著，赵旭东、方文译：《现代性与自我认同：现代晚期的自我与社会》，北京：生活·读书·新知三联书店，1998 年，第 58 页。
　　② ［英］戴维·莫利、凯文·罗宾斯著，司艳译：《认同的空间——全球媒介、电子世界景观与文化边界》，南京：南京大学出版社，2001 年，第 50 页。

题的群体视角，注重人格独立、精神自由。党外知识分子擅于从不同的专业维度来审视意识形态、政治制度和执政行为，政治认同呈现个性化特点，价值取向多元，不受制于主流的价值视角或传播维度，显示出科学理性以及审慎质疑的态度。"网络建构了我们社会的新社会形态，而网络化逻辑的扩散实质性地改变了生产、经验、权力与文化过程中的操作和结果。"① 互联网给党外知识分子带来新的发展契机，网络空间信息多元化色彩浓厚，知识的交流和沟通开放共享，增强了彼此之间的视域融合和信任合作。党外知识分子热衷于接受新知识和学科进展，在网络空间中与国外专业领域的交流频率增加，不可避免地产生情绪共振和情感共鸣，甚至文化认同。专业教师和社会科学家的社会、政治观点，在一定程度上比普通民众的观点更有影响力，② 网络空间中知识权力递进提升，内化巩固了党外知识分子的专业优势，增强了政治认同的知识维度。在网络空间中，党外知识分子自觉运用专业知识对国家或政党行为进行观察分析，尤其是对国家公职人员或精英人群的监督叠加推进，实质上为国家或政党自身的政治净化提供了机会和渠道。知识分子从注重专业学术到关注社会公共问题，促成了网络"公共思想"的形成，进而影响了社会舆论。③ 网络空间党外知识分子不仅局限于自身的直接政治影响，而且通过网络平台传播政治见解或观念，用价值分析提升公众的政治认知和政治素养，促使网络空间中社会民众的政治意识觉醒，逐渐重塑政治决策和政治治理的逻辑策略。

网络空间中政治主体通过互联网实现语言文字图像的交换，本质上是间接性交往，政治主体可以在网络互动中隐藏利益诉求和政治观念，通过技术媒介人为建构欺骗性的政治形象，但实质是不同政治主体的目的指向

---

① ［美］曼纽尔·卡斯特，夏铸九、王志弘等译：《网络社会的崛起》，北京：社会科学文献出版社，2006 年，第 434 页。

② ［美］卡尔·霍夫兰、欧文·贾尼斯、哈罗德·凯利著，张建中、李雪晴、曾苑等译：《传播与劝服：关于态度转变的心理学研究》，北京：中国人民大学出版社，2015 年，第 18 页。

③ 徐国源：《网络公共空间与知识分子价值重构》，《新闻大学》2015 年第 5 期。

性驱动着行为抉择。不同性质的意识形态对网络话语权的争夺从来没有停止，充斥在网络空间不同领域之中。[①] 在虚拟交往场域中，党外知识分子的政治立场多元，政治诉求多样，自组织性明显，受到信息、技术、资本、权力、文化各种因素的交叉影响，网络言行通过网络技术工具展现出来，遮蔽价值意图，以谋求最大化的社会支持或利益资源。网络空间中党外知识分子的多元价值观念深刻影响政治认同，表现形式复杂多变，状态不一，既会通过网络社交或虚拟活动显示利益倾向或价值取向，进行微信和微博点赞、转发、评论等，产生网络舆论反响；也可能隐藏真实的利益立场，在相对封闭的网络群体中交流政治观点，传播政治思想，在适当时机寻求利益表达。网络空间中党外知识分子政治认同的指向性来自利益群体的内在追求，具有一定的稳定性，但也受网络空间权力博弈和利益关系的影响。党外知识分子吸收来自虚拟空间的不同政治观点，政治认同存在多重考量，反映出不同政治集团的力量均衡状态，一方面在预制指向范围内关注执政问题，容易触发网络空间异质思想对主流价值的误读或曲解，可能在价值系统上损害政治信任；另一方面，通过党外知识分子不同指向的网络活动，也能够在一定程度上及时发现党和国家政治行为的正负效能，从而改进网络治理，规避隐性政治风险。

知识分子对社会事务的关怀源于社会责任感、基于理性求真精神可以透视社会现象，发现社会问题，推动社会进步，但对事实真相的局部认识或片面判断，以及纯粹从抽象的政治理念考量政治设计，就会陷入政治理想化的境遇。互联网给予党外知识分子透明的政治信息，能够及时获取更大范围的政治事实，但网络传播的中介性也会带来主体缺场。公共性是网络赋予知识分子的价值追求，是网络与知识分子结合的外缘与内需。[②] 党外知识分子更多地从公共视角审视社会发展的环境，必然出现与执政视角

---

① 陈联俊：《网络空间党的政治建设问题探析》，《当代世界与社会主义》2018 年第 5 期。

② 蒋琳：《网络知识分子：公共性与媒介化生存——从名人微博约架谈起》，《新闻界》2013 年第 15 期。

考量的差距。从执政视角来说，党外知识分子的公共理性有与公民权利共生的属性，可以推动执政党提高执政能力，完善执政条件，提升执政水平。同时，网络空间的技术迭代放大党外知识分子的公共价值追求特质，多元的政治期待和政治主张竞相投射，贯通汇集表达出来，与主流政治理想形成竞争图景。话语权的等级制度仍然通过各种方式被建立起来，在网络公共空间获得极大权重的仍然是一小群教育、职业和技术精英。[1] 党外知识分子借助网络价值载体，凸显情感表达和底层视角，形成公共话语论域。网络空间中不同政治价值的话语符号抢占网络场域的话语优势，划分话语权力的领域与边界。党外知识分子在网络空间中的政治认同呈现出多元多样多变色彩，既可能是对美好社会的追求和向往，也可能代表民众的心声和困境，还会反映政治群体的理想和信念，抑或公共利益的谋划和打算，以及"为了更好地追求在自由选择的各个领域的充分发展，尽快完成自我实现的意愿"[2] 等。网络空间党外知识分子的公共性政治追求在一定程度上促进社会信息公开，推动政治民主化，巩固中国特色社会主义的政治优势，但也会在一定程度上放大政治问题，不利于政治稳定和政治发展，延缓政治现代化进程。

知识分子本质上不是对权威的接受和支持，而是审视和评判，持续不断地理性质问和确证。执政党要依赖于卓越的执政效能、透明的执政环境、可靠的执政官员以及公平的执政程序等回应知识分子的政治诉求。"党外知识分子的政治认同不是本能式的'刺激反应'，更强调反思性和建构性。"[3] 网络空间党外知识分子的批判性持续强化，在于互联网拓宽了知识分子的学术视野和信息来源，突破了个体的知识和环境局限，能够充分利用互联网拓宽知识边界，改变思维范式，增强批判能力和效果。在政治

---

① ［美］马修·辛德曼著，唐杰译：《数字民主的迷思》，北京：中国政法大学出版社，2016 年，第Ⅲ页。

② 黄白：《论党外知识分子的政治要求》，《理论与改革》2003 年第 1 期。

③ 练庆伟：《价值认同视阈下新时期党外知识分子的政治认同》，《中央社会主义学院学报》2016 年第 1 期。

认同领域中，党外知识分子可以利用互联网来对政府人员、政治决策、政治利益、政治关系等进行全方位的即时监督，加大对党和政府的执政考验。从短期来看，党外知识分子的批判性监督可能带来政治信任的削弱和政治权威的消散；从长远来看，则有利于整体政治环境的改善和执政基础的夯实，促进国家长治久安。网络空间中党外知识分子政治认同的批判性在一定程度上促使党和国家更加关注民众需求，着眼长期利益考量政治设计和政治效能。政府官员从思想观念和行为决策上信念坚定，担当作为，绩效突出，才能不断积累政治成就和认同资源。网络空间党外知识分子政治认同的批判性长期存在，要将批判性监督作为执政动力，展现中国特色社会主义制度的优越性。

## 三、网络空间中党外知识分子政治认同的生发影响

知识分子是文化的主要创造者和传播者，是文化的载体，在文化建设中起着至关重要的作用。① 网络空间中党外知识分子的政治认同不仅对文化建设产生影响，而且作用于诸多领域，凸显价值意义，改变网络政治生态。

知识分子拥有理性知识，在创造和传播知识过程中确立政治信誉，带来政治观念的变化。党外知识分子由于政治派别的独立性，可以发出代表不同利益体的声音。互联网技术在党外知识分子的政治传播中起到了扩散作用，在民众中分享不同政治观点。在网络空间中党外知识分子的政治认同对诸多主体观念产生涵化作用，加速主体的政治整合或政治分化。第一，政治认知影响。互联网信息化既为政治认同提供了机遇和拓展空间，也带来了新的挑战。网络空间中意识形态的符号化、感性化、生活化表征

---

① 孙成武：《中国共产党文化建设史论》，北京：人民出版社，2013 年，第 82 页。

显现，信息传播的"马太效应"极易造成主流意识形态边缘化。① 知识分子具备专业知识帮助民众甄别是非真伪，客观上起到思想启蒙作用，尤其是对政治信息的价值判断，能够影响民众政治认知，指引认同方向。党和国家的政治决策不仅需要政治体制的传播力量，而且要借助党外知识分子的专业评判，提升政治动员效果。第二，政治情感影响。互联网技术的政治传播特性是即时互动，政治主体能够在极短时间内通过情绪传递，调动各方的政治资源，形成舆论风暴，造成政治压力。网络空间普通民众难以全面深入地审视舆论话题，可能被人误导或裹挟，不明就里地释放情感，成为舆情事件的推动者。在网络舆论的情感震荡中，党外知识分子的理性思维可以发挥话语支撑能力，稳定社会情绪，化解冲动行为。第三，政治态度影响。在网络空间中不同政治力量都会进行政治传播，民众对于政治观念的接受程度既受传播范围的影响，也会受第三方政治态度的影响。党外知识分子的身份能够显示政治立场的中立性，能够传递政治体制、政治思想、政治方针的信任程度，也能在一定程度上帮助抵制意识形态渗透，克服外部势力的蛊惑或诱导，保障中国特色社会主义的政治秩序。

政治认同是对政治信念的价值共识和价值实践，网络社交媒体具有交叉渗透特质，必然会对不同的政治价值作出评价。网络社交媒体集中反映了互联网的连接属性，越来越成为网络空间价值取向的驱动力量，而且逐渐集中折射社会问题，可以在极短时间内呈现问题焦点，如果不及时加以干预或纠偏，可能累积政治焦虑和社会矛盾，加大政治风险。党外知识分子的政治言行通过社交媒体扩散，呈现指数式爆发，形成社会共振，可以成为网络政治舆情的生发燃点。在网络社交传播过程中，党外知识分子在一定范围内成为社交媒体的舆论指针，通过专业分析的政治观点和见解在个体认知与政治现象之间建立起连接纽带，帮助民众明晰权利和义务，找

① 薛永龙、汝倩倩：《遮蔽与解蔽：算法推荐场域中的意识形态危局》，《自然辩证法研究》2020年第1期。

到价值归属，用行动参与政治系统的运行之中，形成政治认同。曼纽尔·卡斯特指出，"认同是人们意义与经验的来源"①，认同可以分为合法性认同、抗拒性认同和规划性认同。主流意识形态教育承担着合法性认同建构的任务，抗拒性认同一般需要复杂的政治社会化过程，网络社交媒体的政治分化可以承担抗拒性认同建构的使命，党外知识分子在对社交媒体政治事件的分析评判中，为建构不同的政治身份和政治角色起到促进作用。民众在反思中形成共同的政治意识、普及相似的政治理念、发起协同的政治运动，从而带来叠加的政治效果。而且，党外知识分子可以在网络社交媒体中帮助民众建构自我认同，在社交媒体中找到自己的社会网络，并从"生活政治"中获得价值认同。在规划性认同建构过程中，党外知识分子也能够利用社交媒体重新界定社会群体的角色地位，搭建网络价值交流平台，驱动网络价值世界祛魅，进而推动政治结构的转型和政治认同的增长。

网络舆论遵循从个体发声、群体发酵、社会扩散的链条环节，舆情事件是事实、信息、观点、情感、文化的集中碰撞，不同的舆论主体持有不同的利益立场、观察视角以及分析逻辑，从而带来大众狂欢式的交锋，给予国家、群体或公民以动力或压力。不同的网络舆论空间价值取向不同，党外知识分子从自身立场出发，承担不同的舆论角色。从舆论发起人来说，党外知识分子能够进行议题设置，把握舆论话题的主导路线和情绪基调，调动政治主体的积极性和主动性，将自己的政治观念传播出去，激发政治活力，促进政治发展。从舆论参与者来说，党外知识分子的优势在于深度的理性分析，依赖专业眼光，擅长多视角挖掘事实真相，全方位透视问题本质，精准剖析问题焦点，客观平衡多方关系，保持舆情可控性。同时，可以借助网络技术的互联共通性，对政治主体的舆论倾向进行挖掘诠

---

① ［美］曼纽尔·卡斯特著，曹荣湘译：《认同的力量》（第 2 版），北京：社会科学文献出版社，2006 年，第 5 页。

释，调动社会资源增强或削弱政治话语的解释力和说服力。在舆论演变中，党外知识分子能够起到舆论风向标作用，在网络舆论中发声的次数和频率也会改变知识分子的价值地位。党外知识分子的政治形象影响网络舆论空间的公信力，形象建构就是政治认同的外在表现，是长期言行形成的价值记忆和心理图式。党外知识分子的职业声望、专业知识和思维模式在网络舆论变化中的价值力量显著，只有克服专业视角、范式或偏见，协调吸纳不同领域的观点和见解，才能形成政治认同共同体。政治认同的实践过程既是主体客体化的过程，也是客体主体化的过程。[①] 党外知识分子政治认同对网络舆论的实践作用产生转化，舆论空间的变化因素反过来也会改变主体认同状态，强化或消解价值共识，彰显舆论的张力效应。

　　网络空间中公共领域的范围大大拓展，他人与自我的界限越发模糊。在网络公共领域中需要知识分子来充当信息仲裁人。[②] 从政治认同来说，涉及的网络政治参与、网络教育文化、网络公共服务等领域出现变化。"在所有现代国家里，公民是直接参与政府事务并受其影响的。"[③] 在网络政治参与领域中，党外知识分子既通过互联网获取大量的政治信息，增强自身的政治认知和理解能力，同时也会在不同的网络公共领域中进行价值创造。网络政治参与体现党外知识分子和国家政权之间的能量交换，国家开启便捷的网络参与渠道和途径，与参与者进行协商互动交流。党外知识分子通过网络参与活动，建言献策，反馈问题，从而获得彼此的理解和承认。但是，理想状态的实现既依赖于执政党执政过程的公开透明，为理性参与提供机会，也需要党外知识分子不断强化参与意识，提升政治参与能力和水平。在教育文化领域中，党外知识分子的政治认同作用凸显在价值导向上，网络教育、网络文学、网络游戏等都具有价值属性，也就必然承

---

　　① 方旭光：《政治认同的逻辑》，北京：中国社会科学出版社，2018 年，第 34 页。

　　② 刘文富：《网络政治——网络社会与国家治理》，北京：商务印书馆，2002 年，第 299 页。

　　③ ［美］塞缪尔·P. 亨廷顿著，王冠华、刘为等译：《变化社会中的政治秩序》，上海：上海人民出版社，2008 年，第 27 页。

担着政治教化功能。党外知识分子在进行教育培训、文学创作、游戏开发的过程中渗透价值倾向，就是间接的政治社会化过程，在某种程度上能够实现直接政治教化难以实现的效果。尤其是针对青少年的网络游戏，游戏中的人物设定、关系建构、场景分布、环节推进、奖励机制等都存在价值预设，并在游戏过程中改变青少年的价值追求。在网络公共服务领域中，党外知识分子承担着政治认同的激活和开发任务，其理性认同可以驱动公共服务的价值纠偏，摆脱资本宰制，回归社会本位要求。政治沟通在政治认同对国家稳定的正向预测机制中具有不可替代的作用。[①] 在网络公共领域互动沟通中，党外知识分子和多元政治主体的平等交流，就是在重塑公共精神和社会权力格局，开创新型网络政治文明。

## 四、网络空间中党外知识分子政治认同的提升路向

网络空间中党外知识分子政治认同是内外因塑造的结果，既要重视推进网络空间的政治自觉，也要强调网络权力互动中的政治信任，在发扬网络民主中维护政治权威，通过制度治理优化网络政治生态，促进网络政治发展。

当政治主体从事政治活动时，通过言行展现政治自觉的向度。党外知识分子在网络空间中的政治自觉深刻影响政治认同，可以通过政治信仰、政治情感、政治意志等不同方面推进。首先，澄清党外知识分子的政治信仰。政治信仰决定政治方向，网络空间充斥不同的政治主张和政治观点，党外知识分子具备理性思维，不易轻信谣言，但亦会被西方政治信仰所迷惑。西方政治主体带有鲜明的意识形态色彩，应利用互联网技术揭露西方政治价值的逻辑内核，厘清社会主义政治信仰的历史来源、成就特色、价

---

① 郑建君：《政治沟通在政治认同与国家稳定关系中的作用：基于 6 159 名中国被试的中介效应分析》，《政治学研究》2015 年第 1 期。

值优势，消弭模糊认知，防止党外知识分子的信仰产生偏差。其次，激发党外知识分子的政治情感。网络空间中党外知识分子的政治态度各不相同，不同的政治动机决定着迥异的政治行动。关注党外知识分子的网络政治活动，利用大数据技术分析政治行为轨迹，及时掌握网络空间政治认同的变化逻辑，创新传播载体手段，积极运用微博微信、社交媒体、视频网站、手机客户端等传播平台，运用虚拟现实、增强现实、混合现实等新技术新产品，① 分类激发主体内生情感，生产网络政治符号，塑造网络集体记忆，规训网络仪式场域，解决网络社会问题，化解网络矛盾冲突。最后，调节党外知识分子的政治意志。无论知识分子的党派归属如何，都类属统一的政治共同体。只有将政治公约数最大化，才能在互联网技术变化中找到共同的政治发展道路。党外知识分子虽然有不同的政治观点和利益主张，但坚持国家认同和法治底线是合作共赢的基础，线上和线下都以不能损害人民利益和国家利益作为政治要求，导引认同规则，筑牢认同根基。

知识分子能否被重视，并发挥出价值，影响现代化进程中的政治稳定。知识分子具备的专业性和批判性是执政党加强自身监督的重要资源。网络空间党外知识分子的集聚性强化了政治监督作用，要审慎对待党外知识分子的批判特质，保护党外知识分子推动社会的进步作用，关键是在执政党和党外知识分子之间建立可靠的政治信任纽带，要注重有针对性地做好党外知识分子的团结工作。② 网络空间政治信任的建构有三个方面：一是网络利益机制。互联网给予党外知识分子自由的知识空间和互动场域，强化了知识权力价值。党外知识分子开放的思维特性以及独立的人格特质决定其不会轻易认同权力规制，执政党要"照顾同盟者利益"，充分尊重党外知识分子的利益诉求。"建立各党政机关与党外知识分子的网络交流

---

① 《新时代爱国主义教育实施纲要》，北京：人民出版社，2019 年，第 17 页。
② 人民日报社理论部编：《深入领会习近平总书记重要讲话精神（下）》，北京：人民出版社，2014 年，第 537 页。

互动平台，不断拓宽协商的渠道"①，建立多元、灵活、高效的网络利益表达机制，畅通双向沟通渠道，扩大利益共识，最大化地巩固执政党与党外知识分子的利益基础。二是网络意识形态。网络空间主流意识形态话语要进行有效转换，将政治价值的理想崇高性转化为意识形态的理论解释力，通过表情包、漫画、动图、颜文字等丰富的多模态话语和政治修辞以及叙事逻辑等改进意识形态吸引力。紧跟网络技术前沿创新载体，不断更新主流意识形态与党外知识分子对话的沟通载体和手段，防止信息阻滞造成信任流失。意识形态传播要从纵向科层传播体系转向分层分类传播模式，尤其要与网络空间的社交媒体、舆情事件、娱乐游戏等密切结合，保持主流意识形态话语权的主导性。三是网络执政形象。党外知识分子不仅会了解执政党的执政理念，而且通过具体的机制体制和政策实施来评判执政成效。网络空间中微观的执政问题可能成为摧毁执政形象的导火索，网络执政既要关注民生需求，还要调适执政作风，及时畅通信息渠道，请党外知识分子专业介入，阐释政策背景，协调利益纠纷，缓和网络情绪，积累信任资本，体现开放包容的执政态度。

在网络空间中，发扬政治民主，吸收党外知识分子力量，在民主化进程中维护执政党的政治权威，保证政治权力合法性，防止执政资源流失。网络空间中的政治权威来自强大的网络执政效能以及宽严相济的网络治理尺度。从网络执政方式来说，将激励评价、创新发展、舆论引导等结合起来，利用党外知识分子的第三方属性来推动执政效能的提升，不断改进政府官员的网络执政素质。根据技术发展规律建立官员考核体系，激励官员更新技术观念，把技术服务的能力作为绩效评价指标，坚守权力人民性的价值立场，防止党员干部技术落伍损害政治权威。网络执政要转变执政理念，从垂直管理转向横向治理，根据执政客体变化调整执政方式和执政手

---

① 徐行、陈永国：《党外知识分子参与协商民主的现实挑战及克服路径》，《江西社会科学》2016年第8期。

段，实现多元主体共治。网络舆论点多面广影响大，不同的网络政治主体代表不同的价值取向及社会态度，要从网络舆论中发现社会心理的变化倾向，及时进行实质性的干预调节和问题处理，避免网络空间中负面情绪的累积和扩散，吸纳党外知识分子发挥专业优势参与网络治理，理性引导网络舆论，助推建构网络执政的良性循环系统。在网络党群关系构建中，"创新互联网时代群众工作机制"①，政府要利用大数据、云计算、5G 智慧等技术精准解决民众的重要关切问题，将前沿互联网技术应用到改进网络执政效能之中，不断巩固执政优势和执政信心。网络空间中党外知识分子政治认同要体现公平正义的政治理念，促使公共利益最大化，合理配置公民权利与国家权力，保障民众福祉。

网络空间是人为建构的技术场域，要逐步实现摆脱工具理性的宰制，回归价值理性的指引，防止技术偏离方向。党外知识分子在网络空间中担当政治责任，发挥政治能力，体现政治价值。一是政治参与。党外知识分子的政治认同建立在政治参与基础之上，网络政治参与是增强政治凝聚力的必要渠道。互联网技术特性决定着要协调好政治权力、社会权力和公民权利之间关系，调动发挥党外知识分子在政治参与方面的专业价值，不断提高党外知识分子政治认同和政治参与的社会化、制度化、规范化水平，②降低摩擦成本，通过制度正义实现制度认同，带动身份认同，提升网络空间公民的政治参与水平。二是政治社群。"针对特定群体，有效的方式是跟随社群的网络结构进行人与人的连接，实现快速扩散与传播，以获得有效的传播效果及价值。"③ 网络政治主体的符号化拓宽了政治活动的范围，社会交往对象复杂多变，对主体的政治鉴别力和敏感性要求更高，要将网络群体的政治要求具体化、明确化，尤其是注重网络自组织群体的价值导

① 《中共中央关于坚持和完善中国特色社会主义制度、推进国家治理体系和治理能力现代化若干重大问题的决定》，北京：人民出版社，2019 年，第 8 页。

② 梁丽萍、卫丽萍：《党外知识分子群体的政治认同与政治参与》，《中州学刊》2005 年第 3 期。

③ 唐兴通：《引爆社群：移动互联网时代的新 4C 法则》，北京：机械工业出版社，2015 年，第 4 页。

向，把握时机进行价值整合，影响党外知识分子的价值抉择。党员干部要在网络空间与党外知识分子进行互动，用自身的政治信仰和政治情怀带动党外知识分子的政治认同。三是政治监督。"非政府部门的数据聚集对政府有效监管提出全新挑战。"① 互联网改变了政治活动的时空场域，网络空间的政治监督要从网络政治生活着手，建设符合网络空间特点的政治规范机制，既要激励党员干部利用互联网技术进行政治活动，激发党内生机活力，也要用网络监督来规制党员干部的政治方向。对党外知识分子的网络监督进行制度化建设，通过机制体制明确政治主体的权利义务以及政治预期，防止随机化、片面化、孤立化的政治监督带来的负面效应，逐步优化网络政治生态。

"党外知识分子工作，是统一战线的基础性、战略性工作。"② 网络空间中党外知识分子的政治认同对执政党建设和国家发展产生长期影响，要"建立经常性联系渠道，加强线上互动、线下沟通，引导其政治观点，增进其政治认同"③。并且对其问题机理、价值旨归、影响要素、变化形态等进行跟踪研究，将党外知识分子紧密地团结在执政党周围，不断推进中国特色社会主义现代化事业。

① 5G 与高质量发展联合课题组：《迈向万物智联新世界——5G 时代·大数据·智能化》，北京：社会科学文献出版社，2019 年，第 161 页。

② 《巩固发展最广泛的爱国统一战线　为实现中国梦提供广泛力量支持——俞正声出席会议并讲话》，《人民日报》，2015 年 5 月 21 日第 1 版。

③ 习近平：《习近平谈治国理政》（第二卷），北京：外文出版社，2017 年，第 325 页。

# 算法技术的新挑战与网络思想政治教育的新举措①

**导　言**　随着算法技术的普遍化应用，网络思想政治教育环境发生变化，主要体现在教育理念、教育方式、教育手段的变革，教育理念上要加强对算法建模人员的教育和引导、运用算法技术提供的信息进行预测教育、运用法律和道德治理算法技术的滥用侵权、强化对算法技术的批判教育。教育方式要在正面主流价值教育的基础上加大社交互动，从普及传播转向精准推送，从横向灌输转向多维吸引，从主题教化转向场景教育。教育手段上要界定算法身份、拓展算法社交、创新算法叙事、营造算法文化等，开展网络思想政治教育活动，确保主流意识形态在网络空间的主导权和话语权。

习近平总书记指出："网络空间是亿万民众共同的精神家园。"② 基于算法的个性化内容推送已占整个互联网信息内容分发的 70% 左右，③ 算法时代已经来临。传统互联网信息扩散方式发生了巨大变革，算法可以根据

---

①　作者陈联俊，发表于《思想理论教育导刊》2021 年第 4 期。
②　习近平：《在网络安全和信息化工作座谈会上的讲话》，北京：人民出版社，2016 年，第 5 页。
③　彭训文：《我们需要什么样的"算法"？》，《人民日报》（海外版），2020 年 11 月 16 日第 5 版。

主体浏览、搜索以及言行轨迹进行即时推荐，进而使信息聚合的广度向深度拓展。随着教育环境的变化，网络思想政治教育从理念、方式和手段等方面都需要采取应对举措，以适应算法技术带来的网络空间教育环境的变迁，改进育人成效。

# 一、算法技术对网络思想政治教育的新挑战

"算法"是指随着大数据技术的发展，机器学习能力不断提升，通过计算系统实现对数据的精准收集和处理，进而开展信息匹配的技术能力。算法的普及性应用给社会关系和实践活动带来潜移默化的影响，进而改变了网络思想政治教育的环境生态。网络空间的信息系统运转规则发生改变，主体视角上信息仍然是自主决定的结果，但信息环境被算法按照主体习性进行了重新编排，体现算法驱动效应。

第一，算法根据个体喜好进行信息推送，助长"信息茧房"。算法根据个体在互联网上的行为数据，为个体的兴趣爱好、价值倾向、社交关系、活动轨迹等进行数字画像，进行合理化分析，构建信息模型，为其提供匹配性资讯，用同质化信息筑起算法屏障，遮蔽个体的自主性选择权利。算法在不断变动之中，多重因素影响算法建构的数据身份，在个体无法清楚认识网络空间信息内容的状态下，算法依据机器学习建构的个体模型进行引导，使其价值倾向和思维方式发生转换，使个体逐渐陷入"信息茧房"之中，出现认知偏颇、价值偏向和判断失误。"信息茧房"给网络思想政治教育环境带来的改变既体现在束缚了个体的主体判断力，使个体逐渐丧失对多元信息的敏感性，从而陷入可接受信息的封闭循环系统，自发屏蔽主流意识形态话语传播，实质上也就给思想政治教育活动制造了割裂的环境场域。

第二，算法按照数据模型进行身份建构，带来"身份危机"。网络空间的虚拟身份建立在现实主体基础之上，虚拟社会的主体表现形式不同，

但也是现实主体的延伸，同时通过数据多维度反映主体意志。算法可以通过元数据对主体身份进行再建构，① 一方面是算法通过个体的上网数据进行身份判断，为其建立身份模型，从而全方位了解用户隐私信息，给个体带来信息泄露的多维风险，影响个体的生存和发展；另一方面是数据建构的身份存在"失真"可能性。也就是说，算法通过设定模型进行身份识别时，存在着误判概率，导致大数据对个体的错误归类。在算法支配下，主体会失去对自己身份的网络支配权，逐渐沦为算法操纵的被动服从者，这是算法异化的体现，也是主体与算法之间的权力博弈趋势。算法本身是被支配的技术，背后是社会权力的操纵者。算法带来的身份危机改变了网络思想政治教育环境，既涉及无数个体的身份权利，也削弱了主体的身份权力。主体身份不再仅仅是个体的主动性建构，更体现在算法的数据建构上，这种建构身份在网络空间更大范围内被使用，给个体带来全方位的社会影响。

第三，算法遵循资本驱动进行程序设计，冲击道德和法律底线。算法支配信息，资本支配算法。资本按照增殖逻辑进行信息推荐，为了吸引眼球，增加流量，不断满足用户需求，特别是通过算法来迎合社会潮流，无形之中助长低俗化、庸俗化、媚俗化的社会风气。② 随着消费成为促进经济增长的重要动力，消费主义思潮甚嚣尘上，改变着网络空间的价值氛围。算法推荐标准人为设定，在更大程度上根据利益流量进行程序编排，实际上也会推动逐利性、娱乐性的价值需求。虚拟空间由于社会交往的匿名性和信息渠道的畅通性，多元化的社会思潮争相涌现并且可以在不同的网络场域中获得支持。算法无法区分社会思潮的价值取向和高低优劣，只能依据数字化标准进行分发推送，由此带来了"眼球效应"和"流量效应"。资本在很大程度上控制着算法技术前沿，为了实现资本需要，算法

---

① ［美］约翰·切尼－利波尔德著，张昌宏译：《数据失控：算法时代的个体危机》，北京：电子工业出版社，2019 年，第 40 –41 页。

② 陈联俊：《警惕资本逻辑影响网络舆论导向》，《红旗文稿》2018 年第 9 期。

必然按照利益逻辑进行技术改进，从而逐渐改变了主流意识形态的育人环境。而且，更重要的是资本驱动会挑战道德和法律底线。按照资本需求设计的算法技术，可能谋求规避道德和法律制约，冲击道德法律底线，形成瓦解社会主义核心价值体系的网络空间技术逻辑。

## 二、网络思想政治教育应对算法技术挑战的理念变革

算法技术带来网络思想政治教育环境变化，要想在网络空间中顺利开展主流意识形态教育活动，只有顺应新技术影响下的意识形态传播特性，改进网络信息推送，才能取得良好的教育成效。

一是加强对算法建模人员的教育和引导。随着人工智能技术的不断进步，基于算法的机器人可以与人进行语言交流和沟通，并且根据对象思维和价值观念进行自我学习，从而成为价值教育的引导者。但是，由于机器的不可确定性，"虽然算法确实让我们的生活变得更为便利，但它也在以我们无法控制的方式产生着负面影响"[1]。比较突出的表现为算法偏见或算法歧视，如性别偏见、地域偏见、收入偏见、种族歧视等。在关键性决策中，如果大量应用大数据算法辅助技术，就有可能使价值偏见加剧蔓延。大数据算法基于数字模型开展计算活动，算法模型的设定决定着算法的价值导向。算法技术建模不仅是纯粹的技术操作，在更大程度上是无形的对亿万民众思想意识进行价值引领的社会活动，而且这种活动持续不断，通过跨越时空的方式潜移默化地塑造社会的价值基础。对算法建模人员开展思想政治教育活动显得尤为重要，要突出强调建模人员的思想政治教育，也就是对其政治立场和政治素养进行重点考核，要求算法模型设计能够维护国家政治安全，规避政治风险。

二是运用算法技术提供的信息进行预测教育。算法最大的优势就是可

---

① ［印］卡尔提克·霍桑纳格著，蔡瑜译：《算法时代》，上海：文汇出版社，2020 年，前言。

以基于现有数据进行预测分析，网络空间的思想政治教育如何能提升实效？关键是能够利用算法进行不同种类的预测教育。算法预测教育需要具备统一的教育思想、先进的教育技术和灵活的教育方法，尤其是算法技术的强大支撑。教育理念是坚守思想政治教育的根本立场，从对象接受度出发，提前开展价值教育。对于个体来说，可以通过算法精准了解其教育背景、生活经历、价值取向、现实需求等，从而合理地进行预测推理，了解其进一步在网络空间中的活动倾向，进而提供相关的教育内容，既可以满足其正当的思想需要和价值需求，为其提供方便快捷的网络服务，也可以及时制止其在网络空间中的不当言行，通过道德法治力量约束其网络活动，起到净化网络环境生态的功能。对于群体来说，可以通过算法进行群体性质、群体类型、群体活动、群体关系等多维度的数据收集，进而对该网络群体进行系统评估，掌握群体目标、群体任务以及群体条件之间的差距，开展针对性的教育活动，进而不断改进群体素养。

三是运用法律和道德治理算法技术的滥用侵权。算法权利和算法义务相辅相成，并行不悖。运用算法的技术公司或机构有开发利用新技术的能力和水平，也拥有相应的算法权利，包括算法开发权、使用权、专利权等，但同时也应该承担相应的算法义务，包括算法伦理义务和法律义务等。从伦理义务上来说，算法公司不能因为自身的利益需求或价值取向就滥用算法技术，必须遵循相应的伦理规则和公序良俗，在一定程度上保持算法技术的开放透明性。从法律义务来说，无论算法公司属于哪个国家，算法终归属于技术层面，技术应用都应遵循所在国的法律制度。对于算法个体，需要明确的算法权利，比较典型的有数据隐私权、算法选择权、算法告知权等，避免被算法支配而不自知。个体的算法权利也需要履行一定的必要义务，如国家安全需要的算法使用、维护公共利益的数据提取等。算法权责教育需要逐步纳入国家教育体系之中，进行系统有序的规划设计，因为既关乎个体在算法时代的权利和义务，也关系民族国家的社会秩序和发展走向。只有全社会形成了算法权利意识和算法义务意识，算法公司才会自觉遵守算法规制，避免算法权力的滥用和侵犯社会大众权利，个体才能最大限度地规避算法陷阱，在算法时代自觉维护个体权益，乃至社会的价值秩序。

四是强化对算法技术的批判教育，防止算法技术绑架民众的思想和舆论。算法从本质上是技术程序，其预测推理建立在人为的程序设定基础之上。但是，即使建模人员拥有公平正义的价值理念和符合法律规范的开发思想，也无法准确研判算法所有的数据处理结果。因为在算法程序中存在着诸多不确定因素，机器学习的进步性越发强化了无法预测的可能。由此，也就需要从客体受众视角进行算法批判教育。对无数被算法支配的网络受众来说，面对自己在网络空间中接收的信息，要保持自身的理性批判能力，审视算法推荐的信息优劣及其价值倾向，避免被算法误导或牵引。算法批判教育的基础是个体的理性思维能力培养，需要将长期的批判性思维贯穿到教育体系之中，这也是在算法时代教育体系需要加以关注的重要议题，避免人工智能普及化应用中主体思维能力的弱化。同时，算法批判教育还应从网络技术入手。算法批判教育既是对个体的价值决策服务，避免大型技术平台操纵社会价值观念，也是着眼于人类思维的独立性考量，避免人工智能技术在不知不觉中控制社会思想进程。如何在人工智能算法全面覆盖人类社会之际，保持人类在价值维度的超越性和尊严感，算法批判教育不可缺少。

# 三、 网络思想政治教育应对算法技术挑战的方式变革

随着算法技术的新挑战，网络思想政治教育要想保证教育效果，需要适应教育环境变迁，从新型教育理念出发，及时转变教育方式，促进教育发展。

一是在正面主流价值教育的基础上加大社交互动。算法时代的网络思想政治教育既要坚持共同的理想信念和价值追求，也要逐步转换教育方式

方法，从说教转向互动，确立社交信任。思想政治教育的内容如何能够在网络空间中鲜活起来，被大众喜闻乐见，需要进行深入提炼，转换为易于被算法搜索归类的表现形式。算法可以根据个体在网络空间中的浏览记录或言行轨迹进行内容推荐，思想政治教育内容能够得到更多的算法关注和转发，就显得越发重要。网络空间中思想政治教育紧密地与人民群众的网络活动相互结合，渗透大众日常生活的方方面面，就有更大可能被算法捕捉置顶，扩大潜在的教育群体。而且，社交媒体的普及使得新闻推送算法产生"回声室效应"，即相同观点在社交媒体上不断被重复，其他的声音很难被听到。[①] 基于算法如此特性，网络思想政治教育一方面要不断在社交媒体场域中发出主流声音，传递正面价值，防止社交媒体信息的价值偏向；另一方面也要防止回避问题的空洞说教，发掘数据、图片、动漫、颜文字、表情包等网络空间多模态价值载体，实现"润物细无声"的教育效应。思想政治教育话语表达要从书面化转向口语化，成为社交媒体自发传播的话语内容，才能保持算法推荐的频率和效率，避免生硬宣传造成的瞬时效果。

二是在普及传播教育的基础上加大精准推送的成分。网络思想政治教育长期以来的信息传播遵循大面积推送方式，即通过主流重点网站、微信公众号、微博等进行全网域推送，这种传播的优点在于覆盖面广，能够在一定范围内起到扩大影响的作用。但是，要使网络空间中个体能够切身感受到思想政治教育的传播效果，还需要进一步强化传播渠道。"借助人工智能、大数据等新兴网络信息技术，教育者可以精准捕捉到教育对象的个性化精神需求，从而实现定制化教育内容的供给。"[②] 算法推送最大的优势就是根据个体的年龄、性格、喜好、教育、经历特质进行专项传播设计，避免大而化之的传播推送。思想政治教育资源的精准推送就像购物网站根

---

① ［印］卡尔提克·霍桑纳格著，蔡瑜译：《算法时代》，上海：文汇出版社，2020 年，第 78 页。

② 胡树祥、赵玉枝：《网络思想政治教育发展历程及未来趋势》，《思想理论教育导刊》2020 年第 6 期，第133 页。

据不同顾客的购买经历和点击次数进行商品推荐，可以实现"菜单式服务"和"叠加式推送"，更深入的算法根据不同个体的网络经历对其进行价值测量，从而更加精准地判断价值取向，采取不同的推送策略，帮助个体探索新的价值兴趣。在网络空间政治新闻报道中，通过不断强化新闻的正面立场对于提升网络思想政治教育效果远远不够。事实上对于持有不同价值立场的公众来说，频繁的类似新闻报道反而激发逆反心理，强化相反的价值判断。要转变公众的价值意见，可以依赖算法系统的介入，通过对不同价值立场公众的自主性阅读数据进行判断，从个体的可接受度出发进行循序渐进式信息或资源推送，逐渐实现价值转换。

三是坚持进行灌输的基础上注意多维吸引。先进的理论难以依赖所有人自发产生，必须要从外部进行输入。网络思想政治教育与现实思想政治教育灌输方式的区别在于更多地从横向交流渠道进行理论灌输，而且灌输形式发生了变革，更大程度上依赖于组织层面力量进行动员学习，设计"学习强国"等 App 理论学习平台，推广最新的理论发展成果。网络思想政治教育仍然难以改变理论主动学习的问题，算法时代可以实时计算最受欢迎的理论学习内容及其表现形式，从而不断迭代更新推送，扩大理论影响力和渗透力。但是，这种教育方式的前提是要有适合算法推送的理论内容和表现形式。如果理论内容针对不同群体有不同设计，就会大大增加理论传播的可能性。也就是说，即使算法对用户进行了推送，也需要主体亲身感受以后，才能评判算法推荐的效能水平。网络思想政治教育需要更多的教育受众从不同方面来了解算法原理，从而更好地维护自身和社会权益，包括了解数据的来源、采集方式和准确性，与自己切身利益相关的算法程序及其机制，对算法控制的方法和自身的责任等。只有大数据算法的透明性大大提升，才能促进算法运行机制越来越规范和公正，尽可能克服"算法黑箱"带来的不良后果。

四是在主题教化的基础上增加场景教育。网络思想政治教育更多是通过多种主题组合进行教育活动，在一定时间内产生较强的社会影响，实现教育目标。在算法时代，一方面利用算法技术进一步优化主题教育的内容和形式，从而提升教育实效；另一方面可以发挥算法的优势和特色，对网络思想政治教育对象进行区分细化，并营造不同的场景氛围进行熏陶感染。场景感染的效应在于可以通过虚拟仿真技术对主体进行沉浸式体验教育，相比主题教化中的文字、图片、视频等，场景能全方位地刺激调动主体的感官功能，使其切身感受到同频共振效果。算法在场景中的效用体现在针对不同主体的状态进行分门别类的场景设计，使其更具有个体倾向性。虚拟现实技术在某种程度上是算法技术的集成表现，通过技术与主体的交互对话，塑造参与式的沉浸环境，实现主体与教育环境之间的信息交换。

## 四、网络思想政治教育应对算法技术挑战的手段变革

算法技术驱使网络思想政治教育需要通过具体的手段变革，将思想政治教育的内容进行改造和传播，逐步实现思想政治教育的育人目标。

一是界定算法身份。"大数据赋予我们的算法身份，是通过数据统计的相关性而认定的，而不是通过其他因素来认定。"[①] 主体身份在网络空间中表现为不同类属，不同的算法可以从不同的维度进行身份界定，而且身份数据在算法阐释中不断变动。开展网络思想政治教育就是对不同身份开展相应的教育活动，身份界定越清晰，教育针对性越强。为了避免算法对主体身份的随意建构，就有必要对算法模型进行价值设定。价值设定一方面是建模人员在编排算法程序时进行的价值考量，将政治安全、主体尊严、公平正义等价值理念体现在算法阐释之中，避免性别、年龄、身份、教育、文化等偏见思想；另一方面由于机器学习越来越成为算法发展趋

---

① ［美］约翰·切尼－利波尔德著，张昌宏译：《数据失控：算法时代的个体危机》，北京：电子工业出版社，2019 年，第 58 页。

势，为了避免算法自身的价值偏差，要对算法身份进行常态化的伦理审查，通过教育对象的常态化反馈机制，获得算法身份的合理性状态。只有将网络思想政治教育对象的算法身份加以界定，才有可能获得主体的多元化网络特征，进而依据主体在网络空间中的言行轨迹进行差异化的教育设计，并且推送相应的教育内容。

二是拓展算法社交。社交活动是主体的存在方式。在网络社交互动中，主体自身需要具备良好的政治素养和一定的政治能力，既要对网络空间中的新闻资讯、舆论走向等进行价值判断，还需要适时开展价值批判和价值引领活动。基于算法的互动是高度适配性的社交活动，可以减少无效社交，改变对象人群的思想和行为。在算法互动中，算法权力可以对社交活动进行干预。首先是社交对象的选择。算法可以帮助主体选择社交对象，即通过算法遴选受教育者，然后匹配教育主体，由合适的教育主体对教育对象开展教育活动，实现教育目标。其次是社交话语的运用。在社交活动中，如何使用社交话语可以通过算法进行选择，当教育对象的网络活动话语被教育者频繁使用时，就可能产生内心亲近感。反过来，按照单向话语表达开展网络社交活动，就可能会陷入自说自话的逻辑循环。再次是社交活动的拓展。通过网络开展思想政治教育活动需要不断拓展社交活动。算法在社交活动中可以及时发现潜在的受教育者，进而进行搜寻和匹配，保持教育活动的可持续性。

三是营造算法文化。营造良性的算法文化对于开展网络思想政治教育起到长期效应。要警惕抹杀主体性的工程思维和工程逻辑控制的算法技术，要用主体性评估审视算法文化，注重推动数据运行逻辑在主体的控制之中。从社会发展来说，新数据和新技术出现没有止境，算法技术更新不会停止，值得考量的是算法技术方向会不会发生偏差？只有保持算法价值始终体现在人的自由全面发展和社会进步上，算法正义才能真正实现。从社会应用来看，算法已经深入生产生活以及交往活动的方方面面，"数字化生活如何组织和重组，超出了我们的认知范围，而我们对此却毫不知情"①。保持算法正义的前提是，算法技术人员本身不会陷入"唯技术论"之中，不会盲目追求算法精确性，而不顾算法本身的价值理性追求。同样，社会对算法的运用也要保持伦理限度，从人的发展逻辑出发，选择性地使用算法，始终将科学精神与人文关怀的张力保持在合理范围之内。在开展网络思想政治教育活动中，算法技术已经建构了网络空间的教育生态环境系统，要始终把话语建构权力掌握在教育者手中，控制算法权力在教育关系中的平衡作用，从整体上形成驾驭算法但不迷信算法的教育文化，才能正确地定位算法，避免陷入算法牢笼之中，迷失价值方向。

　　算法技术的普遍性应用，不仅改变了网络思想政治教育环境，而且带来了网络思想政治教育的系统性变革，需要不断探索创新网络思想政治教育范式，才能适应大数据算法技术的发展，始终保持网络空间主流意识形态的主导权和话语权，推动全面建设社会主义现代化强国的进程。

---

　　① ［美］约翰·切尼－利波尔德著，张昌宏译：《数据失控：算法时代的个体危机》，北京：电子工业出版社，2019 年，第 123 页。